ÉMILE MONTÉGUT

EN

BOURBONNAIS ET EN FOREZ

LIBRAIRIE HACHETTE ET Cie

Collection de Voyages illustrés (format in-16)

Chaque volume : Broché, 4 fr.   Relié en percaline, 5 fr. 50

ABOUT (Edmond). — La Grèce contemporaine. — 1 vol. contenant 24 gravures.

DE AMICIS. — Constantinople. — 1 vol. contenant 24 gravures.

— L'Espagne. — 1 vol. contenant 24 gravures.
— La Hollande. — 1 vol. contenant 24 gravures.

DE HUBNER (Baron). — Promenade autour du monde, 2 vol. contenant 48 gravures.

DE VARIGNY. — Quatorze ans aux îles Sandwich. — 1 vol. contenant 24 gravures.

DE LAMOTTE. — Cinq mois chez les Français d'Amérique. Voyage au Canada. — 1 vol. contenant 24 gravures et une carte.

LARGEAU (Victor). — Le pays de Rirha. Ouargla, voyage à Rhadamès. — 1 vol. contenant 12 gravures et une carte.

MARCHE (Alfred). — Trois voyages dans l'Afrique occidentale. Sénégal, Gambie, Casamance, Gabon Ogooué. 1 vol. contenant 24 gravures.

MARKHAM (A.-H.). — La mer glacée du Pôle. — 1 vol. contenant 32 gravures et 2 cartes.

MONTÉGUT (E.). — Souvenirs de Bourgogne. — 1 vol. contenant 24 gravures.

PFEIFFER (Mme Ida). — Voyage d'une femme autour du monde. — 1 vol. contenant 32 gravures et une carte.

— Mon second voyage autour du monde. — 1 vol. contenant 32 gravures et une carte.

— Voyage à Madagascar. — 1 vol. contenant 24 gravures et une carte.

SIMONIN (L.). — Le monde américain. — 1 vol. contenant 24 gravures.

TAINE (H.). — Voyage en Italie. — 2 vol. contenant 48 gravures.

— Voyage aux Pyrénées. — 1 vol. contenant 24 gravures.

— Notes sur l'Angleterre. — 1 vol. contenant 24 gravures.

WEY (Francis). — Dick Moon en France. — 1 vol. contenant 24 gravures.

PARIS. — IMPRIMERIE ÉMILE MARTINET, RUE MIGNON, 2.

EN BOURBONNAIS

ET EN FOREZ

OUVRAGES DU MÊME AUTEUR

PUBLIÉS PAR LA LIBRAIRIE HACHETTE ET Cie

Souvenirs de Bourgogne. Tableaux de la France; 3ᵉ édition. 1 vol.

Œuvres complètes de Shakespeare, traduction nouvelle avec avant-propos au commencement et notes à la fin de chaque pièce. 10 vol.

Les Pays-Bas, impressions de voyage et d'art; 2ᵉ édition. 1 vol.

L'Angleterre et ses colonies australes; 2ᵉ édition. 1 vol.

Poëtes et artistes de l'Italie. 1 vol.

Types littéraires et fantaisies esthétiques. 1 vol.

Essais sur la littérature anglaise. 1 vol.

Nos morts contemporains, 1ʳᵉ série : Béranger — Charles Nodier — Alfred de Musset — Alfred de Vigny. 1 vol.

2ᵉ série : Théophile Gautier — Eugène Fromentin — Saint-René Taillandier — Maurice de Guérin — Eugénie de Guérin. 1 vol.

Les écrivains modernes de l'Angleterre. 1ʳᵉ série : George Eliot — Charlotte Brontë — Un roman de la vie mondaine. 1 vol.

Livres et ames des pays d'Orient. 1 vol.

Choses du Nord et du Midi. 1 vol.

Mélanges critiques (Victor Hugo — Edgar Quinet — Michelet — Edmond About). 1 vol.

Libres opinions morales et historiques. Nouvelle édition. 1 vol.

Prix de chaque volume, broché, 3 fr. 50.

Le maréchal Davout. 1 vol. in-12. (Quantin, éditeur.)

Coulommiers. — Imp. P. Brodard et Gallois.

TABLEAUX DE LA FRANCE

EN BOURBONNAIS

ET

EN FOREZ

PAR

ÉMILE MONTÉGUT

TROISIÈME ÉDITION

PARIS
LIBRAIRIE HACHETTE ET Cie
79, BOULEVARD SAINT-GERMAIN, 79

1888

Droits de propriété et de traduction réservés

TABLEAUX
DE
LA FRANCE

EN NIVERNAIS

I

COSNE. — SANCERRE. — LA CHARITÉ.

Cosne possède une très-ancienne église romane dont le porche sculpté mérite quelques instants d'attention. Ces sculptures ne sont autres cependant que les signes du zodiaque, que l'on rencontre invariablement dans toutes les œuvres de l'architecture romane ; mais ici la disposition en a quelque chose de particulièrement chrétien qui attendrit de piété pendant quelques minutes la rêverie du promeneur. Ils sont symétriquement rangés en demi-cercle sur la courbe de l'arc roman, six d'un côté, six de l'autre, et viennent aboutir à la figure de Jésus, placée au sommet, comme deux fleuves qui se joignent à la mer au même point. Ce n'est autre chose, comme on le voit, que la vieille et grande pensée qui a fait et fera mélancoliquement rêver toutes les générations des hommes; les jours se fondent dans les mois, les mois dans les années, et l'une après l'autre les années vont se perdre dans l'océan de l'éternité ; seulement ici l'éternité porte un nom et revêt une forme individuelle, le nom et la forme du rédempteur auquel les flots du temps aboutissent, non comme à un élément fatal, mais comme à un maître qui peut à son gré leur faire rebrousser chemin pour recommencer leur course ou les arrêter pour toujours.

C'est avec ce mince bagage d'impressions que j'allais quitter la petite ville de Cosne, lorsqu'en me promenant, au moment de partir, à travers l'*Hôtel du Grand Cerf*, où j'étais logé, mes yeux rencontrèrent à l'improviste, sculptées et peintes au-dessus de la cheminée d'une petite salle, la triple tiare et les clés de saint Pierre. Assez étonné de rencontrer le blason de la papauté dans cette salle d'auberge, je m'informe auprès de mon hôtesse, qui m'apprend que, lors de son voyage pour le sacre de Napoléon, Pie VII a passé une nuit dans cette chambre, et que le lendemain la cheminée lui servit d'autel pour célébrer la messe à son réveil, en souvenir de quoi les armes de la papauté furent sculptées à cette place. « Vous possédez certainement ce qu'il y a de plus intéressant à Cosne, fis-je observer à mon hôtesse, et, comme ce souvenir ne se trouve mentionné dans aucun *guide* pour les touristes, je vous engage à réclamer, cela vous ferait une bonne annonce commerciale, et quantité de voyageurs qui s'arrêtent à Cosne descendraient chez vous sur la mention de ces armoiries. — Il n'est pas étonnant que le fait ne soit pas connu, me dit-elle, car cette sculpture a été recouverte pendant de très-nombreuses années par une maçonnerie que le précédent propriétaire avait fait élever ; c'est nous qui, ayant eu besoin de remettre les lieux dans leur premier état, l'avons rendue au jour dans ces derniers temps sur l'avis d'une vieille bonne qui avait passé dans l'hôtel plus de soixante-dix ans. Vous ferez attention quand vous arriverez à cet endroit, avait-elle dit aux maçons en leur désignant la place de la cheminée ; il y avait là quelque chose, je ne sais pas ce que c'était, mais c'était bien joli. — Soixante-dix ans ! m'écriai-je, cette servante avait passé dans l'hôtel soixante-dix ans ! En ce cas, ce devait être une servante modèle. — Oh ! oui, me répondit l'hôtesse avec une expression sérieuse et une inflexion de voix légèrement respectueuse; elle était entrée enfant au service de ceux qui fondèrent la maison, et c'est nousmêmes qui l'avons enterrée il y a peu de temps. » Comme le triomphe des humbles est écrit à toutes les pages des livres où est renfermée la religion dont Pie VII fut le pontife, je puis avouer sans embarras que cette simple femme, type d'une domesticité disparue, triompha complétement dans mon esprit des souvenirs de la papauté et de l'empire, et me parut pendant quelques minutes intéressante à l'égal de toutes les splendeurs de ce monde, seul succès de ce genre qu'elle ait probablement obtenu.

Après la légende auguste, le fabliau gausseur. L'hôtelier, qui assiste à cette conversation, prend à son tour la parole et complète les renseignements précédents par une petite anecdote que nous rapporterons malgré son irrévérence, parce qu'elle montre très au vif la persistance de cet esprit gaulois que notre littérature a rendu si célèbre. « Ma femme ne vous raconte pas tout, me dit cet homme ; la chronique de Cosne rapporte qu'à l'époque où le pape passa dans notre ville il s'y trouvait une femme qui n'avait pas d'enfants et se désolait de ne pas en avoir. Rien n'y faisait, ni neuvaines, ni pèlerinages. Alors l'idée lui vint subitement que, si elle pouvait dormir dans le même lit où le pape avait couché, sa stérilité cesserait certainement. Elle guetta donc le moment où personne ne l'observait, se glissa dans la chambre que le pontife venait de quitter, et se coucha audacieusement dans le lit, où on la trouva quelques heures après, et d'où l'on eut beaucoup de peine à la déloger. Elle se plaignit même par la suite de cette expulsion comme d'un abus de la force, car, comme elle n'eut pas davantage d'enfant que par le passé, elle prétendit que cette persistance de stérilité venait de ce qu'elle n'avait pas dormi assez longtemps dans le lit du pontife, et elle ne pardonna jamais à ses compatriotes de l'en avoir fait sortir avant que l'influence miraculeuse eût eu le temps d'agir. » Eh, mon Dieu ! cette anecdote irrévérencieuse, mais assez inoffensive au demeurant dans son irrévérence, n'est ni plus ni moins que la matière première d'un conte des *Cent nouvelles nouvelles*, d'un devis de Bonaventure Despériers, d'une gaudriole de Rabelais ou d'un récit de La Fontaine, et probablement elle nous charmerait si elle nous était racontée avec la vivacité de tour d'Antoine de Lasalle, la verve comique du curé de Meudon, ou la naïveté sournoise du grand fabuliste.

« Il n'y a pas que cette sculpture qui soit historique ici, cette fenêtre que vous voyez l'est aussi, reprit l'hôtesse en me montrant une des deux ouvertures qui perçaient le mur de la salle. En 1847, il y eut une élection à faire dans la Nièvre. L'opposition, qui se croyait sûre de la victoire, avait déjà préparé ses ovations; mais il se trouva qu'elle avait vendu la peau de l'ours avant de l'avoir tué, car ce fut le candidat conservateur, M. Delangle, qui l'emporta à la majorité d'une seule voix. Furieux d'avoir manqué leur coup de si près, et plus furieux encore d'avoir apprêté à rire à leurs ennemis en chantant victoire au moment où ils allaient être battus, les opposants prirent prétexte de cette majorité d'une voix pour insulter au triomphe de leur adversaire, et le poursuivirent de huées et de clameurs. M. Delangle s'était réfugié dans cette salle ; mais un charivari formidable vint l'y chercher, et, comme ledit charivari était accompagné d'une grêle de pierres, le nouvel élu jugea prudent de s'esquiver par la fenêtre, afin d'éviter d'être enseveli dans son triomphe. Je ne tenais pas encore l'hôtel à cette époque, mais c'est M. Delangle lui-même qui m'a depuis lors raconté le fait en me désignant la fenêtre par laquelle il s'était échappé. » Là-dessus, je prends congé de mes hôtes en les félicitant sur le caractère réellement historique de leur auberge, je les invite à prendre des mesures pour faire connaître les diverses particularités qui la recommandent à la curiosité des touristes, et je me mets en route pour Sancerre. Si nous n'avions su d'avance que le Nivernais est une province entièrement démocratisée, la couleur toute populaire de ces anecdotes aurait suffi pour nous le faire soupçonner.

Sancerre, située sur la rive ouest de la Loire, appartient au Berry tant par sa situation géographique que par son histoire ; mais comme cette ville est la souveraine véritable de la verte plaine qui compose ce qu'on peut appeler le Nivernais gai par opposition au Nivernais sombre des forêts et des montagnes, nous n'aurons garde de ne pas traverser le fleuve. C'est le seul moyen d'ailleurs d'embrasser dans toute son étendue le superbe paysage de la vallée de la Loire, qu'elle domine comme une reine du haut de sa colline ardue. Je n'ai pas fait de voyage de trois quarts d'heure plus fécond en surprises charmantes. Tout au pied de la montagne, le petit village de Saint-Satur étage ses maisons avec une sorte d'humble timidité comme une vassale qui craindrait de relever trop haut la tête devant sa suzeraine. On dirait une sorte d'écoulement de la ville d'en haut, ou bien encore un des hameaux verdoyants de ce vaste vestibule circulaire où, dans le purgatoire de Dante, les âmes destinées au rachat stationnent avant de gravir la montagne de purification. Ce n'est pas une simple comparaison métaphorique, car au moyen âge les habitants de Sancerre, abusant des avantages que leur donnait la situation escarpée de leur ville, avaient pris les habitants de Saint-Satur pour souffre-douleurs, et fait malicieusement un véritable purgatoire de ce gentil village. De temps à autre, les Sancerrois descendaient sur Saint-Satur et livraient combat à ses indigènes jusqu'à ce qu'ils fussent parvenus à faire l'un d'entre eux prisonnier. Ce captif une fois fait, ils le mettaient en mue jusqu'à la fête de Pâques ; alors le prévôt de la ville, se présentant devant ses administrés à l'instar de Ponce-Pilate devant les Juifs, leur demandait s'ils voulaient qu'on délivrât ce Barabbas, sur quoi tous s'écriaient généreusement d'une voix unanime : qu'il en soit ainsi. Le lendemain, lundi de Pâques, nouvelle expédition, encore plus folâtre que les précédentes. Les jeunes gens de Sancerre descendaient sur Saint-Satur sous le commandement de leur roi des jeux, et faisaient une guerre sans trêve ni quartier à tous les chiens qu'ils rencontraient. Cette plaisanterie, qui était sans doute une parodie symbolique où les Sancerrois représentaient les chrétiens et les chiens les infidèles, n'était pas, comme on peut croire, du goût des habitants de Saint-Satur, qui vengeaient de leur mieux leurs chers animaux. Des rixes s'ensuivaient, et plus d'un Sancerrois s'en retournait le nez en sang ou la patte boiteuse se faire panser par le barbier de son quartier. Enfin, un jour que cette brutale imbécillité avait eu sans doute des conséquences plus désastreuses que de coutume, le clergé s'en mêla, et, sur les représentations de l'abbé de Saint-Satur, le comte de Sancerre en prononça l'abolition dans les premières années du XIII° siècle [1].

[1]. Nous trouvons ces très-curieux détails dans une *Histoire de Sancerre*, écrite au siècle dernier par l'abbé Poupard, qui fut pendant près de cinquante ans curé de cette ville. Ce livre, à peu près

Peut-être la nature de la localité était-elle en partie coupable de ces excès d'espièglerie, car nulle n'est mieux faite pour pousser aux actes de turbulente bonne humeur. La campagne qui monte de Saint-Satur à Sancerre se compose d'une suite de monticules ou, pour mieux dire, d'ondulations dissimulées par les accidents de terrain et comme cachées en tapinois les unes derrière les autres, qui se découvrent et disparaissent successivement à mesure qu'on monte la colline. Les images aimables se pressent en foule dans l'esprit à la vue de ce spectacle mouvant d'une douceur non pareille. Tantôt on dirait une bande de jolis bambins qui jouent à colin-maillard, et tantôt un enfant sournois qui, s'avançant à pas silencieux derrière une sœur aînée, l'entoure de ses petits bras avec un naïf éclat de rire; mais le plus souvent c'est une image moins chaste qu'évoque à l'esprit cette campagne en quelque sorte palpitante, grâce à l'illusion de ces exhaussements et de ces abaissements successifs, et il semble voir la déesse Nature elle-même, toute pareille à la Diane *multimammia*, symbole de sa fécondité, qui, saisie de volupté, étend ou reploie ses membres avec une langueur élégante, ou soulève avec un frémissement rhythmé par le plaisir tantôt l'une, tantôt l'autre de ses mille mamelles.

Bien que cette campagne ondulée ne soit séparée de celle du Nivernais que par l'étendue de la Loire, on s'aperçoit, rien qu'à sa mollesse et à sa douceur, que

---

inconnu hors du Berry, mérite d'être lu et consulté par tous ceux qui s'occuperont de ces provinces du Nivernais et du Berry, ne fût-ce que pour un esprit de tolérance qui sent son XVIIIe siècle, et pour l'impartialité avec laquelle l'auteur, en dépit de ses croyances et de son titre, a jugé et utilisé les documents protestants. L'abbé Poupart fut un des députés du clergé pour la province du Berry aux états généraux de 1789.

ce n'est déjà plus le même pays. Ici se découvre pour la première fois, dans toute sa séduction légèrement énervante, la bonne, calme et quelque peu sensuelle nature du Berry, qui, pareille à une femme dont les beautés principales seraient aux parties du corps que recouvre le vêtement, cache dans les coins secrets et les plis ignorés de son domaine tant de charmants détails et de délicieuses surprises. Pour retrouver la nature du Nivernais, il faut achever le voyage et gravir jusqu'à la terrasse du château, ou mieux encore monter jusqu'au faîte de la fameuse tour. De l'un et l'autre de ces deux points, l'œil embrasse l'étendue entière de la vallée de la Loire entre les collines du Berry et les montagnes du Morvan. C'est un immense verger sans clôture, qu'on dirait transformé en parc du côté du Berry, laissé à l'état de libre prairie du côté du Nivernais, et dont les routes blanches bordées de peupliers semblent les allées sablées et les villages épars les fermes isolées. Aucun bruit ne monte de cette vaste plaine; c'est le silence et le repos de la Loire, le moins loquace et le plus indolent des fleuves. Cette Loire aux calmes eaux est vraiment le plus parfait symbole d'indifférence que j'aie vu. Soit qu'elle traîne ses eaux paresseuses sur son lit de sables alternativement altérés ou noyés, soit qu'elle submerge ses rives, elle traverse la vallée comme étrangère au spectacle qu'elle baigne. Les îles qu'elle a créées de toutes parts comme en dormant, elle les inonde avec une sorte de songeuse apathie; elle fertilise sans amour, elle détruit sans colère, c'est une mère qui met au jour et voue à la mort des enfants qu'elle ne connaît pas. Rien n'est mieux fait pour justifier la triste opinion des philosophes qui veulent que notre monde ne soit qu'une coordination d'éléments aveugles qui trouvent leur équilibre par la force fatale des choses. Ces rives, qu'elle daigne à peine effleurer, et qu'en certains endroits elle ne visite même pas une fois peut-être par année, sont aussi charmantes que si elles étaient caressées avec tendresse ; pourtant il y règne une légère pointe de mélancolie comme si elles se sentaient orphelines, ou éprouvaient de cette indifférence un petit sentiment de souffrance. Le paysage du Nivernais, à la fois brillant et frêle, se distingue par un éclat de verdure d'une vivacité singulière, gai à l'excès, et cependant marqué d'une nuance de pâleur qui fait courir sur la riante vallée comme un zéphyr de tristesse, pâleur peut-être due en partie à l'abondance des peupliers, des saules et des autres arbres au feuillage tendre. On dirait un de ces aimables adolescents qui portent en eux le germe caché d'une maladie lointaine, ou mieux encore une de ces personnes dont la beauté, toute à l'épiderme, consiste dans l'éclat du teint et la finesse des tissus. C'est en effet à l'épiderme qu'est le charme de ce paysage ; ce qui en est beau, c'est la surface plutôt que la structure, et ce qui en séduit, c'est la couleur plutôt que la forme.

Sancerre est aujourd'hui une petite ville d'une couleur gris brunâtre assez désagréable à l'œil, — quelque chose comme la couleur qui résulterait d'un mélange de poussière et de brique pilée, — dont les constructions d'architecture maussade, surannée sans être ancienne, seraient peu faites pour parler à l'imagination, si la situation pittoresque que nous venons de décrire ne compensait amplement ce vulgaire aspect. Elle est du reste fort propre, car, étant bâtie en grande partie sur des pentes très-inclinées, les pluies et les vents du ciel s'y acquittent évidemment des charges de l'édilité avec une exactitude et un zèle qu'on ne pourrait réclamer des conseils municipaux les mieux intentionnés. Cependant, en dépit de ses lourdes bâtisses et de sa morne couleur, Sancerre reste essentiellement une ville du moyen âge par le dessin de ses rues. Elles ont peu changé, j'imagine, depuis les jours où le pays était gouverné par les comtes issus de cette grande maison de Champagne qui a poussé tant de branches princières et mêlé tant de fois son sang à celui de la maison de France [1]. Ce sont des ruelles plutôt que des rues, étroites, escarpées, tortueuses, et auprès desquelles nos vieilles rues du Foin

1. De tous les membres de cette famille de Sancerre, le plus illustre est Louis de Sancerre, connétable sous Charles VI, une des plus nobles physionomies militaires de l'ancienne France, et la plus noble de son temps, si l'on en excepte son maître et son ami Duguesclin, qu'il chérit et admira tant, une sorte de Mac-Mahon heureux du dernier âge de la féodalité pour la vaillance sans fracas et la simplicité héroïque. Elle est même mieux que noble, elle est touchante à force de modestie et de délicate réserve, vertus qui n'étaient pas précisément surabondantes à cette époque d'anarchie et de désastreuse dislocation. La charge de connétable, vacante depuis la mort de Duguesclin, lui fut offerte à l'avénement de Charles VI; mais il s'excusa de l'accepter en alléguant qu'il n'était pas digne de succéder à un si grand homme, et cette charge fut donnée à Olivier de Clisson. Vacante une seconde fois, elle lui fut encore offerte, et, la refusant de nouveau, il la laissa passer à Philippe, comte d'Eu. Enfin, après la lamentable expédition de Nicopolis, qui laissait la France sans connétable pour la troisième fois depuis vingt ans, il accepta ce titre, qui lui paraissait si lourd, le conserva cinq ans, et mourut avec une tranquillité et une piété d'enfant et de bonne femme. En souvenir de ma visite à Sancerre, j'ai voulu revoir la tombe du connétable à Saint-Denis. Il est représenté couché et revêtu de son armure militaire; la figure est peu belle, mais la physionomie, d'une douceur singulière, ne dément pas l'âme que nous révèlent ses actions. Hélas! l'effigie est pour le moment incomplète, car Louis de Sancerre se trouve être un des mutilés de notre dernière guerre; les deux mains ont été amputées par les Prussiens. Mérimée a remarqué dans ses tournées archéologiques que la figure humaine poussait à la destruction, mais il paraîtrait, d'après les dégâts de Saint-Denis, que l'instinct de destruction est différent selon les races, et que chez les Prussiens ce sont les mains et non la tête qui invitent à briser. Toutes les mutilations, en petit nombre d'ailleurs, il faut le reconnaître, qu'ils ont fait subir aux tombes princières ont porté sur les mains. Qu'est-ce que cela veut dire? Serait-ce par hasard un symbole? Cette invariable mutilation de l'organe qui est fait pour tenir l'épée signifierait-il que l'amputation de la gloire militaire française était le but et le véritable mobile de la dernière guerre?

Sancerre. — Vue générale.

et de la Reine-Blanche étaient de spacieuses allées. En parcourant quelques-unes d'entre elles, je me suis rappelé cet exploit acrobatique du maréchal de Boucicault, qui, lorsqu'il se trouvait dans une de ces impasses, montait jusqu'au faîte des maisons en appuyant ses genoux et ses coudes contre chacune des deux murailles ; s'il revenait au monde, il pourrait encore trouver à Sancerre un théâtre où renouveler son mémorable tour de force. Ces pauvres ruelles tortueuses ont vu plus d'héroïsme et de vertu morale que n'en ont vu et n'en verront probablement jamais bien des voies spacieuses et élégantes, car il n'y a pas de petite ville en France qui mérite mieux le respect dû à la constance dans le courage, la vertu difficile entre toutes. Cette bicoque de Sancerre a trouvé le moyen de soutenir un siége égal aux plus fameux, et un blocus auprès duquel la tenace défense de Gênes par Masséna est presque un jeu d'enfant. Citadelle des protestants pendant les guerres de religion, elle fut cernée au commencement de 1573 par le futur maréchal de La Châtre en même temps que la Rochelle et Harlem étaient assiégées, et pendant huit mois elle eut l'honneur, qui heureusement pour elle ne s'est plus renouvelé, de faire l'étonnement de l'Europe.

Rien n'est mieux fait pour enseigner ce que peut la volonté, je ne dirai pas d'une minorité résolue, mais seulement de quelques âmes. Au fond, cette résistance fut l'œuvre de deux hommes, du commandant militaire de la garnison protestante, Jouanneau, et du ministre Jean de Léry, et ces deux hommes à leur tour se réduisent à un seul, car Jouanneau, personnage obstiné, mais violent et imprudent, manquait essentiellement des qualités qui pouvaient imposer une longue énergie à la population. Cette résistance, en effet, fut moins encore, malgré le courage que montrèrent les Sancerrois, l'œuvre de la vaillance que celle de l'impitoyable discipline calviniste de cette époque, discipline dont le ministre Jean de Léry fut ici le représentant. Tant qu'il ne s'agit que de repousser les assauts de La Châtre et de protéger la ville contre la canonnade, la population sancerroise lutta avec un sombre entrain qui ne devait rien de sa farouche véhémence à la contrainte de l'autorité; il n'en alla pas de même lorsque le siége eut été transformé en blocus. Aussi peut-on dire que pendant les quatre premiers mois le courage fut spontané, mais que pendant les quatre derniers l'énergie fut réellement imposée. On peut en juger par la série des mesures suivantes. Lorsque la famine devint trop pressante, on prit la résolution d'expulser de la ville tous ceux qui ne pouvaient participer à la défense, c'est-à-dire les vieillards et les pauvres. Un certain nombre de ces malheureux sortit donc de l'enceinte de Sancerre; mais, La Châtre les ayant repoussés à son tour, leurs compatriotes refusèrent de les laisser rentrer, et ils furent libres de chercher leur vie parmi les herbes des fossés ou de se coucher à terre pour attendre l'heure où le bon vouloir de la nature débarrasserait leurs âmes de leurs corps, — fait de dureté impitoyable dont ma mémoire ne me rappelle pas d'autre exemple dans nos annales depuis le vieux siége du Château-Gaillard par Philippe-Auguste. Bientôt vinrent les murmures et même les commencements de sédition; on les apaisa en publiant que quiconque ne voudrait pas ou ne pourrait pas supporter la famine n'avait qu'à sortir de la ville, — ce qui était aller à une mort certaine pour la raison que nous avons dite, — sinon qu'on jetterait des remparts dans les fossés ceux qu'on entendrait se plaindre. Le peuple sentit qu'il fallait mourir en silence, et les murmures s'arrêtèrent. Il y eut non-seulement des commencements de révolte, mais des commencements d'anthropophagie: de malheureux vignerons se résolurent à manger le cadavre de leur fille, morte elle-même de faim; les coupables furent découverts, appréhendés, jugés publiquement, et brûlés à la vue du peuple, à qui l'on fit ainsi comprendre qu'il ne suffisait pas de mourir en silence, mais qu'il fallait encore mourir moral en dépit de la nature. Enfin il vint un moment où l'on eut tout mangé jusqu'au dernier rat, jusqu'au dernier débris d'os ramassé dans la boue, jusqu'au dernier brin des herbes mêmes malfaisantes; alors le ministre Jean de Léry, se rappelant que pendant un voyage d'Amérique en Europe, assailli par une longue tempête, il avait trompé les douleurs de la faim en mâchant du cuir, révéla aux Sancerrois qu'il leur restait, par la grâce de Dieu qui n'abandonne jamais ses fidèles tant qu'ils ne s'abandonnent pas eux-mêmes, des amas de provisions succulentes dont ils ne se doutaient pas. Voici donc, d'après le journal même de Jean de Léry, le relevé des subsistances des Sancerrois pendant les deux derniers mois du siége. « Les peaux de bœuf, de vache, de veau, de chèvre, d'âne, de cheval, vertes où sèches, furent trempées, pelées, raclées, hachées, bouillies, grillées, mises en fricassées, apprêtées de toutes façons et dévorées comme des mets exquis. Les souliers, les vieilles savates, les cuirs des cribles, les tabliers gras des cordonniers, les licols, les croupières, les colliers, les bâts des chevaux et des ânes, les ceintures de cuir des vignerons, les vieux livres et les vieilles chartes de parchemin, le suif, les cornes de lanternes, tout fut dévoré; encore tout le monde n'en avait pas. » Il vint cependant un jour où cet héroïsme dut prendre fin; mais il ne fut pas inutile, car, grâce à lui, les Sancerrois furent reçus à soumission dans les conditions mêmes que le roi venait tout récemment d'accorder aux Rochellois, conditions qu'ils n'auraient jamais obtenues, si leur résistance prolongée à outrance ne leur avait pas donné le temps d'attendre que La Rochelle eût fait sa capitulation.

De ce siége admirable, il ne reste plus à Sancerre d'autre témoin qu'une tour du château depuis longtemps détruit, la tour même d'où l'on embrasse dans toute son étendue ce paysage de la vallée de la Loire que nous avons décrit dans les pages précédentes. Cette tour est enclavée aujourd'hui dans un parc touffu qui fait partie de la succession du duc d'Uzès ; celui de ses héritiers qui la recevra dans son lot pourra se vanter de posséder un des plus beaux paysages qu'il y ait en France. Quelques autres débris du château, des chicots de muraille, des tronçons de maçonnerie, sont çà et là épars aux environs de la tour, et composent, entourés de lierre et d'herbes grimpantes, une décoration à moitié naturelle, à moitié historique, d'une agréable originalité. Parmi ces débris se trouve un petit enfoncement en forme de cellier surmonté de vertes guirlandes, qu'on peut recommander aux futurs propriétaires pour le cas où il leur prendrait fantaisie de donner dans leur parc des représentations de tableaux vivants, car c'est le plus parfait décor qu'on puisse rêver pour figurer la scène d'Énée et de Didon pendant l'orage. Ainsi les choses les plus sombres du passé deviennent un jeu pour l'avenir et une fête pour l'imagination des générations nouvelles.

Je ne crois pas que le respect et le souci du passé soient au nombre des qualités qui distinguent les habitants de la Nièvre en général, car en nul lieu je n'ai moins senti palpiter cet élément historique qui, dès qu'il existe quelque part, se révèle au promeneur avec une subtilité et une autorité si remarquables ; mais peut-être les habitants de La Charité l'emportent-ils en négligence sur tous les autres groupes de leurs concitoyens. Ils possèdent une église qui est d'une importance historique considérable pour tout le monde, mais qui est pour eux d'un intérêt tout à fait direct, car sans elle leur jolie petite ville, comme dit railleusement Stendhal, ne fût jamais venue au monde. La naissance de La Charité est, en effet de même date que cette église, qui fut construite dans la dernière partie du xie siècle, et qui, dans la première partie du xiie, servit de centre aux populations éparses dans les environs. Ce n'est pas seulement son existence, c'est aussi son nom que la ville doit à son église, car c'est en reconnaissance des abondantes aumônes que les moines y distribuaient, et que les indigènes, qui à cette époque devaient être bien misérables et bien barbares, venaient y chercher des points les plus éloignés du comté, qu'elle fut appelée La Charité. Un souvenir intéressant se rattache encore à l'origine de cette église, celui d'un de ces voyages de la papauté si nombreux depuis Charlemagne, qui, se succédant de règne en règne, habituèrent peu à peu les souverains pontifes à considérer les rois de France comme leurs champions naturels et les rois de France à se considérer comme les tuteurs des papes. Suger, abbé de Saint-Denis et futur régent du royaume, nous apprend, dans sa *Vie de Louis le Gros*, qu'en 1107 le pape Paschal II, obsédé par les exigences de l'empereur Henri V, qui faisait revivre les prétentions de son malheureux père relativement aux droits d'investiture par l'anneau et la crosse, prit le parti de s'échapper de Rome et de venir en France conférer avec le roi et les évêques sur les moyens de se soustraire à cette tyrannie. Il fit séjour à Cluny, alors dans toute sa splendeur, et, comme en ce moment l'église abbatiale de La Charité, qui devint une des innombrables filles du célèbre monastère, venait d'être achevée, il fut invité à en faire la dédicace. De nos jours enfin, elle a eu le privilége d'exciter l'intérêt d'un grand nombre d'artistes et de critiques célèbres; Victor Hugo, pendant sa phase gothique, en a parlé avec admiration, Stendhal et Mérimée en ont signalé l'importance. Eh bien! ni ces souvenirs augustes, ni ces recommandations des lettrés n'ont eu le privilége de protéger l'église de Sainte-Croix contre la négligence et l'abandon. Horriblement mutilée, elle n'a jamais été qu'incomplétement réparée, et, quand d'aventure elle l'a été, ce n'a été que d'une manière barbare. Le dallage, usé et inégal, présente le spectacle d'une place qui attend depuis trop longtemps les services des paveurs, et pour toute toilette intérieure on s'est contenté de revêtir les piliers et les murailles d'un vilain badigeon blanc qui lui prête l'aspect des salles de caserne ou des écoles publiques. Entièrement nue et dépouillée, elle n'a conservé de toutes les œuvres d'art qui l'embellissaient qu'un morceau de sculpture qui formait le tympan d'une de ses tours, et encore ce morceau n'a-t-il échappé à la destruction que pour avoir été remarqué par Mérimée et sur ses sollicitations pressantes. Sous la restauration, on coiffa d'une sorte de chapeau chinois recouvert d'ardoises l'admirable tour qui subsiste encore; mais les pluies et le vent ont eu facilement raison de ce frêle couvre-chef, qui, presque mis à nu aujourd'hui et très-probablement rongé dans sa charpente, ne pourra manquer, un jour d'aquilon, d'enrichir de quelques hôtes prématurés le cimetière de La Charité.

Certes voilà une coupable incurie; eh bien! qui le croirait? cette négligence a été mieux récompensée que ne l'aurait été le plus soigneux intérêt. Grâce à cette indifférence, La Charité possède un des plus vastes et des plus admirables paysages de ruines qui se puissent voir; c'est à peine si Rome a quelque chose de plus beau. Le contraste de splendeur et de misère, de hautaine grandeur et de basse familiarité que présente de

La Charité. — Vue générale.

tant de côtés la Ville éternelle revit au complet dans le quartier de La Charité qui va du porche de l'église Sainte-Croix aux restes du château. Les boutiques de verdurières et les ateliers de forgerons percés dans les murailles du théâtre de Marcellus, la basse-cour de petite ferme qui sert d'entrée à Saint-Sixte et aux autres églises qui vont à la voie Appia, la plantation de haricots et de petits pois qui coiffe le sépulcre des Scipions, la porte en planches mal clouées qui ouvre accès à la tombe de Cécilia Metella, ont leurs analogues sur les bords de la Loire dans ces bicoques plébéiennes qui se sont installées hardiment entre les parties subsistantes encore de l'abbaye, dans ces ruines transformées en boutiques ou en ateliers, dans cette superbe tour délabrée qu'assiége de toutes parts la vie vulgaire, dans ce porche encore debout qui mène à la Loire, et qu'accompagnent quelques marches inégales de pierre, dans ces fenêtres ogivales où pendent des nippes de ménagère, dans les deux tours féodales qui dominent tout en haut ce spectacle, et en augmentent encore l'impression en la ravivant par un second sentiment de ruine. La grande différence qu'il y ait entre ce paysage et ceux de Rome est dans le faubourg populaire qui monte de ces ruines au pied des tours du château. Avec ses petites maisons bien tenues et ses ménagères qui, dans les beaux jours, en gardent les portes à l'extérieur en filant et en babillant entre elles d'un côté de la rue à l'autre, ce faubourg ressemble à un gentil village que traverse une grande route, et présente la vie populaire sous son plus aimable aspect. Cependant, en dépit de sa beauté, ce paysage, s'il remplit l'œil, ne s'enfonce pas bien profondément dans l'âme. C'est peut-être qu'il manque ici la majesté morose de la nature romaine ; c'est aussi, et bien plus certainement, parce que les souvenirs qu'il réveille sont plutôt respectables que grands, et qu'aucun ne se détache distinctement de l'ombre anonyme où dorment oubliés à jamais les services obscurément rendus et les travaux modestement accomplis par de nombreuses générations qui, recevant d'ailleurs leurs inspirations, ont obéi plutôt que commandé, et exécuté plutôt que conçu [1].

---

[1]. Nous ne nous arrêterons pas à cette église de Sainte-Croix, dont les lecteurs curieux trouveront une description détaillée et exacte dans les notes archéologiques de Mérimée. Nous en dirons autant du fragment de sculpture sauvé par les soins de l'illustre romancier, qui en a indiqué avec un goût parfait les principaux caractères et les contrastes passablement surprenants. Ce bas-relief est divisé en deux parties dont l'une est superposée à l'autre. La partie inférieure représente l'adoration des rois mages et une autre scène dont il m'a été impossible de me bien rendre compte et qui se rapporte à la naissance du Christ. L'exécution est d'une finesse étonnante pour tout ce qui concerne les draperies et d'une gaucherie extrême pour tout ce qui concerne les personnages. C'est à la fois de l'art le plus avancé et le plus barbare. Mérimée a fort bien signalé ce caractère; mais ce qu'il n'a pas dit, c'est que cette gaucherie n'exclut pas la profondeur morale; par exemple, le mouvement par lequel les mages se précipitent vers Jésus à la file l'un de l'autre est plein de tendresse et de respectueuse allégresse. Le bas-relief supérieur est le plus beau : il représente Jésus au sein de sa gloire encadré dans l'oméga mystique, symbole de son éternité. A ses côtés sont deux apôtres ou plus probablement deux prophètes, Moïse et Élie. Aux deux coins du bas-relief sont placés trois autres personnages, deux d'un côté, un seul de l'autre, — probablement saint Pierre, saint Jean et la Vierge. Deux de ces personnages tiennent à la main une draperie dont la présence est faite pour émouvoir, sans que nous puissions dire cependant si elle est là pour rappeler les larmes que les personnages ont versées à la passion ou les linges dont ils enveloppèrent pieusement le corps de Jésus. Quoi qu'il en soit, il y a quelque chose de touchant dans ce souvenir des douleurs de la terre persistant au sein de l'éternité glorieuse. Détail curieux à noter pour l'influence byzantine qu'il révèle, les yeux des personnages sont formés de boules en verre de couleur. Quant à la partie purement décorative de ces sculptures, aux ornements qui les entourent, ils sont d'une habileté achevée, et il y a là notamment sur les chapiteaux de deux colonnes deux petites figures de cavaliers qui rappellent sans désavantage les souvenirs de l'art grec.

Tout en haut du petit faubourg, nous avons trouvé ouverte la porte d'un jardin qu'à ses belles allées et à ses terrasses étagées en face de la Loire nous avons pris d'abord pour une promenade publique. Ce n'était pourtant que le jardin d'un simple particulier, dans lequel est enclavée la plus importante des deux tours encore subsistantes du château féodal. Tout ce qui reste de ce château se trouve aujourd'hui réparti entre différents propriétaires : M. Auguste Adam possède la grosse tour, M. Prudot possède la petite, un troisième bourgeois dont le nom m'échappe n'a pas de tour, mais en revanche il a pour lot un imposant morceau de maçonnerie qui n'est point à dédaigner. *Sic transeunt gubernationes mundi.*

II

NEVERS. — LE PALAIS DUCAL ET L'HISTOIRE DU CHEVALIER
DU CYGNE. — LES ÉGLISES.

Nous ne devons pas nous attendre à rencontrer en Nivernais l'abondance de monuments et de souvenirs à laquelle la Bourgogne nous a habitués. A aucun moment de notre existence nationale, le Nivernais n'a joué de rôle décisif; rien de général ni en bien ni en mal ne se relie à sa vie, presque toute entière locale. Les circonstances historiques, qui n'ont jamais été pour cette province ni positivement favorables ni positivement défavorables, lui ont fait une sorte de destinée moyenne qui, en la protégeant contre les maux dont les provinces limitrophes étaient accablées, lui en ont en même temps interdit les grandeurs. La nature et l'histoire ont un peu agi de concert pour le Nivernais, comme ces parents qui, sans être cruels pour tel de leurs enfants, n'ont jamais jeté sur lui que des regards de sécheresse et déposé sur son front que des baisers sans amour. L'enfant ainsi élevé n'en grandit pas moins; il en devient même quelquefois d'autant plus industrieux, plus laborieux, plus énergique, et c'est là le cas du Nivernais; mais il

Nevers. — Vue prise du pont.

y a cent à parier contre un qu'il lui manquera toujours cette force d'expansion dont le germe premier est dans la vivifiante chaleur de la sympathie paternelle. La destinée du Nivernais, si elle n'a pas été malheureuse, a été au moins bien contrariée, et son histoire, pour peu qu'on la parcoure, donne l'impression pénible que donnerait le spectacle d'un satellite qui serait empêché de se rattacher à son véritable centre d'attraction, ou plutôt qui se trouverait sollicité entre plusieurs centres dont aucun ne serait suffisamment prépondérant. Partagé, comme il l'est nettement, en deux régions bien distinctes, une région montagneuse et une riante vallée, où est son centre d'attraction? Par le Morvan, il se relie à la Bourgogne ; par la vallée de la Loire, il touche au Berry, et par le Berry il se rattache aux provinces de l'ancienne Aquitaine; mais on ne voit pas que son génie propre ait quoi que ce soit en commun avec les génies de l'une et de l'autre région. La race physique même est complétement différente ; ces corps maigres et agiles, ces formes fluettes et sèches, ces visages minces et ronds aux tout petits traits, peu faits pour atteindre à la grande beauté, mais en revanche souvent remarquablement jolis et atteignant à une *mignonnesse* charmante, ne sont pas sans causer quelque surprise quand on songe au voisinage des formes plantureuses de la Bourgogne et à la molle beauté des provinces de l'autre côté de la Loire. C'est le genre de vivacité et de sécheresse de la pierre à fusil, de l'étincelle qui en jaillit et de l'amadou qu'elle allume ; on dirait une population faite à souhait pour l'action rapide, les coups de main agiles, les besognes enlevées d'assaut, plus adroite et alerte que robuste cependant. S'il faut s'en rapporter aux hommes remarquables que cette province a produits, l'âme, en parfait rapport avec cette enveloppe, serait tranchante, subtile, volontiers batailleuse, facilement violente, capable de logique pratique et assez peu portée aux choses idéales, car ces hommes remarquables sont invariablement de deux sortes, ou bien des révolutionnaires comme Théodore de Bèze, Anaxagoras Chaumette et Saint-Just, ou bien des procureurs et des légistes comme le vieux Guy Coquille et les modernes Dupin.

Cependant de ces centres d'attraction qui s'offrent au Nivernais, la Bourgogne est celui qui lui aurait été le plus naturel; il lui est même si naturel par la position géographique, que dès les premiers temps de notre histoire le Nivernais était considéré comme une annexe de cette première province. J'ouvre la chronique des *Annales de Saint-Bertin*, et j'y vois, sous la date de 865, Charles le Chauve accorder à un de ses seigneurs le comté d'Auxerre et le comté de Nevers, dont il dépossède le bénéficiaire en fonctions; cette situation dura sous diverses formes pendant toute la première maison féodale et jusqu'au commencement du xiii° siècle. Sous la Maison de Valois, le Morvan était compris dans le duché de Bourgogne. N'est-ce pas ici d'ailleurs que se termine bien décidément la France de l'est, et dès lors le Nivernais ne doit-il pas suivre nécessairement les destinées de la région dont il fait partie? Ce n'est toutefois que par intermittences que le Nivernais a été rattaché à la Bourgogne.

Un autre fait bien singulier et qui doit avoir influé nécessairement sur son histoire, c'est que de toutes nos provinces le Nivernais est peut-être celle où les intérêts féodaux ont fait le plus rapidement se succéder les maisons souveraines; elles sont en nombre infini. Après la première maison féodale, — celle que nous avons vue en lutte pendant trois générations avec les abbés de Vézelay, — se présente la maison quasi royale de Courtenay, rapidement interrompue par le mariage d'Hervé, baron de Donzy, puis un instant la maison du Forez, puis les comtes flamands de la maison de Dampierre, puis les ducs de Bourgogne de la maison de Valois, puis la maison allemande de Clèves mêlée aux maisons d'Albret et de Bourbon, puis les Gonzague de Mantoue, qui livrent enfin à prix d'argent leur duché à Mazarin pour qu'il en constitue l'apanage des Mancini, ses neveux. La liste est longue, vous le voyez, je ne suis cependant pas très-sûr de ne pas avoir oublié quelque rameau minuscule. Chose très-importante à remarquer, à l'exception de la première maison féodale, celles de ces familles qui ont régné le plus longtemps sont d'origine étrangère ; les Dampierre sont flamands, les Clèves sont allemands, les Gonzague et les Mancini sont italiens. Pour les princes, ces dominateurs différents étaient mieux que des compatriotes, c'étaient des beaux-frères, des neveux, des petits-fils, à tout le moins des pairs ; pour le peuple, ils n'étaient que des étrangers intronisés par le hasard d'une succession ou d'un mariage. Quelle influence ce fait a-t-il exercée sur le peuple du Nivernais? Il est difficile de le constater, mais il est de toute évidence qu'il doit en avoir exercé une. Pour nous, ce qui paraît à peu près certain, c'est que le peuple du Nivernais n'a jamais obéi avec entrain qu'à la première maison féodale, la seule qui pût passer pour vraiment indigène ; il nous semble apercevoir à cette époque un accord d'action entre le peuple et les princes que nous ne retrouvons plus du tout aux périodes suivantes. Qui sait si ce n'est pas de cette circonstance que sont nés cet esprit exclusivement démocratique et ce complet oubli du passé qui distinguent plus particulièrement peut-être que toute autre la population du Nivernais ?

Il n'y a donc pas lieu de s'étonner qu'on rencontre en Nivernais si peu de traces de ses anciens maîtres.

De toutes ces maisons souveraines, une seule, celle de Clèves-Gonzague, a laissé un souvenir, le palais ducal de Nevers; il est vrai que celui-là est admirable. C'est un superbe édifice, d'une élégance sombre, où s'unissent dans une sévère harmonie ce que le moyen âge eut de plus morose et la renaissance de plus sérieux. Cela est riche, altier, sans familiarité d'aucune sorte, et tout semblable pour l'impression qui en résulte à ces portraits de seigneurs italiens et espagnols du xvie siècle, si magnifiques sous leurs costumes de velours noir rehaussé de satin pourpre, mais qui cherchent moins à plaire à l'œil qu'à lui inspirer une sorte de respectueuse timidité. Deux énormes tours rondes flanquent les deux côtés de l'édifice, mais c'est à peine si l'on en remarque l'aspect massif, tant il est bien corrigé par les deux tourelles hexagonales qui en sont rapprochées et par la longueur de la façade. Au centre se renfle une tourelle octogonale percée d'innombrables ouvertures disposées en spirales qui suivent les courbes du grand escalier intérieur; c'est une sorte d'épisode architectural d'un merveilleux et presque féerique effet. Deux tourelles rondes engagées dans le mur, placées à égale distance de cette tourelle octogonale, partant seulement du premier étage et s'arrêtant au bord du faîte, complètent ce palais, d'une correction fantasque et d'une fantaisie correcte, où, comme chez les hommes d'existence princière, la force est partout enveloppée par la grâce. Au-dessous des lucarnes, entre les fenêtres, tout le long des spirales de la tourelle du centre, se déroulent des armoiries sculptées, des figures d'ornement, des bas-reliefs charmants. Nulle part, sauf à Heidelberg, ma mémoire ne s'est rappelé avec plus de vivacité l'histoire de ce baiser que le vieux docteur Faust sollicita de la belle Hélène, évoquée par la formule de son amoureux désir. Ici comme à Heidelberg, le baiser que demandait

Nevers. — Palais ducal.

l'enchanteur pour devenir immortel a été déposé par la jeune renaissance sur le front du vieux moyen âge ; seulement à Heidelberg, il a été donné avec une chaude tendresse, tandis qu'ici il a été donné avec une complaisance sévère, comme par respectueux égard, et d'une lèvre filiale sans émotion, un peu à la façon dont l'Aurore devait baiser son vieux Tithon.

Il est presque inutile de dire que les sculptures de la façade avaient été horriblement mutilées ; elles ont été restaurées, il n'y a pas plus d'une vingtaine d'années, par M. Jouffroy, sur les indications existantes, tâche difficile dont il s'est acquitté avec autant de goût que de fidélité, s'il nous est permis d'en juger d'après ceux des fragments, — par exemple les cariatides à la façon de Jean Goujon, — qui font maintenant partie du musée lapidaire de Nevers. Ces sculptures, comme nous l'avons dit, sont de trois sortes : figures d'ornement, armoiries, bas-reliefs. La partie des figures d'ornement, remarquable par sa sobriété, tranche par ce caractère avec la prodigalité fantasque du moyen âge expirant, non moins qu'avec le luxe habituel des décorations de la renaissance. Le sommet et la base de la tourelle sont occupés par les armoiries seigneuriales qui se présentent encore mêlées aux figures d'ornement ; voici les bâtons noueux réunis en forme d'O de Jean de Clamecy, le fondateur du château, le cygne à chaîne d'or de la maison de Clèves, le mont Olympe des Gonzague. Les devises qui accompagnent les sculptures, et qui appartiennent toutes aux Gonzague, portent bien la marque de la renaissance et ont bien la saveur de leur Italie. *Nec retrogadior, nec devio*, dit l'une d'elles, je ne rétrograde ni ne dévie, expression parfaite de la fortune de cette famille, qui, sans jamais rien faire d'éclatant ni courir aucune généreuse aventure, sut s'élever, par la seule force et la seule suite du temps, au rang des familles princières. Une autre est formée par le nom de l'Olympe, écrit en caractères grecs, *Olumpos*, et par le mot *fides*; une troisième enfin, qu'on peut dire mantouane de pied en cap, et par son auteur et par son sujet, est un vers entier de Virgile : « *Igneus est ollis vigor et celestis origo*, ils ont une force de flamme et une origine céleste. » Si les armoiries et les devises appartiennent en grande partie aux Gonzague, les bas-reliefs appartiennent exclusivement aux Clèves. A l'exception de trois, qui sont consacrés à la chasse de saint Hubert, ils ne racontent tous qu'une même histoire, celle de ce mystérieux chevalier du cygne auquel la maison de Clèves se plaisait à rattacher son origine princière, à peu près comme les grandes familles grecques et romaines aimaient à se dire descendues d'Hercule et de Vénus, ou, à défaut d'un dieu olympien, de quelque naïade amoureuse ou de quelque faune séducteur.

Un jour que des chevaliers étaient rassemblés pour célébrer un tournoi sur les bords du Rhin, près de Cologne, la ville légendaire par excellence, on vit tout à coup s'avancer au loin sur le fleuve une splendeur éblouissante comparable à celle d'un métal neuf frappé par le soleil, précédée d'une blancheur mate pareille à une écume mouvante. La vision prit bientôt forme; mais, au rebours de ces objets qui perdent leur prestige à mesure qu'on s'en approche, plus elle devint distincte, plus elle parut merveilleuse. Cette splendeur miroitante, c'était un jeune chevalier de la mine la plus séduisante, revêtu d'armes flamblant neuves, et cette blancheur mouvante, c'était un robuste et gracieux cygne qui traînait sa barque. Le chevalier sauta sur le rivage d'un pied leste, et aussitôt barque et cygne disparurent. Interrogé sur ses noms et qualités, il déclara qu'il se nommait Hélias, qu'il était chevalier grec, et qu'il venait pour prendre part au tournoi. Il fit mainte prouesse, comme on pouvait l'attendre d'un homme si merveilleusement amené, et, ses exploits ayant enflammé le cœur d'une jeune princesse qui assistait aux joûtes, il la demanda en mariage, l'obtint et en eut plusieurs enfants ; mais, de même que ce qui vient au son de la flûte s'en retourne au son du tambour, le chevalier disparut exactement comme il était arrivé, car après plusieurs années d'un heureux ménage, la barque et le cygne s'étant inopinément présentés, le chevalier partit sur-le-champ, et jamais depuis lors on n'apprit de ses nouvelles. Telle est la poétique histoire que racontent ces sculptures avec une naïveté savante, où le radieux badinage de la renaissance enveloppe, sans trop l'étouffer, l'aimable crédulité des âges gothiques.

Il y a tel de ces bas-reliefs qui ressemble à une page d'un hardi poëme italien de la fin du xve siècle, et tel autre qui fait penser à un épisode de quelque innocente légende. Voici par exemple le chevalier seul dans une forêt ; il tient une lance à la main et en touche un écu suspendu à une branche d'arbre. Ce sont sans doute les armes qu'un hasard ami lui a fait rencontrer. Plus loin, il s'avance près d'un château dont les portes s'ouvrent d'elles-mêmes à son approche. Ne dirait-on pas deux aventures de Spenser ou d'Arioste ? Ailleurs le chevalier demande en mariage la princesse : la jeune fille, assise à terre parmi l'herbe et les fleurs, le regarde amoureusement tout en entourant de son bras une biche apprivoisée ; lui, debout devant le père de la princesse, tient par la bride son destrier de combat : ici c'est une légende d'amour germanique racontée avec la candeur d'un *minnesinger*, et où se laisse apercevoir ce sentiment de la nature qui n'abandonne jamais le moyen âge allemand. Ailleurs encore, voici les époux recevant la bénédiction nuptiale, et cette fois le bas-relief ressemble, à s'y méprendre, à l'heureuse conclusion d'un conte de Perrault. Tout en haut de l'édifice, dans l'intervalle qui sépare les dernières fenêtres du faîte, Hélias est représenté quatre fois avec sa barque et son cygne ; dans les deux premiers bas-reliefs, il arrive et débarque ; dans les deux autres, il s'embarque et s'en retourne. Trois de ces tableaux sculptés sont consacrés, avons-nous dit, à la chasse de saint Hubert, mais ils sont si bien en harmonie avec le reste de l'œuvre qu'on ne s'aperçoit pas tout d'abord qu'ils sont étrangers à l'histoire principale, et que, loin de détruire l'unité de cette *illustration* sur pierre, ils en complètent au contraire le caractère féodal.

Voilà une toute gracieuse histoire, n'est-il pas vrai? et cependant à mesure que j'en examinais et que j'en rapprochais les divers épisodes, je sentais tout son charme se dissoudre sous les conjectures qu'elle me suggérait. Toute face a son revers, dit le proverbe, et de même que la plus belle femme contient caché en elle un hideux squelette, cette poésie me semble recouvrir une fort laide réalité. J'en suis fâché pour l'illustre maison de Clèves, mais ce chevalier Hélias, auquel elle aimait à rapporter son origine, laisse facilement apercevoir un jeune aventurier de la plus équivoque espèce. De quelle nature est cette protection mystérieuse qui semble l'envelopper, qui lui fait découvrir comme par hasard des armes brillantes dans la solitude des forêts, et ouvre devant lui d'une main invisible les portes des châteaux-forts? Est-elle diabolique ou providentielle? La protection est certaine, mais le protecteur reste obstinément invisible. A quelle nature d'êtres se rapporte-t-il? est-ce un simple mortel ou quelque esprit élémentaire, secourable gnôme ou ondine amoureuse? Si le chevalier demandait à le voir, s'évanouirait-il sans retour comme le lutin familier du chevalier dont parle Froissard? ou bien, comme le page féminin du *Diable amoureux* de Cazotte, qui se métamorphose en hideux dragon dès que son maître lui a dit : « Cher Béelzebuth, je t'adore, » prendrait-il quelque forme effrayante ? Le nom de cette tutelle mystérieuse est-il bien protection, et ne serait-il pas plutôt domination ? La légende nous le dit en toute transparence : ce jeune chevalier ne s'appartient pas, il s'est lié par quelque pacte secret qui règle ses mouvements, arrête le plan de ses aventures, en détermine la durée, le pousse vers la fortune ou l'en arrache à son gré. Le poétique rameur ailé de la barque du jeune Hélias n'est évidemment qu'un calembour aussi facile qu'ingénieux, *cygne*, *signe*. Nous savons par les démonologues quelle est la nature dangereusement capricieuse des esprits élémentaires dont aucune loi ne règle les actions, et dont aucune sagesse n'arrête les mouvements spontanés : bienfaisants sans charité, durs sans justice, passionnés sans noblesse, ils tuent aussi facilement qu'ils aiment. L'Ondine de La Mothe-Fouqué, qui est toujours prête à noyer son adorateur sous l'eau dont elle lui jette par espièglerie les gouttes au visage, est le type même de ces fantasques protecteurs régis par les phases changeantes de la lune, l'astre des sortiléges. Ce caractère étant connu, la brusque apparition et la non moins brusque disparition du chevalier Hélias s'expliquent fort aisément. Un jour, peut-être dans une phase de tendresse reconnaissante d'où l'égoïsme fut exclu pour un moment, peut-être par un mouvement d'amoureuse pitié pour l'ennui où languissait le jeune homme ou les inquiétudes qu'il avait laissé voir, la protection mystérieuse consentit au bonheur du chevalier selon les voies de la commune humanité. Un signe pareil à ces courants électriques qui ne sont visibles que par la secousse qu'ils font éprouver à celui qu'ils touchent l'atteignit au loin, et, comme le fer marche vers l'aimant, il alla sans dévier de sa route vers le point où l'appelait sa force directrice. Là s'accomplirent les destinées qui lui avaient été marquées, et le chevalier fut heureux tant que la tyrannie qui le gouvernait consentit à sommeiller. Au bout de quelques années, peut-être par regret, peut-être par un cruel retour d'égoïsme, peut-être aussi par impitoyable caprice, elle envoya de nouveau le signe mystérieux, et, esclave obéissant, le chevalier, se levant, partit aussitôt sans mot dire et sans retourner la tête.

Telle est l'assez triste réalité que la fatale habitude de l'analyse, habile à empoisonner tous les plaisirs naïfs de l'intelligence, nous laisse apercevoir sous cette légende. Admirez cependant comment ici l'imagination humaine s'est montrée l'émule presque victorieuse de la nature. D'ordinaire la poésie se contente de transformer les objets dont elle s'empare par des procédés qui conservent l'objet ancien dans le nouveau, à peu près comme l'églantine des buissons est conservée dans la rose de nos jardins; ici, avec un simple calembour, elle a su tirer de la réalité une histoire qui n'y était nullement contenue, et qui est non plus une transformation, mais une véritable création nouvelle sans rapport aucun avec son germe, une création qui non-seulement voile la réalité, mais la met à néant et se substitue à elle. La réalité rampait comme une chenille, la légende vole comme le papillon aux ailes diaprées; la réalité était équivoque et impure, la légende est chaste et immaculée comme le cygne au blanc plumage qui mena la barque du chevalier. Quant à la provenance de cette légende, elle est très-clairement indiquée par le calembour même sur lequel elle est fondée; c'est évidemment une invention de lettré, car la langue dans laquelle ce calembour a été fait est celle que parlaient seuls dans les pays germaniques les lettrés et les moines, c'est-à-dire la langue latine. Il porte sur la ressemblance des deux mots *cygnus* et *signum*, ressemblance qui, au datif et à l'ablatif, est étroite jusqu'à l'identité. C'est donc une ingénieuse plaisanterie de clerc habile à recouvrir sa pensée d'un voile diaphane qui s'est transformée en une gracieuse allégorie où l'élément populaire n'est entré pour rien, puisque les mots dont elle se compose n'ont pu être empruntés à l'idiome germanique.

Le palais ducal occupe le sommet d'une vaste place inclinée qui descend vers la Loire. Il faudrait peu de chose pour faire de cette place une des plus belles de la France entière : il suffirait d'abattre les trois ou quatre bicoques qui masquent la vue du fleuve, et de découvrir entièrement la cathédrale. Cet embellissement est tellement indiqué et de si facile exécution, au moins pour ce qui concerne la vue de la Loire, qu'on le trouve en projet dès le temps des Gonzague, dans un vieux plan de Nevers de 1590 ou 1592, qui est conservé dans une des salles de ce même palais ducal. Trois siècles se sont écoulés depuis cette époque, et l'embellissement projeté est encore à exécuter, tant il est vrai que, lorsque les choses ne se font pas en France par coups d'autorité, elles ne se font jamais. Qu'a-t-il manqué pour que cette place reçût son agrandissement légitime ? Tout simplement qu'elle occupât deux minutes l'attention d'un prince connaisseur en choses vraiment belles ; mais, ce hasard heureux ne s'étant pas rencontré, Nevers ne possédera jamais le panorama superbe dont la nature lui fournissait les éléments.

Dans les salles supérieures du palais, on a installé un commencement de musée bien pauvre encore, dont la pièce la plus curieuse, à mon sens, est un portrait de Théodore de Bèze, peint de son vivant ; nous en avons fait mention lorsque nous avons visité Vézelay. Des Clèves, des Gonzague, des Mancini, pas un souvenir n'est resté, sauf quelques méchantes petites gravures pouvant servir de frontispice à une réimpression de Guy Coquille et représentant les médaillons des Gonzague, plus un portrait gravé du dernier duc de Nivernais, cet aimable Mancini qui fut ambassadeur en Angleterre après la guerre de sept ans, et qui, ruiné par la révolution, demanda noblement le pain de sa vieillesse à la collection des petites fables et des petits vers dont il avait amusé dans les temps heureux les loisirs de sa vie de seigneur. C'est un visage d'une élégance et d'une urbanité accomplies, avec un long et fin profil qui lui donne l'air d'un oiseau de luxe ; un certain cachet de faiblesse dénonce l'état maladif qu'il garda toute sa vie et qui le conduisit jusqu'à une vieillesse avancée, mais aussi peu morose que si la souffrance et la ruine n'avaient pas été ses compagnes. Parmi les salles de ce musée, il en est une cependant qui possède un intérêt particulier pour les amateurs de l'art céramique, celle où ont été rassemblés les divers échantillons de la fabrique de Nevers pendant les trois derniers siècles. Les faïences à l'imitation des majoliques italiennes du xvie siècle y abondent, ce qui n'a pas lieu de surprendre, puisque la fabrique de Nevers fut fondée sous les Gonzague par des ouvriers italiens appelés d'Urbin même, l'atelier céramique par excellence ; ce sont les plus belles, tant pour la forme que pour la décoration. Après cette période d'initiation, Nevers, marchant dans sa liberté, déploya pendant quelque temps une certaine originalité ; c'est à cette seconde époque que se rapportent un certain nombre de vases et de plats à peintures bleues sur fond blanc, coloration neutre qui manque de vivacité et d'attrait, mais qui n'est pas sans douceur. La partie la plus instructive de ce musée céramique cependant, ce n'est pas la plus belle et la plus originale, c'est la plus laide et la plus grossière. On peut y apprendre par un tout petit exemple comment la science est toujours à la veille de sombrer dans l'ignorance, et la civilisation toujours près de retomber dans la barbarie ; un rien suffit pour cela, un incident inaperçu ou dont on n'a pas tenu compte par légèreté, un élément inattendu qui prend une extension trop grande, une manie d'imitation qui n'a pas de raison d'être. Il est étonnant de voir avec quelle rapidité dégénéra la fabrique de Nevers. Dès la fin du xviie siècle, forme, coloration, sujets d'ornement, tout se vulgarise ; une grossière imagerie religieuse et de ridicules sujets de genre prennent la place des jolies décorations mythologiques et pastorales des époques précédentes. Le dessin n'en vaut pas celui des figures que les enfants dessinent sur leurs livres de classe, les sujets sont incompréhensibles dans leur vulgarité, et les devises imbéciles qui prétendent les expliquer les rendent plus obscurs encore. Le plus clair de ces non-sens représente l'arbre d'amour scié au tronc par deux demoiselles armées d'un instrument de scieur de long ; la devise explicative de ce beau sujet est à l'avenant. Enfin, quand on arrive à l'époque de la Révolution, la barbarie est à son comble ; on ne peut rien imaginer de plus stupide, et l'intelligence d'un Œdipe ne suffirait pas pour comprendre la nature de ces sujets embrouillés dans leur ineptie et le texte ténébreux de leurs devises.

Nevers possède deux églises dignes d'intérêt, Saint-Étienne et la cathédrale de Saint-Cyr. Saint-Étienne est la plus ancienne des deux, et l'on peut presque dire qu'elle remonte à l'origine même du Nivernais, car, en deçà de la date à laquelle se rapporte sa fondation, l'histoire de cette province n'est que ténèbres, incertitude et confusion. Cette église fut bâtie vers la fin du xie siècle, presque dans les mêmes années que celle de la Charité, et placée, comme cette dernière, sous le patronage de Cluny, par le premier comte du nom de Guillaume, le fondateur authentique de cette maison féodale dont nous avons vu les membres successifs en si longues querelles avec les abbés de Vézelay. C'est un édifice roman dont l'extérieur lourd et sans grâce fait peu de promesses, et dont le vaste intérieur est d'un puissant effet. Je n'ai guère vu d'église d'une sévérité plus sombre; les ténèbres visibles de Milton y ont véritablement établi leur empire. Pendant que je me promène à travers son crépuscule, en me laissant aller aux rêveries qu'il suggère, il me semble que je pénètre mieux que je ne l'avais encore fait une des causes qui on élevé la puissance du christianisme et qui assurent sa durée. Dans le cours de sa longue existence, le christianisme a eu le temps de multiplier ses œuvres, — monuments, objets d'art, cérémonies, livres, doctrines, caractères individuels, — à un tel point qu'il n'est pas un état de l'âme humaine, aussi fugitive qu'en soit la nuance, qui n'ait son analogue dans quelque coin de l'Église, en sorte que son empire par là s'étend non-seulement aux croyants, mais aux incroyants de toute secte et de tout plumage. Il n'y a guère d'incrédule par exemple qui n'ait au moins un favori dans les rangs du christianisme, c'est-à-dire une âme dont il comprend la destinée par similitude de nature ou par expérience individuelle : pour celui-ci, c'est saint François d'Assise, pour celui-là saint Vincent de Paul, pour un autre tel apôtre héroïque des âges barbares. Il n'en est guère non plus qui ne puisse retrouver à l'improviste telle phase morale de sa vie, tel sentiment éprouvé ou rêvé dans quelque lecture de légende ou quelque visite à un sanctuaire célèbre. Pour nous, il nous est arrivé bien des fois de retrouver sensibles et réalisées, dans telle ou telle église, jusqu'à des idées métaphoriques, et à des images exprimant les faits de l'ordre moral. C'est ainsi que le sombre vaisseau de cette église Saint-Étienne de Nevers me parut tout à coup comme la représentation la plus sensible de la manière dont la vérité se communique à notre monde. Des fenêtres en très-petit nombre laissent passer avec avarice une lumière insuffisante pour dissiper les ténèbres d'en bas, et qui semble manquer de force pour descendre jusqu'à elles. C'est justement de la même sorte que la vérité nous arrive. Elle tombe des sommets inaccessibles, s'affaiblit et se décolore pendant son long voyage, et lorsqu'elle touche les ténèbres de notre vallée, tout ce qu'elle peut faire, c'est de les transformer en un clair-obscur désespérant, qui ne sert qu'à nous montrer que nous habitons au sein de la nuit. Cependant, si nous levons les yeux, nous apercevons à travers les lucarnes de notre monde le soleil de la vérité qui brille dans les profondeurs de l'infini ; si sa possession nous est refusée, son existence nous est révélée ; nous savons qu'elle est, et cette certitude suffit pour raffermir nos courages et raviver nos espoirs.

Quoique la cathédrale dédiée à saint Cyr ait été fondée à une date assez rapprochée de celle de l'église Saint-Étienne, elle ne remonte cependant pas, sous sa forme actuelle, au delà du xive siècle. C'est un beau et étrange monument, dont la forme très-originale est due aux reconstructions dont elle a été l'objet. Cette église est fermée à ses deux extrémités, en sorte que, n'ayant point de porche, on y pénètre par les ouvertures latérales. Sa forme est à peu près celle de ces vases allongés et profonds qu'on appelle *lévrières* en termes de ménagère. Je demande pardon de la vulgarité de l'expression, mais elle m'est nécessaire pour bien faire comprendre au lecteur la bizarrerie de cette construction. Elle a donc deux absides : l'une est romane, l'autre gothique. L'abside romane, reste considérable de l'édifice primitif, aujourd'hui transformée en chapelle, s'élève au-dessus du sol de l'église d'une hauteur de six ou sept marches et surmonte une crypte : crypte et chapelle sont dédiées à sainte Julitte, la mère de saint Cyr. C'est à peu près la disposition des confessions dans les anciennes églises de Rome, c'est-à-dire des autels élevés au-dessus des sanctuaires où dorment les ossements des martyrs ; c'est encore à peu près celle que l'on remarque dans quelques-unes de nos très-vieilles églises, Sainte-Radegonde et Saint-Hilaire de Poitiers par exemple, Saint-Germain d'Auxerre, et bien d'autres dont l'architecture intérieure se rapproche singulièrement de celle des primitives basiliques romaines, où la partie de l'église destinée au clergé et au culte s'élève de la hauteur d'un étage au-dessus de la partie réservée aux fidèles : Saint-Laurent hors des murs, Saint-Nérée, etc. Du haut du perron, qui est formé par le double escalier conduisant à cette chapelle, on serait parfaitement placé pour embrasser l'édifice intérieur dans toute son étendue, si pour le quart d'heure les échafaudages des maçons qui le restaurent au complet n'en masquaient pas les principales parties [1]. Le chœur, qui est vaste, occupe le centre de l'église, et tout autour court une nef circulaire dont les deux bras viennent rejoindre la nef principale.

Ainsi qu'il arrive très-souvent avec les édifices qui gardent leur destination pendant de longs siècles et voient se succéder d'innombrables générations, Saint-Cyr a perdu depuis le dernier siècle un grand nombre de ses souvenirs, et retrouvé ceux qu'il avait perdus dans les siècles antérieurs. Ses nombreux tombeaux,

---

1. Ces pages ont été écrites en 1873 ; aujourd'hui les échafaudages doivent avoir disparu ou être bien près de disparaître.

ses bas-reliefs sculptés, dont quelques-uns étaient considérables, ont été entièrement détruits, les peintures de ses chapelles ont été écaillées par le temps à en être méconnaissables ; en revanche, les travaux de réparation et de nettoyage ont mis au jour nombre d'inscriptions et plusieurs fresques complétement inconnues jusqu'à ces derniers temps, ensevelies qu'elles étaient sous l'épaisse couche de badigeon dont elles avaient été sans façon recouvertes. Il n'est point juste d'accuser trop exclusivement la Révolution de la dévastation de nos anciens édifices, car cette dévastation a été l'œuvre de bien des causes réunies, et l'incurie, la négligence, l'ignorance et le faux goût y ont eu leur bonne part. Nous oublions trop que ce n'est que de nos jours que le sentiment des arts s'est généralisé ; les générations antérieures n'en prenaient point tant de souci, et pour un enthousiaste ou deux on comptait les barbares par milliers. Dans le clergé particulièrement, qui le croirait? ce respect scrupuleux des souvenirs du passé, dont il était cependant le gardien, est de date récente. Aux siècles précédents, un curé ne se gênait nullement pour faire blanchir, repeindre, nettoyer, selon que la fantaisie lui en prenait, sans souci aucun des peintures qu'il lui fallait déplacer, enlever ou quelquefois mutiler. Le clergé des cinquante dernières années tranche singulièrement, en cela comme en bien d'autres choses, sur le clergé des époques précédentes, et a réparé autant qu'il était en lui les dégâts que ses devanciers avaient opérés ou laissé opérer. C'est là l'histoire de ces souvenirs de la cathédrale de Nevers retrouvés sous le badigeon : dans le nombre, il s'y rencontre une œuvre charmante, une peinture à fresque consacrée au souvenir d'un certain chanoine Simon Laurendault, mort en 1443, et qui marquait probablement la place de sa sépulture. On reste étonné de l'insouciance stupide qui avait condamné à l'effacement cette page remarquable. Elle avait toute sorte de titres pour échapper à la destruction, une beauté réelle, un sentiment de naïveté des plus touchants, une perfection de travail rendue curieuse par la date ; aucun de ces mérites cependant n'avait pu la sauver contre le badigeon sous lequel elle est restée emprisonnée un temps infini, à la façon de ces chevaliers et de ces dames que les enchanteurs des vieux poëmes enfermaient dans des arbres ou des pierres. Elle est de 1445, c'est-à-dire du printemps même de la renaissance italienne, à laquelle elle n'a rien à envier et dont elle reproduirait exactement le caractère, si un sentiment de naïveté familière et de bonhomie pieuse qui se sent des vieux âges gaulois ne nous disait pas que c'est pour une église française et non pour une église italienne que cette fresque fut composée. Le chanoine, agenouillé sur ce tapis d'herbe et de fleurs si cher à tous les peintres de la première renaissance, est présenté par saint Pierre à la Vierge et à l'Enfant. Cela est peint d'une large et ferme touche, sans gaucherie gothique d'aucun genre, ni mièvre minutie de détail. Saint Pierre offre tous les caractères du type traditionnellement établi par la peinture depuis la renaissance ; mais ce qui n'est rien moins que traditionnel, c'est la façon familière dont il présente le chanoine à la Vierge : il le tient légèrement par l'occiput entre le pouce et l'index, à peu près comme un père ou un maître tire l'oreille d'un enfant qu'il veut réprimander sans le punir, ou auquel il veut montrer un sentiment d'espiègle sympathie. La Vierge à laquelle le chanoine est ainsi amicalement recommandé est de son côté d'aspect peu redoutable et respire peu la sévérité. Rousse superbe, un peu charnue, son expression de bonté tranquille serait bien faite pour rassurer le suppliant, s'il pouvait être alarmé. Quant au chanoine, c'est une jolie figure de vieillard en qui se sont conservés quelques-uns des traits de l'enfance, pâle, fine, une figure d'une innocence presque virginale, et qui fait penser qu'en s'adressant à la Vierge, il s'adresse non-seulement à la protectrice commune des chrétiens, mais à sa patronne naturelle. Enfin le badigeon, qui n'a pu être enlevé à fond, prête encore un dernier charme à cette fresque, car elle nous apparaît ainsi comme un spectacle aimable que nous verrions distinctement à travers un rideau de gaze diaphane. C'est l'œuvre d'art la plus intéressante que contienne la cathédrale, et, comme elle n'est pas connue, la découverte étant relativement récente, et qu'elle n'a été mentionnée encore que par les archéologues de la province, nous la signalons à l'attention de tous les artistes qui traverseront Nevers [1].

Nevers conserve encore la petite maison d'Adam Billault, ce menuisier-poëte qui est arrivé à la postérité avec une toute gentille chanson à boire, trop célèbre pour que nous ayons besoin de la rappeler. C'est à peu près tout ce que nous connaissons de lui ; nous avions eu d'abord la pensée de pousser plus avant la connaissance, mais vraiment la vie est trop courte pour que nous puissions en distraire une parcelle en faveur du vieux menuisier. Je doute d'ailleurs, au moins s'il faut en juger par une pièce détestable écrite en l'honneur des eaux de Pougues, dont il avait obtenu le privilége par la protection de Marie de Gonzague, la reine de Pologne,

[1]. On a beaucoup écrit sur la cathédrale de Nevers dans ces quarante dernières années ; nous signalerons seulement les travaux que nous avons consultés, bien que nous en ayons peu profité : le *Voyage archéologique* de Mérimée dans le midi de la France ; l'intéressante monographie de Mgr Crosnier, évêque de Nevers ; une brochure de l'abbé Bouthillier ; enfin l'excellente description qu'a donnée de la cathédrale M. de Soultrait dans son *Guide archéologique de Nevers*, description qui permet de retrouver dans l'église actuelle toutes les dispositions de l'église d'autrefois.

que la plupart de ses vers vaillent ceux du maçon Charles Poncy, voire du cordonnier Savinien Lapointe, qui, moins heureux que lui, n'ont pas été entourés de leur vivant des mêmes nobles soins, et n'iront pas après leur mort à une aussi lointaine postérité, soins et hommages qui prouvent, par parenthèse, que l'ancienne France n'était pas une marâtre bien dénaturée, même pour les menuisiers. Si le bon Adam Billault revenait au monde aujourd'hui, combien ne lui faudrait-il pas de chansons à boire de la force de sa célèbre petite pièce pour acquérir la célébrité? Peut-être lui vaudrait-elle la bienveillance de quelque petit journal pendant quinze jours, et encore faudrait-il qu'il eût bonne chance. L'arc de triomphe élevé en l'honneur de la bataille de Fontenoy au sommet de la ville est une laide maçonnerie qui ne vaut pas un regard, et les vers de Voltaire gravés sur ses pierres sont bien, je crois, les plus mauvais qui aient jamais échappé au grand écrivain. S'il est des communeux dans la Nièvre qui éprouvent un jour le besoin de démolir quelque chose, on peut leur concéder cet arc de triomphe comme os à ronger; les arts n'y perdront rien, et le souvenir de Fontenoy n'en restera pas moins dans notre histoire comme celui d'une bataille gagnée. Cet exécrable monument ouvre une longue rue marchande qui se prolonge jusqu'à l'extrémité de la ville et qu'il faut parcourir dans toute son étendue, car elle a vraiment du caractère. Avec sa voie spacieuse et cependant quelque peu sombre, ses maisons d'un dessin net et sec et d'un ton brun légèrement enfumé, elle n'est ni jeune ni vieille, et ressemble à une bourgeoise bien posée qui a eu de la beauté et qui garde encore du charme, qui ne date pas précisément d'hier, mais pour qui aujourd'hui existe encore. Enfin Nevers possède un musée lapidaire établi dans une des anciennes portes, la porte du Croux; si l'on a du temps de reste, on peut y aller passer deux

ou trois heures plus innocentes que celles que le juge
Dandin demandait au spectacle de la question, mais qui
ne seront cependant pas sans fatigue, car rien ne lasse
plus l'esprit qu'une promenade prolongée au milieu de
ces ossements du passé, disjoints la plupart du temps
du corps dont ils faisaient partie. Aussi avec quelle joie
d'enfant n'ai-je pas salué, au sortir de cette visite, certaine décoration dont la bonne nature a gratifié l'extérieur de cette vieille porte, et que peu d'habitants de
Nevers auront, je le crois, remarquée! D'une des tourelles, il ne reste plus que la base en forme de coquille
de colimaçon sur laquelle elle s'élevait; or, les pluies et
les saisons ont, avec le secours du temps, comblé de
sable et de terre végétale le large orifice de cette
coquille de pierre, en sorte qu'elle est devenue fertile,
s'est épanouie, et présente le spectacle d'une énorme
vasque remplie jusqu'aux bords de hautes herbes et de
fleurs sauvages. C'est sur cette fraîche impression que
j'ai naguère quitté Nevers, et que je veux aujourd'hui
arrêter mes souvenirs.

EN BOURBONNAIS

I

MOULINS. — SOUVENIR DE STERNE. — L'ÉGLISE NOTRE-DAME. LES VERRIÈRES.

En faisant route de Nevers à Moulins, je me suis rappelé que c'était près de cette dernière ville que Laurence Sterne, voyageant en France, rencontra par deux fois la pauvre Maria avec son chalumeau, sa petite chèvre et son chien Sylvio. On dit qu'il y a des musiciens orientaux dont l'oreille est si fine, qu'elle parvient à surprendre des demi-quarts de ton : tel Sterne en cette histoire, toute pareille à une élégie chuchotée, qui fait courir à travers les pages du *Tristram Shandy* et du *Voyage sentimental* un si délicieux frisson de sensibilité. Rarement le fin petit-maître a joué plus subtilement sur les plus menues cordes du cœur. Quel art de tout raconter sans rien dire ! Avec quelle discrétion il fait monter à nos yeux cette larme que nous y surprenons sans l'avoir sentie venir ! Comme il éveille notre compassion en tapinois, et avec quelle adresse il se dérobe après l'avoir éveillée ! Tout n'est pas précisément pur et sain dans ces charmantes pages, car là où passe Sterne l'équivoque se faufile dextrement. Quoique la raison de Maria soit égarée, elle est femme, et jolie femme, et Sterne s'arrête trop longuement à la contempler pour que l'admiration de cette beauté ne dispute pas son cœur au sentiment de la charité. Cependant comme ces émotions d'une sensualité naissante glissent et se dissimulent prestement sous les émotions de la pitié !—Vraiment, me dis-je, pendant que je repasse en souvenir toutes les délicatesses de cet épisode, je ne sais trop ce que je vais voir en Bourbonnais, et quelles surprises me réserve cette province; mais combien ne donnerais-je pas de ruines, de débris, voire de monuments intacts, pour reconnaître les paysages où se sont passées les diverses scènes de cette aventure, le talus gazonné sur lequel Maria était assise à la première rencontre, l'endroit de la route poudreuse d'où Sterne s'élança de sa voiture aux accents du chalumeau de la jeune fille, l'arbre qui servit d'abri à la seconde rencontre, le ruisseau dans lequel Maria voulut tremper avant de le lui rendre le mouchoir dont il s'était servi pour essuyer ses larmes et celles qu'il avait versées lui-même ! Il y a par là, dans ces environs de Moulins, un tout petit coin de terre où a été rendu le plus sérieux et le plus vrai jugement qui ait été porté sur Sterne, et cela par la pantomime d'une pauvre insensée! « Je m'assis sur le banc de gazon aux côtés de Maria: elle me regarda, puis regarda sa chèvre; puis me regarda encore, et puis encore sa chèvre, et ainsi de suite alternativement. — Bon, Maria, lui dis-je doucement, quelle ressemblance trouvez-vous entre nous deux? » Quelle ressemblance? il y en avait plus d'une vraiment : caprice, sensualité, agilité, pétulance, esprit de gambades, éclairs de folie, amour enragé des sentiers étroits et des routes perdues, passion perverse pour les escarpements, sûreté de marche sur les pentes dangereuses, tranquillité à la pointe des abîmes, tous ces caractères, Sterne les avait en commun avec la chèvre de Maria. L'innocente avait reconnu d'instinct l'âme la plus légère et la plus fragile que le génie se soit jamais choisie pour habitation. Certes il serait intéressant de pouvoir déterminer avec exactitude l'endroit même où ce remarquable jugement muet a été rendu; mais, comme cette découverte est impossible, qu'il suffise à notre amour-propre patriotique de savoir que c'est ici qu'il a été rendu, et que le juge fut une petite paysanne folle du Bourbonnais.

Les touristes négligent d'ordinaire Moulins, peut-être un peu sur la foi de leurs *guides;* c'est en vain que j'ai cherché la raison de cette indifférence ou de cette défaveur. Quoique cette ville soit relativement fort moderne, elle contient plus de souvenirs intéressants que n'en contiennent la plupart des villes françaises de pareille importance, même lorsqu'elles peuvent se vanter d'une origine plus ancienne. La physionomie en est originale sans ambition, la parure en est élégante sans prétention d'aucune sorte à la coquetterie ou à la mode, et j'en ai trouvé le séjour agréable et délassant. La physionomie de cette ville est, dis-je, originale : en effet, cherchant à la faire comprendre avec exactitude, je ne trouve d'autre analogie que l'image d'une cascade qui tombe en une seule chute, et réunit ses eaux dans un même bassin. Le plateau qui mène du chemin de fer à l'église Notre-Dame, voilà la nappe d'eau supérieure; de ce point, la ville, rencontrant une pente rapide, semble comme se précipiter pour retrouver au plus vite un terrain égal, voilà la chute; la vaste place du marché et le quartier qui se dirige au pont de l'Allier, voilà le bassin inférieur. De beaux édifices qui n'ont jamais beaucoup fait parler d'eux et qui méritaient mieux que leur célébrité modeste, une préfecture fort cossue, hôtel du dernier siècle, un débris charmant du somptueux palais des ducs de Bourbon, une ravissante cathédrale restée inachevée, dernier legs de l'art gothique agonisant à la jeune renaissance, un vieux beffroi, une remarquable église moderne, qui fait le plus grand honneur à son architecte, le regrettable M. Lassus, l'ancien couvent de la Visitation de Mme de Chantal et de Felicia Orsini, duchesse de Montmorency, distribués et semés comme des points lumineux sur toute l'étendue de ce plan légèrement bizarre, n'en laissent aucune partie entièrement sans intérêt. N'y eût-il d'ailleurs à Moulins aucun de ces monuments, qu'il vaudrait encore la peine de s'y arrêter, rien que pour se donner le plaisir d'une promenade sous l'avenue de vieux platanes qui mène du chemin de fer à l'entrée de la ville.

Le Bourbonnais, pour le dire en passant, est vraiment la patrie des beaux platanes : il faut croire qu'à une époque précédente une mode en l'honneur de ces arbres superbes a sévi parmi les diverses édilités de la province, car je les rencontre en tous lieux. A Vichy, ils forment une promenade du plus majestueux aspect; à Cusset, ils donnent à l'entrée de la petite ville un air de respectable sévérité; mais les plus beaux sont ceux qui forment la longue avenue de Moulins. Ces arbres, au tronc robuste et bien pris, lisse et sans nœuds ni rugosités d'aucune sorte, qui, semblant dédaigner comme une mièvrerie populacière le charme et les caprices de la végétation, relèguent tout à leur sommet leur verdure pour s'en faire une hautaine couronne, pareils, sous la robe blanche aux reflets verts de leur écorce, à une rangée de sénateurs vénérables, vous introduisent dans la ville avec une gravité singulière. Quand on a suivi cette longue avenue, on se trouve tout prédisposé aux sentiments sérieux qui conviennent au visiteur des choses d'autrefois, — petit, mais intéressant résultat moral qu'on ne saurait demander à aucune autre variété d'arbres. Le marronnier, en effet, avec la richesse de son feuillage et de ses grappes épaisses de fleurs, concentrant exclusivement la pensée sur des idées de luxe et de faste, convient surtout aux avenues des grands parcs, des jardins royaux et des villas seigneuriales. Le peuplier, à la mélancolie et à l'élégance agrestes, forme, il est vrai, d'admirables avenues ; mais ces avenues accompagnent mieux le départ qu'elles ne saluent l'arrivée du voyageur, et lui sont une escorte plus naturelle pour rentrer dans la pleine campagne que pour descendre dans une cité. Seul, le platane aux formes sans rusticité, à la parure noble et simple à la fois, arbre plein de tenue et de sévère maintien, est un introducteur légitime à la vie urbaine, dont il est comme un symbole et dont il semble porter la livrée. Il est tellement fait pour les villes, que, placé en rase campagne, à l'entrée ou sur la place d'un petit village, il perd à peu près tout son prix. J'en rencontre en maint endroit du Bourbonnais, mais ils ont l'air comme égarés au milieu du paysage, et les agrestes peupliers, mieux en harmonie avec la nature ambiante, reprennent sur eux tous leurs avantages.

What a good inn at Moulins! Quelle bonne auberge à Moulins! s'écrie Tristram Shandy à la fin du chapitre où il raconte son entrevue avec la pauvre Maria. Quelle respectable auberge à Moulins! dirai-je à mon tour en prenant la permission de légèrement varier l'interjection. En montant l'escalier, je me heurte contre un grand cadre accroché à la porte du salon d'honneur. Ce cadre renferme un placard où sont consignés des préceptes d'excellente morale qui mériteraient de former un appendice au Décalogue ; les coins sont ornés de dessins à la plume ayant pour but de recommander la pratique de la vertu. On y voit, par exemple, un personnage à mine farouche, orné d'une barbe digne de servir de parure à l'anarchiste le plus consciencieusement scélérat, qui se précipite avec fureur sur une autre personne de mine fort honnête et dont le menton est glabre comme l'innocence elle-même. Tout en haut, l'œil grand ouvert du souverain juge regarde avec une tranquillité menaçante; au-dessous se lit cette sentence en belles lettres moulées : *Dieu te voit et t'entend*. Comme la morale est en tous lieux bien placée, je ne m'étonne pas plus de rencontrer des préceptes de vertu dans une auberge de pays chrétien, que je ne m'étonnerais de rencontrer les versets du Coran sur les murailles d'un caravansérail d'Orient, et loin de trouver l'idée excentrique, je regrette que l'aubergiste n'ait pas plus d'imitateurs parmi ses confrères. La morale, dis-je, est en tous lieux bien placée; j'ajoute que la recommandation en est peut-être plus légitime dans une auberge que partout ailleurs. Il n'est pas hors de propos de rappeler à tous ces hôtes inconnus, qu'on n'avait jamais vus hier et qu'on ne verra plus demain, que, dans le cas où ils voudraient profiter de leur rapide passage pour commettre une vilaine action, leur *incognito* ne pourrait les protéger contre la vigilance de l'éternelle justice. C'est, en outre, un conseil que l'hôtelier se donne à lui-même de ne pas abuser de la situation des voyageurs pour trop attenter à leur bourse, et une recommandation aux serviteurs de ne pas ramasser et serrer si soigneusement les objets qui traînent, qu'ils ne puissent être retrouvés qu'après le départ des légitimes possesseurs. Ce placard de morale, ce *pensez-y bien* en abrégé affiché contre la muraille, est un de ces menus détails qui, comme le bénitier ou le crucifix qu'on rencontre maintes fois au chevet de son lit, dans les auberges du Poitou et du Limousin, avertissent le voyageur de l'esprit du pays dans lequel il est entré. Quel que soit l'esprit du Bourbonnais en général, je répondrais qu'à Moulins au moins les habitudes de dévotion dominent. Nombre d'autres petits faits viennent, pendant mes promenades, s'ajouter à ce premier détail pour en confirmer le témoignage. Par exemple j'entre dans la cathédrale de Notre-Dame, et je remarque que le très-joli saint-sépulcre qui est ingénieusement placé sous l'ombre du chœur comme une grotte sous l'ombre d'un rocher est littéralement jonché de fleurs ; des fleurs aux pieds et sur le corps du Christ, des fleurs autour du sépulcre, des couronnes non-seulement à la Vierge et aux saintes femmes, mais au bon Nicodème et au bon Joseph d'Arimathie. Même remarque à l'abbaye de Souvigny, où dort la mémoire des anciens ducs de Bourbon. La saison n'y fait rien : j'ai vu Notre-Dame de Moulins à toutes les époques de l'année, ce saint-sépulcre est toujours orné de fleurs, même lorsqu'il n'y en a plus dans la nature. Quant à l'église elle-même, à toute heure du jour elle est animée d'un pieux mouvement par le va-et-vient des fidèles, et il m'a toujours fallu en sortir sans y avoir goûté le plaisir de m'y promener solitaire.

Cette église si bien hantée est la plus ancienne de Moulins, et cependant elle ne remonte pas plus haut que les dernières années du xv° siècle. Avant cette époque, Moulins n'avait jamais eu d'église, et les habitants étaient obligés d'aller chercher le service divin à un quart de lieue de là, au prieuré d'Yseure : ce fait dit assez combien lents furent les progrès de cette ville, qui fut à l'origine un rendez-vous de chasse des ducs de Bourbon. Enfin, vers les dernières années du xv° siècle, Jean II de Bourbon jeta les fondements d'une collégiale ; Pierre de Beaujeu et sa femme Anne, l'illustre et digne fille de Louis XI, la tutrice de Charles VIII, la continuèrent ; mais alors la fortune en arrêta l'achèvement. D'abord le duché changea plusieurs fois de maîtres avec une rapidité singulière. La branche directe s'éteignit avec Pierre de Beaujeu, et le mariage de sa fille Suzanne avec le futur connétable transporta dans la branche cadette des Montpensier le pouvoir des ducs de Bourbon. On sait combien fut orageuse la destinée du connétable. Il mourut sans postérité, et la confiscation, qui fut la conséquence de sa coupable conduite, fit passer à la couronne la plus grande partie de son domaine. Alors tous les titres et droits de la maison de Bourbon se réunirent dans la troisième branche, celle des Bourbon-Vendôme, issus des comtes de la Marche, descendants du duc Louis Ier. En même temps que s'opéraient ces transferts rapides de pouvoir au sein de la maison de Bourbon, les circonstances ouvraient à son ambition la carrière de la toute-puissance. Longtemps réduite à un rôle restreint et secondaire, sans perspective royale, quoique par son origine elle fût en réalité plus rapprochée du sang de saint Louis que la maison régnante, elle avait concentré ses ambitions dans ses propres domaines, qu'elle avait sagement agrandis par de politiques mariages avec les maisons voisines du Forez, du Beaujolais, de l'Auvergne. Tout à coup les événements, soulevant son robuste vaisseau, le portèrent à une hauteur prodigieuse. Charles VIII et Louis XII étant morts sans enfants, et toutes les branches de la maison de Valois étant réduites à une seule, la maison de Bourbon se trouva singulièrement rapprochée du trône, et alors commença pour elle une destinée qui n'est pas sans analogie avec celle qu'avait eue au siècle précédent la maison de Bourgogne, mais qui eut un dénoûment plus heureux. Il ne faut pas demander si cet énorme agrandissement de rôle entraîna quelque négligence pour les petites affaires du Bourbonnais. Les ducs eurent dès lors bien d'autres soucis que l'achèvement de la collé-

Moulins. — Cathédrale et restes du château.

giale de Moulins, et leur conversion au protestantisme n'était point faite pour leur rappeler les intérêts des temples catholiques. D'ailleurs, à partir de François Ier, ils résidèrent peu dans leurs domaines héréditaires ; ballottés qu'ils sont par les hasards de la guerre et les nécessités de la politique, on les rencontre en tous lieux, excepté en Bourbonnais, où on ne les voit venir que de loin en loin pour célébrer quelque fête de mariage ou faire quelque rapide apparition qui ressemble à une visite de bon souvenir. Les habitants de Moulins, privés par les événements de la tutelle de leurs ducs, se trouvèrent donc réduits à leurs propres ressources pour achever leur collégiale ; mais, soit que ces ressources fussent trop petites, soit qu'il y eût dans leur caractère une certaine lenteur et une tendance à l'apathie, il ne semble pas qu'ils aient jamais songé sérieusement à terminer cet édifice. Et voilà comment la cathédrale de Moulins se trouve composée simplement d'une abside, d'un chœur et de deux travées de nef.

Elle n'a pas besoin d'être plus complète pour être charmante ; seulement elle n'est que charmante. Produit d'un art à son agonie et qui dès longtemps a dit ce qu'il avait d'essentiel à dire, il ne faut lui demander ni la sublimité, ni le caractère mystique des églises de la belle période gothique ; mais à défaut de sublimité elle a l'attrait, et à défaut de hauteur religieuse il y circule un souffle de tout aimable piété. Coucher de soleil gothique, elle est éclairée par un crépuscule lumineux et doux qui est en parfaite harmonie avec ce brillant déclin. Ce détail vaut d'être remarqué, car à partir de Nevers on commence à entrer dans la région des églises sombres, et plus on approche de l'Auvergne, plus ce caractère s'accentue. Quelles ténèbres que celles des églises de Bourbon-l'Archambault et de Gannat, par exemple ! Notre-Dame de Moulins ne peut se vanter non plus ni d'une grande beauté, ni même d'une grande harmonie : ces colonnes manquent de vol, ces voûtes latérales manquent d'élan ; et en observant un peu, on remarque que le dessin de l'abside n'est qu'un ingénieux trompe-l'œil, qu'il se compose d'une simple ligne droite qui fait semblant de s'arrondir en ovale. Mais que ces piliers sont de taille élégante ! comme les arcs qui vont se détachant de leur sommet sont d'un dessin net et pur ! Quel admirable parti le vieil architecte qui construisit l'édifice a su tirer de cette plate ligne droite qui passe derrière le chœur, et avec quel art il a su faire croire à un ovale là où il n'y a qu'un maussade carré ! Il en est un peu de Notre-Dame de Moulins comme de ces jolies personnes qui plaisent par leur imperfection même, et pour qui l'irrégularité des traits n'est qu'un charme de plus. Elle est ravissante telle qu'elle est, et l'on n'y voudrait rien changer, même pour la compléter. Souhait inutile à l'heure présente, car cette cathédrale est en train de recevoir l'achèvement dont elle pouvait si bien se passer après l'avoir attendu plus de trois siècles. Dans quelques mois, un nouvel édifice se reliera à la vieille collégiale, dont il écrasera, je le crains bien, la délicate suavité sous la masse de sa haute nef et de ses deux énormes tours. Le plan adopté pour l'achèvement de la cathédrale de Moulins a soulevé des polémiques assez nombreuses et a été attaqué notamment avec beaucoup de vivacité par un dominicain, frère, si je ne me trompe, du principal libraire de la ville, le père Desrosiers. J'avoue que, sans prendre aucunement parti dans ces querelles locales, je me rangerais volontiers du côté du dominicain, et qu'il m'est difficile de comprendre comment la partie nouvelle de l'édifice se reliera à l'ancienne sans l'écraser et l'annihiler. Pourquoi d'ailleurs vouloir toujours tout compléter ? Je crois qu'en règle générale il serait sage de laisser inachevées les choses qui n'ont pu être terminées à temps. Il est des secrets d'harmonie, de justesse, d'heureuse proportion, qui se perdent à mesure que le temps marche, et que la science la plus profonde et l'érudition la plus minutieuse sont impuissantes à retrouver, et je crains bien que l'achèvement de la collégiale de Moulins soit destiné à présenter un nouvel exemple de cette impuissance. Lorsque les années se seront écoulées et que les dates des diverses parties de l'édifice ainsi complété seront effacées du souvenir, peut-être plus d'un visiteur aura-t-il besoin d'attention pour ne pas attribuer à cette nef et à ce porche, œuvres du xix⁰ siècle, la date la plus ancienne, et de renseignements pour comprendre comment le chœur et l'abside les ont précédés de trois siècles et demi.

Des verrières de la renaissance, dont l'aspect n'offre pas trop de confusion malgré les atteintes du temps, garnissent les ouvertures des chapelles et les hautes fenêtres du chœur; mais il y a entre elles des différences intéressantes. Celles du chœur trahissent, tant par l'ampleur des compositions qui sont consacrées à la Vierge que par la nature des ornements, la renaissance italienne. Aux anges, pareils à des Cupidons antiques, aux guirlandes et aux colonnettes, se mêlent les emblèmes princiers, le cerf ailé des ducs de Bourbon, la courroie enroulée en forme de serpent qui se mord la queue, la devise *Espérance*, prophétiquement choisie par le duc Louis II, car elle est un véritable emblème de l'ambition si longtemps retardée des Bourbons, — cette même devise dont M. le duc d'Aumale nous a parlé dans son discours de réception à l'Académie française, — les chiffres entrelacés d'Anne de France et de Pierre de Beaujeu. Le Florentin Benedetto Ghirlandajo, dont on rencontre la trace en plusieurs endroits du Bourbonnais, et dont l'église d'Aigueperse notamment, sur la frontière d'Auvergne, possède une *Nativité* d'un original sentiment de piété, a passé par ici, et c'est sur ses dessins qu'ont été peintes les verrières du chœur. Celles des chapelles sont d'un tout autre caractère. Bien qu'appartenant à la même époque, elles ne sacrifient pas au même point à la nouveauté et à la mode, et gardent quelque chose de plus traditionnel tant dans la composition que dans l'expression. Un reste de naïveté et de piété gauloise s'y laisse lire encore, et la beauté, la savante ordonnance, sont moins ce qu'elles cherchent que l'édification et la vérité. On dit, bien que rien ne le prouve d'une manière authentique, que quelques-uns de ces vitraux ont été peints d'après des dessins d'Albert Dürer; ce fait, s'il est réel, suffit amplement pour expliquer ce caractère de vérité, ce reste précieusement conservé de la sainte gaucherie des temps antérieurs, et aussi certaines hardiesses énigmatiques sur lesquelles nous allons revenir tout à l'heure. Plusieurs de ces vitraux ont, en outre, une importance historique, car ils nous présentent les portraits des anciens princes de Bourbon, notamment ceux du duc Jean II et du duc Pierre de Beaujeu. Ces visages se distinguent par quelque chose de fort, de solide, de sensé plutôt que de brillant; celui du vieux Jean II, le duc de Bourbon de la ligue du bien public contre Louis XI, est particulièrement remarquable par des yeux où luit un feu de redoutable énergie, feu concentré et un peu sombre, sans flamme ni clarté. La beauté physique proprement dite, le charme et la grâce des traits y sont à peu près absents, et l'on pourrait faire aisément, à propos de cette première lignée des Bourbons, la même remarque que nous avons déjà faite à propos des Valois directs. De même que c'est la branche d'Angoulême qui a porté la beauté dans la maison de Valois, ce sont les branches de Montpensier et de Vendôme qui ont porté la beauté dans la maison de Bourbon. La preuve en est dans le personnage du petit prince de Montpensier que l'on voit dans un de ces vitraux à côté de Pierre de Beaujeu. Ce jeune Montpensier est, si je ne m'abuse, le fils aîné de ce duc de Montpensier à qui Charles VIII confia le gouvernement de Naples à sa sortie d'Italie, et qui y fit une si triste fin. C'est une aimable figure, noblement spirituelle, d'une gentillesse un peu bizarre, où se révèlent une vie imaginative précoce et une sensibilité certaine. C'est cette même vie imaginative, mais cette fois sans rien de la même délicatesse et de la même suavité, que nous rencontrons portée à sa dernière puissance et dans tout son épanouissement sombre sur le visage de son frère, le terrible connétable, maigre figure qui semble comme consumée par le feu intérieur d'une âme incendiée d'ambition, la plus sinistrement belle, à mon avis, du XVI° siècle après celle de César Borgia, et la plus complète expression que je connaisse de l'énergie aventureuse. Bien différente de cette beauté toute italienne des Montpensier est celle des princes de la branche de Vendôme. Peu de lecteurs peut-être connaissent la figure morose d'Antoine de Bourbon, belle en dépit de sa taciturnité, mais la plus parfaite antithèse que l'on puisse imaginer pour la figure de son fils, le roi Henri IV; en revanche, l'originalité unique de cette dernière est trop présente à toutes les mémoires pour que nous ayons besoin de la décrire une fois de plus. Tous deux appartinrent au protestantisme pendant une partie de leur vie ; mais si l'on cherche sur leurs visages le reflet de leurs croyances, leurs portraits répondent qu'il n'y eut qu'un puritain, et que ce fut l'époux de Jeanne d'Albret.

Parmi ces verrières, il en est une qui n'a jamais été remarquée ni décrite, et dont la singularité est cependant bien faite pour arrêter l'attention de l'observateur. Divisée en trois parties, elle ne représente rien d'autre que les scènes si familières à toutes les imaginations chrétiennes de la flagellation, du crucifiement et de la résurrection, mais elle les représente en les multipliant comme un cristal à facettes qui reproduit vingt images du même objet. Il n'y a pas une seule flagellation, il y en a trente; il n'y a pas un seul crucifiement, il y en a dix; les résurrections sont un peu moins nombreuses, parce que la représentation de cette scène demande plus d'espace que celle des autres, toutefois il y en a bien cinq ou six. Ce qui augmente encore l'obscurité de cette énigme, c'est qu'aucun de ces flagellés liés à la colonne et de ces suppliciés mis en croix n'offre les traits traditionnels du Christ. La singularité est telle qu'ayant d'abord arrêté nos yeux sur la première verrière seulement, nous avons cru à quelque histoire légendaire d'une légion thébéenne quelconque qui nous était inconnue, et qu'il a fallu, pour nous détromper, le voisinage des deux autres, qui ne permettent aucun doute. Ce sont donc bien les dernières scènes de la vie de Jésus que l'artiste a voulu nous représenter; mais comment expliquer cette étrange fantaisie? Vainement j'ai cherché et demandé une explication; ce détail ne semble encore avoir frappé personne, ce qui prouve avec quelle facilité les choses souvent les plus hétérodoxes peuvent se glisser dans les doctrines et les institutions les mieux surveillées. Vous connaissez peut-être l'histoire de cette chape d'étoffe d'Orient que l'on peut voir au musée de Cluny. Elle est brodée de caractères arabes ou persans auxquels on n'avait jamais prêté la moindre attention et que l'on considérait comme de fantasques ornements; enfin un jour un savant passe et lit distinctement : *Allah est Allah, et il n'y a pas d'autre Dieu qu'Allah!* Les prélats qui s'étaient revêtus de cette chape avaient accompli les cérémonies de la religion chrétienne en portant sur leurs épaules, sans le savoir, la formule par excellence de la foi musulmane. Il me semble que cette verrière est quelque chose d'analogue, et que la cathédrale de Moulins compte parmi ses parures un ornement d'origine singulièrement hérétique.

Tous les sens que la réflexion peut trouver à cette verrière sont hétérodoxes à des degrés divers. Peut-être l'artiste, animé d'une hardiesse insolente, a-t-il voulu dire : Pourquoi le Christ a-t-il une telle gloire alors que tant d'autres, restés plus obscurs ou même inconnus, ont subi le même sort? Est-il donc le seul qui ait été flagellé et mis en croix? Peut-être encore, et plus probablement, a-t-il voulu insinuer une doctrine d'une philosophie moins brutale, moins négatrice, mais tout aussi peu orthodoxe et encore plus dangereuse. Il n'y a point seulement un Christ, semble vouloir nous dire cette verrière, il y en a un grand nombre; le Christ ne s'est pas incarné une seule fois à un moment de la durée, il s'est incarné à tous les moments de la durée, il s'incarne à l'heure présente, il s'incarnera dans les temps à venir. Toutes les fois qu'une grande âme venue au monde souffre pour rester fidèle aux lois non promulguées par les hommes, mais écrites dans le ciel, pour s'efforcer de modeler les royaumes du monde sur le patron du royaume spirituel, l'histoire du Christ se renouvelle. Si par hasard cette interprétation était la vraie, cette verrière de la cathédrale de Moulins contiendrait une théologie aussi audacieuse que celle du docteur Strauss. A force de chercher cependant, on peut lui découvrir un troisième sens plus modeste et plus voisin de l'orthodoxie : le martyre du Christ comme une semence féconde va se multiplier à l'infini ; des milliers d'autres seront comme lui flagellés, comme lui mis en croix, et vont être unis à sa gloire par la souffrance, comme ils étaient déjà unis à son âme par la foi. Quoi qu'il en soit de ces diverses interprétations, dont il se peut fort bien qu'aucune ne soit la véritable, il est de toute évidence que cette verrière contient un sens ésotérique qu'il s'agit de deviner. Un tel fait n'a rien qui doive étonner outre mesure; ce qui serait extraordinaire, c'est qu'il ne se fût jamais rien introduit d'hétérogène dans une institution aussi vaste que l'Église, et qui a vécu tant de siècles. L'Église a vu se succéder tant de systèmes, tant de courants moraux divers ! La renaissance est bien parvenue à y introduire ses plus païennes sensualités et ses plus fantasques caprices; comment ne serait-elle pas parvenue à y introduire, dans les moments où la surveillance était peu sévère, quelques-unes de ses audaces philosophiques? J'ai déjà dit comment j'avais rencontré à Saint-Florentin, en Bourgogne, une verrière où la création du monde est présentée sous la forme d'une opération de magie qui reporte la pensée vers le platonisme de la renaissance : la verrière de Notre-Dame de Moulins me semble de même ordre. Elle cache incontestablement quelqu'une des hardiesses théologiques qui fermentaient confusément à l'approche de la réforme et au lendemain du grand schisme et de la guerre des hussites; et s'il est vrai que quelques-unes de ces compositions aient été dessinées par Albert Dürer ou par des artistes allemands de son époque, le fait n'a plus rien que de très-explicable. A Souvigny, nous rencontrerons une autre de ces audaces dissimulées de la renaissance encore plus frappante que celle-là.

II

UNE SCULPTURE FUNÈBRE DE NOTRE-DAME DE MOULINS. —
LE TOMBEAU DU DUC DE MONTMORENCY.

Dans la même chapelle que cette curieuse verrière se trouve une autre œuvre d'art d'une repoussante vérité, mais bien remarquable aussi comme expression d'un des modes de sentiments de la renaissance. C'est une sculpture enfermée dans une niche formant tombeau et représentant un cadavre en putréfaction. Était-ce le tombeau d'un personnage dont le nom est oublié, ou bien une représentation générale de la mort servant de bouche et d'ornement à la porte d'un caveau mortuaire? Nous pencherions plus volontiers vers la dernière que vers la première de ces deux opinions, car l'inscription latine qui se lit sur la niche de marbre offre ce même caractère sentencieusement sinistre qui se rencontre sur les portes des caveaux funèbres des églises de la fin du moyen âge. J'ai négligé de relever cette inscription, mais le texte est à peu de chose près le suivant : *Olim formoso corpore fui qui nunc pulvis et putris sum; tu qui nunc vivis, cras mihi similis eris.* « Je fus autrefois d'un beau corps, moi qui maintenant suis poussière et pourriture ; toi qui vis aujourd'hui, tu seras demain semblable à moi. » L'inscription, comme on le voit, a pour but de rappeler d'une manière générale le fait universel de la mort, et non pas le souvenir d'un mort particulier. La date de ce monument est 1557, c'est-à-dire l'époque du plein épanouissement de la renaissance parmi nous.

L'œuvre, d'une exécution remarquable, est affreuse, mais non choquante, repoussante, mais sans faux goût. L'artiste s'est montré, comme la mort elle-même, sans ménagements et sans pudeur. L'image de la hideuse réalité qui nous attend tous s'étale là dans sa plus complète horreur. Les chairs rongées tombent en loques comme un vêtement piqué de mites et découvrent ici les muscles, là les os, ailleurs les viscères; la putréfaction, oubliant d'achever les parties commencées, va entamant le corps capricieusement, arbitrairement, mord ce membre, s'arrête et ronge plus loin. « Oh ! pourquoi ma chair solide ne peut-elle se fondre et se résoudre en rosée ! » s'écrie Hamlet dans son premier monologue. Le spectacle que présente la poitrine de ce cadavre montre ce souhait réalisé. Une épouvantable liquéfaction s'est accomplie, et dans cette mare nagent et se traînent avec la paresse de l'éternité d'ignobles vers qui semblent avoir conscience que rien ne viendra les déranger et qu'ils peuvent accomplir leur œuvre en toute lenteur. Cette sculpture est tellement voisine de la réalité, et la première impression qu'elle donne est tellement forte, qu'on oublie que ce n'est là qu'un simulacre, et que, l'imagination s'en mêlant, il nous a semblé respirer les nauséabondes émanations de la chimie du sépulcre.

Malgré l'horreur du spectacle, je me suis complu à rester longtemps en face de cette effigie, et à repasser dans ma mémoire tous les souvenirs de littérature et d'art de la renaissance qui pouvaient me servir à la commenter et à l'expliquer. Je me rappelai par exemple cette funèbre histoire racontée dans un de ses traités d'édification par un des plus illustres prélats de l'Église anglicane, Jérémie Taylor, histoire qui m'avait fait frémir d'horreur lorsque je l'avais lue dans les jours de ma jeunesse. Souvent on avait prié une jeune dame noble, d'une extrême beauté, de faire peindre son image, et elle s'y était constamment refusée. Enfin un jour elle consentit, mais en y mettant pour condition que ce portrait ne serait peint que huit jours après sa mort. Cette clause fut respectée, et lorsqu'on ouvrit le cercueil au jour fixé après son ensevelissement, on lui trouva la face à demi rongée par les vers et un serpent logé dans le cœur. « Dans cet état, elle fut peinte, ajoute l'évêque Taylor, et c'est ainsi qu'elle fait figure dans la salle de ses ancêtres, parmi les chevaliers bardés de fer. » Pareille histoire est racontée du roi René de Provence, et le musée d'Avignon contient, si je ne me trompe, un tableau attribué à ce bon prince, où il a eu le sinistre caprice, s'il faut en croire la tradition, de représenter ainsi une de ses maîtresses mortes. Mais il est un artiste de la renaissance, peu célèbre en dehors de la province où sont restées ses œuvres, qui a poussé ce sentiment funèbre jusqu'à ses plus extrêmes limites, le Lorrain Ligier Richier.

Ligier Richier n'est pas plus exact que l'artiste inconnu qui a sculpté le cadavre de Notre-Dame de Moulins ; cependant, comme il a plus de génie, il a trouvé l'art de nous épargner le sentiment de dégoût que nous inspire cette dernière œuvre tout en nous faisant éprouver un sentiment d'épouvante encore plus fort peut-être. Deux de ses œuvres surtout méritent d'être recommandées non-seulement aux connaisseurs et aux critiques, mais à tous les chercheurs qui demandent aux choses de l'art des émotions qui les réveillent de cette satiété que la pure beauté elle-même finit, hélas! par engendrer. Dans l'église Saint-Pierre, à Bar-le-Duc, on voit dressé contre une muraille le squelette d'un chevalier qui de son vivant se nomma René de Châlons. Cette sculpture, qui surmontait autrefois un tombeau détruit, est une très-minutieuse et très-délicate représentation du beau modèle d'anatomie que nous serons tous un jour. L'œuvre de la mort est à peu près achevée, et il ne reste plus de l'être humain que la portion durable et pourrait-on dire rocheuse, une ossature blanche déjà comme de la chaux nouvellement fondue et très-suffisamment nettoyée de toutes ces couches transitoires de tissus spongieux faits pour palpiter de plaisirs et de douleurs passagers comme eux. Çà et là quelques lambeaux de chair dont les vers n'ont pas voulu se sont desséchés autour de ces pierres délicatement taillées et artistement entrecroisées qui composent notre squelette pour rappeler que cette cage pierreuse fut autrefois recouverte d'une riche floraison de vie. La grandeur et la puissance de celui qui fut n'ont pas été oubliées non plus et sont marquées par le casque qui coiffe la tête que la mort a transformée à sa propre image. Le second monument de Richier est le tombeau de Philippa de Gueldres, femme de René II, duc de Lorraine, à l'ancienne église des cordeliers de Nancy. Cette duchesse Philippa rentre mieux encore qu'épisodiquement dans notre sujet, car elle était fille d'une princesse de Bourbon et de cet épouvantable Adolphe de Gueldres, qui fit jeter son propre père dans un cachot d'où ne le tirèrent qu'avec les plus grandes difficultés les représentations et les menaces de Charles le Téméraire, de l'empereur Frédéric III et du duc de Clèves. La portée et l'habileté d'exécution de cette œuvre surpassent de beaucoup celles de la précédente. L'artiste a trouvé le moyen de rendre la décomposition visible sans avoir recours à aucun de ses signes extérieurs; le corps est intact, mais on s'attend à le voir se dissoudre sous le regard, tant l'âme même du trépas est ici présente. Rien au monde ne serait plus lugubre, si, par une heureuse inspiration, Richier n'avait su conserver à cette proie de la mort une expression de piété et d'ascétisme qui maintient les droits de la partie morale de notre être au sein de cette défaite de la personne matérielle. Cette figure prie du fond de sa pourriture et espère du fond de ses ténèbres. C'est une admirable variante en marbre du célèbre cri du psaume *De profundis clamavi ad te*. Voilà les souvenirs qu'évoque comme ceux d'autant d'œuvres sœurs la sculpture de Notre-Dame de Moulins, et qui, pendant que je la contemple, viennent se réunir dans ma mémoire comme un bouquet funèbre composé d'immortelles, de chrysanthèmes, de branches de buis et de feuilles de houx.

Qui croirait que cette mode lugubre est contemporaine de la renaissance même, cette éclosion par excellence de toutes les forces de la vie? Henri Heine, dont l'imagination est si sagace pour pénétrer l'esprit des époques, s'est trompé au moins une fois, et c'est lorsqu'il a parlé de cette poétique folie de la mort qui, selon lui, avait caractérisé le moyen âge catholique. Rien n'est plus faux; cette folie de la mort est au contraire très-moderne, car on n'en trouve pour ainsi dire pas de traces avant le xve siècle. Des sculptures pareilles à celles que nous venons de décrire n'ont jamais rempli de leur épouvante les églises du moyen âge. Ces affreux emblèmes, qui composent comme les armoiries et les blasons de la mort et dont nous enlaidissons nos sépultures, les larmes, la tête de mort, les os en sautoir, ne se rencontrent jamais avant la fin du xvie siècle sur les pierres tombales et les monuments funèbres, et ne deviennent réellement abondants qu'au xviie siècle. Quant aux autres allégories, telles que le Temps armé de sa faux et de son sablier, ou la représentation de la mort à l'état de squelette, elles sont plus récentes encore, car c'est surtout le xviiie siècle qui mit en vogue ces génies funèbres. Il y a mieux, l'idée matérielle de la mort, c'est-à-dire l'anéantissement et la dissolution, ne semble jamais avoir préoccupé les imaginations du moyen âge. Dans les sculptures autres que celles des monuments funèbres, on n'aperçoit non plus rien de semblable; ces sculptures parlent fréquemment du jugement, de la présentation de l'âme devant Dieu, de la damnation ou du salut, jamais du tombeau et de ses horreurs; en un mot elles parlent de l'immortalité et non de la mort. Ce n'est pas seulement aux arts de cette époque qu'appartient ce langage; je viens de lire dans cette dernière année bon nombre des chroniques du moyen âge, je ne me rappelle pas y avoir trouvé une seule fois l'expression de cette épouvante de la mort. Quand elles ont à enregistrer le décès de quelque personnage, elles en parlent comme d'un simple changement de domicile, et comme nous dirions : Un tel a vécu en France cinquante années, puis a passé en Angleterre ou en Italie. *Il glissa de ce monde dans l'autre*, est une admirable expression qui leur est familière à tous, depuis Raoul Glaber jusqu'à Orderic Vital. *La paix du Christ*, dont les chiffres entrecroisés marquent le front des sépultures des premiers âges chrétiens, s'est en toute réalité conservée dans les âmes jusqu'au xve siècle. A partir de ce moment, un grand changement s'est opéré dans l'imagination des hommes, car la mort, la mort matérielle avec tout son cortége d'horreurs, s'est à tel point mêlée à la religion, qu'elle en est devenue inséparable et nous apparaît comme la préoccupation naturelle du christianisme; la place que l'idée du jugement tenait dans la religion du moyen âge, c'est l'idée de la mort matérielle, du tombeau, du cadavre, qui l'a tenue en grande partie dans la religion des derniers siècles. Bien loin donc d'être un effet de la ferveur des âges croyants, cette épouvante de la mort n'est apparue que lorsque la ferveur commençait à s'attiédir et la foi à être moins entière; ce n'est pas à l'époque où l'homme a été le plus chrétien qu'il a eu peur de mourir, c'est à l'époque où il a commencé à l'être moins. Bien des causes ont contribué à affermir ce sentiment; les énumérer toutes demanderait un long travail, mais le sujet est trop intéressant pour que nous l'abandonnions sans en avoir au moins indiqué les principales.

Qui croirait, par exemple, que les courants moraux les plus contraires et les plus ennemis se sont trouvés d'accord et se sont réunis pour travailler de concert à donner force à ce sentiment? La renaissance, la réforme et le catholicisme ont eu également part à cette œuvre. Certes, on ne peut pas dire que la renaissance eût un goût particulier pour la mort; mais on est toujours de son temps, même lorsqu'on lui est hostile, et c'est là ce qui lui advint avec ce sentiment funèbre. Lorsqu'elle naquit, elle le trouva qui sévissait sur les imaginations populaires à l'état d'épidémie, à peu près comme cette rage de processions dont la Provence donna le signal, et qui pendant tant d'années couvrit de pénitents blancs cette route enchanteresse qui va de Marseille à Rome; c'est l'époque où, dans tous les cloîtres et toutes les cathédrales, la mort mène son grand bal funèbre resté célèbre sous le nom de danse macabre. La renaissance grandit forcément dans la familiarité de ces épouvantes et de ces superstitions, et, leur prêtant la force d'inspiration qui l'animait et l'habileté d'exécution dont elle disposait, elle exprima la mort par le moyen même de la vie et avec toute la plénitude de vie qui était en elle. Cette idée de la mort d'ailleurs, précisément parce qu'elle était contraire à sa nature, eut sur elle une force de contraste et d'antithèse. Elle lui fut au milieu de ses ivresses païennes comme ce crâne que les voluptueux d'Alexandrie plaçaient sur la table de leurs banquets épicuriens. Qui ne sait que c'est en pleine jeunesse et en plein printemps, au sein même du plus complet orgueil de la vie que l'épouvante de la mort a toute sa force? Il en fut ainsi pour la renaissance. Mieux elle comprenait le prix de la vie, plus elle ressentit la dureté de la mort, et précisément parce qu'elle aimait la beauté avec ivresse, elle fut saisie d'une plus morne tristesse à la pensée de la fatalité qui pèse sur toute beauté. De là cette véhémence d'exécution, cette outrance pareille à un dépit avec laquelle les artistes de la renaissance ont si souvent représenté la mort, cette complaisance fébrile et cette insistance matérialiste à nous en montrer les plus affreux détails.

Des sentiments de plus haute origine vinrent bientôt s'ajouter à cette tristesse païenne en face de la réalité de la mort. En dépit de l'antiquité retrouvée, le monde restait chrétien, et un formidable événement se chargea de le lui rappeler. La réforme, éclatant tout à coup comme un coup de foudre au sein de cette atmosphère lourde de la chaude électricité de la vie, proclama du sein de ses orages que le temps des jours sereins et des ciels sans nuages était passé pour toujours. Les anathèmes de Luther contre les pompes romaines, l'aigre et sombre tyrannie imposée par Calvin aux aimables expansions de la vie et à la fière indiscipline de la pensée, les récriminations violentes de Knox dans les salles du palais de Marie Stuart, le zèle iconoclaste des puritains, vinrent comme autant de mépris successifs jetés à tout ce qui compose l'existence déclarer avec colère que tout est néant hors de la pensée de Dieu. Les âmes ainsi violemment rappelées en elles-mêmes y rentrèrent pour s'y préparer au salut et y chercher la grâce ; mais en place de ces remèdes célestes, elles s'y rencontrèrent face à face avec tout ce qu'on leur apprenait à maudire, passions, désirs charnels, instincts du péché, et alors commença une lutte psychologique, pleine de grandeur et de beauté, et telle que serait incapable d'en provoquer le fameux M. de Moltke, même avec tous ses canons Krupp. Les âmes protestantes engagèrent avec ces ennemis intérieurs une guerre civile sans trêve ni merci dont rien ne peut rendre les cruels assauts, les terreurs paniques et les réveils alarmés. Puis, quand ces ennemis défaits pour un instant laissaient les âmes dans leur solitude, cette solitude à son tour leur devenait plus accablante que la bataille ; alors elles cherchaient dans tous les recoins d'elles-mêmes pour y trouver Dieu, et quand elles ne l'y trouvaient pas, elles s'affolaient de désespoir et se voyaient livrées vivantes à une éternelle mort. La préoccupation de la damnation et du salut, sans cesse et impitoyablement ramenée par la sombre croyance à la prédestination, engendra chez les protestants un des états moraux les plus violents que la nature humaine ait connus. Non contents des misères qu'ils trouvaient en eux-mêmes, ils se plurent à les exagérer encore avec une sorte de colérique humilité qui n'a jamais appartenu qu'à eux; ils ne virent plus en eux que la mort en dehors de la grâce de Dieu. Toute vie est en Dieu, toute mort est dans l'homme ; avec quelle imagination lugubre, quelle éloquence morose, quelle noire analyse ils exprimèrent cette terrible pensée, la littérature protestante de l'époque de ferveur, spécialement en Angleterre, peut nous l'apprendre. Jamais on n'a peint avec ce degré de puissance non plus seulement la mort confinée dans le sépulcre, mais la mort répandue dans le monde même de la vie, le poison coulant dans toute source limpide, le ver caché au pied de toute fleur, le ferment d'aigreur dans tout parfum, le crime dont est faite toute joie. Un livre admirable, le *Pilgrim's progress*, demeure pour jamais le type de cette littérature religieuse et l'expression accomplie de ces terreurs.

Reste la part du catholicisme ; elle a été la plus durable des trois. Les fantaisies lugubres de la renaissance ont eu le sort d'une mode passagère, la période de terreur morale du protestantisme s'est éteinte comme s'éteint une épidémie ; mais les images et les *mementos* redoutables de l'inévitable fin, multipliés par le catholicisme devant les yeux des fidèles, ne se sont ni effacés ni diminués, et dureront désormais autant que cette Église. Chose curieuse, au moment même où le protestantisme lançait dans les âmes les sombres visions que nous avons essayé de décrire, une crise analogue éclatait au sein du catholicisme. Tiré de sa longue sécurité par le coup de foudre de la réforme, il se repentit de ses complaisances pour tout ce qui était vie extérieure, et se résolut à en ramener les âmes et à les faire rentrer dans le strict christianisme. De là ce puissant appel à la vie intérieure qui, dans la dernière moitié du XVIe siècle, multiplia les créations religieuses et les méthodes d'édification et de piété. Ce mouvement, dont le signal fut donné par le concile de Trente, secondé par les initiatives ardentes d'Ignace de Loyola, de sainte Thérèse, de saint Charles Borromée, aboutit en peu de temps à une véritable réforme du catholicisme qui frappa plus encore peut-être sur la renaissance que sur le protestantisme. En jetant son regard sur l'état des esprits, l'Église s'aperçut que le danger était moins encore dans la révolte que dans le païen orgueil de vivre qui s'était emparé du monde au sortir du moyen âge, et par une série de coups d'État de génie, elle arrêta et refoula cette expansion extérieure où l'âme était heureuse de s'oublier. La pensée de la fin dernière fut le grand moyen moral qu'elle appela à son aide pour cette œuvre de réformation. « Puisque tu négliges ton âme, dit-elle à l'homme, regarde un peu ce que sera tantôt cette chair délicate à laquelle tu la sacrifies, et pour laquelle tu ne crains pas de commettre tant de crimes. Pense à la mort, et tu penseras au jugement; pense au cadavre que tu seras, et tu y reconnaîtras l'image de la dissolution que tu portes en toi. » Voilà l'idée mère d'Ignace de Loyola et des autres réformateurs catholiques de la seconde moitié du XVIᵉ siècle. Cette idée robuste et simple porta coup comme une massue assénée droit et fructifia avec une rapidité singulière. Tout en fut modifié, arts, mœurs, pratiques religieuses. Un des historiens de la papauté, Léopold Ranke, a très-finement observé que c'est à partir de cette époque que les tableaux de martyrs se sont multipliés, tandis que dans l'âge précédent ils apparaissent à peine. Un art véhément, dramatique, farouche, est en effet inauguré alors par les écoles de Bologne et de Naples, postérieures au concile de Trente, art qui semble dire au spectateur : Le christianisme n'est pas seulement une série de belles idées comme l'ont cru nos devanciers, c'est surtout, c'est avant tout une série de faits sanglants, cruels, douloureux, une conquête achetée par la souffrance, par le martyre, par l'austérité. C'est aussi à partir de cette époque que se multiplient sur les pierres tombales et les monuments ces emblèmes que j'ai nommés les armoiries de la mort. De cette même époque enfin date ce caractère de tristesse, ce quelque chose de monacal, et pour ainsi dire de nu et de dépouillé comme une cellule de solitaire, qui caractérise encore aujourd'hui la dévotion stricte. Nous arrêterons ici cette dissertation funèbre ; mais voilà cependant quelles séries de pensées peut faire traverser à l'esprit la contemplation d'une simple œuvre d'art placée dans le coin d'une chapelle ou d'un palais!

Après la collégiale de Notre-Dame, l'édifice de Moulins le plus intéressant par les souvenirs est l'ancien couvent de la Visitation, aujourd'hui transformé en lycée. C'est un des nombreux couvents édifiés du vivant même et par les soins de Mme de Chantal, l'amie de saint François de Sales et la fondatrice de l'ordre. Là s'est éteinte cette noble personne entre les bras de Félicia Orsini, veuve du duc Henri de Montmorency, et son cœur repose dans la chapelle à côté de celui de l'amie qu'elle nomma pour lui succéder dans la direction de la communauté. Ce n'est point cependant de Mme de Chantal que nous voulons nous occuper aujourd'hui; nous rencontrerons son souvenir en tant d'autres lieux, si nous continuons ces excursions dans la France de l'est; nous ne rencontrerons nulle part ailleurs, au contraire, celle qui reçut son dernier soupir. Mme de Montmorency appartient bien plus étroitement que Mme de Chantal à Moulins, dont elle est deux fois bienfaitrice, et par sa mémoire, qui est l'attrait romanesque de cette ville, et par le mausolée qu'elle y a laissé, et qui en est aujourd'hui la décoration capitale. C'est à Moulins qu'elle fut conduite, et nous dirions, dans notre langage administratif moderne, internée, immédiatement après que son mari, dernier des Montmorency, eût été décapité à Toulouse, en exécution de la plus cruelle, mais non pas de la plus injuste des sentences. Elle y vécut deux ans enfermée au château ducal dans un appartement transformé en prison pour cette triste circonstance : au bout de ces deux ans, elle fut rendue à la liberté; mais elle ne l'était pas et ne pouvait pas l'être au bonheur, et, sentant bien qu'il n'est plus de patrie pour les âmes blessées de malheurs pareils au sien, qu'il est désormais indifférent pour elles

Moulins. — Le Jacquemard.

Église de Souvigny.

d'habiter ici ou là, elle adopta la ville qui lui avait servi de prison, et ne voulut plus en sortir. Le couvent de la Visitation fut le port tranquille où elle attendit patiemment le moment d'appareiller pour le seul pays qu'elle désirât, et où elle devait retrouver l'époux si brave, si brillant, si chéri, qui lui avait été enlevé.

Le duc Henri de Montmorency avait été heureux dans toutes ses entreprises jusqu'à la fatale et coupable étourderie qui le fit tomber à Castelnaudary et le conduisit à l'échafaud de Toulouse; en dépit de la tragédie de sa mort, on peut dire que ce bonheur se continua jusque dans l'éternité, car il a été le mari le plus longuement pleuré qu'il y ait jamais eu au monde, et ce n'est que très-justement que les contemporains donnèrent à la duchesse le nom de moderne Artémise. Les roses de cette union n'avaient pas cependant été toujours sans épines, et plus d'une fois la duchesse en avait ressenti les piqûres; mais les peines qui nous viennent par ceux que nous aimons sont préférables aux douceurs qui nous viennent de ceux que nous n'aimons pas, et les infidélités d'un époux vers lequel volaient tous les cœurs n'en avaient fait que mieux sentir le prix à celle qui en était la légitime souveraine. Tout fut-il uniquement regrets dans cette longue douleur, et n'y entra-t-il pas quelques atomes de remords? Quelques-unes de ces larmes sans cesse renouvelées tombèrent-elles en repentir de conseils imprudents ou d'exhortations ambitieuses qui auraient contribué à pousser Montmorency vers sa malheureuse fin? L'histoire reste peu claire à cet égard, et les faits connus, s'ils autorisent une pareille question, ne permettent guère d'y répondre. Pour notre part, nous croyons cependant que Mme de Montmorency ne fut pas exempte de tout blâme, et nous ne comprenons guere l'insistance de certains historiens à la faire plus innocente que ne le comporte la nature humaine, que ne le comporte surtout la nature passionnée de son pays [1]. Nous voulons bien consentir à récuser le témoignage formel de la grande Mademoiselle, qui affirme avoir reçu de la bouche même de la duchesse l'aveu de sa participation à la fatale entreprise du duc, car Mademoiselle, avant tout préoccupée de justifier Gaston son père, peut être soupçonnée de partialité ; mais les présomptions morales ont ici la force de véritables preuves matérielles. Était-ce donc en vain que Mme de Montmorency était Italienne et Italienne de grande race ? Était-ce en vain que coulait dans ses veines le sang des Orsini, ce terrible sang de faction et de guerre civile ? Ce qui serait extraordinaire, c'est qu'une telle femme n'eût pas rêvé son époux aussi puissant qu'il était brillant, n'eût pas eu pour lui autant d'ambition qu'elle avait d'amour, et l'ambition était ici une forme même de l'amour. Qu'y a-t-il d'improbable à ce qu'une Orsini ait rêvé pour un Montmorency la gloire d'être l'arbitre du royaume, le libérateur de la noblesse, le vengeur de la reine-mère, sa compatriote ? Mais ce qui mieux que toute preuve affirme que la duchesse eut part à l'entreprise de son mari, c'est le caractère même de sa longue douleur. Elle porta son malheur comme un deuil, mais aussi comme un cilice, comme une amertume, mais aussi comme un repentir ; elle pleura comme une femme non-seulement qui ne peut pas, mais qui ne doit pas être consolée. Il y a là quelque chose qui ressemble à l'expiation volontaire d'une âme pour qui ne pas oublier serait trop peu, et qui ne consent pas à se pardonner.

1. Nous faisons surtout allusion ici à M. Amédée Renée, qui s'est donné un mal infini pour prouver la parfaite innocence de la duchesse, mais qui a déployé dans son plaidoyer plus de bon vouloir que de finesse, car il ne s'aperçoit pas souvent que tels des faits qu'il allègue, par exemple certaines paroles de Jean de Lingendes, confesseur de la duchesse, font soupçonner le contraire de ce qu'il cherche à établir.

La solitude était tout ce qu'elle demandait au monde ; pourtant le monde ne la lui permit jamais aussi profonde qu'elle la désirait. La liquidation seule de son état de maison l'occupa vingt années, et ce n'est qu'en 1657 qu'elle put enfin prendre le voile. Dans cet intervalle, le silence du couvent de la Visitation fut bien souvent troublé par d'illustres visiteurs, qui, loin d'endormir sa peine, la réveillaient involontairement en lui rappelant qui elle avait été et qui elle était encore. Parmi ces visites, il en fut deux qui durent être au nombre des plus cruelles épreuves qu'une âme puisse subir, celles de Gaston d'Orléans et de Richelieu. Quel effort elle dut faire pour recevoir sans mépris apparent le prince pusillanime, irrésolu, étourdi, qui, après avoir entraîné le duc à sa perte, n'avait pas eu le courage de poursuivre cette prise d'armes, insensée à l'origine, mais qui, après la capture du maréchal, devenait l'unique moyen d'intercéder avec efficacité ! Par honneur, Gaston se devait de ne pas déposer les armes avant d'avoir assuré le salut du duc, et il avait cédé dès le premier revers. Toutefois les sentiments que la visite de Gaston dut soulever dans le cœur de la duchesse ne sont rien à côté de la haine que le nom seul de Richelieu devait lui inspirer. Aussi n'essaya-t-elle pas de la dominer un jour que, Richelieu étant de passage à Moulins, un gentilhomme se présenta devant elle porteur des hommages du cardinal : « Monsieur, répondit-elle, vous direz à votre maître que mes larmes parlent pour moi, et que je suis sa très-humble servante. » Parmi ces visites, il en est une infiniment noble, celle que, bien des années après, lui fit Louis XIV, alors qu'elle avait déjà pris le voile, et qu'une cellule dépouillée était tout le luxe qu'elle avait voulu conserver. Les paroles par lesquelles il prit congé d'elle sont, comme presque toutes celles qu'il a prononcées, admirables de dignité et de sérieux royal. « Nous trouvons tous ici de quoi nous instruire, dit-il. Il n'est pas besoin, madame, que je vous recommande de prier pour le roi ; vous lui êtes assez proche pour prendre intérêt à ce qui le touche. » Bien des souverains et des princes ont été célèbres pour leur courtoisie, mais il a été vraiment donné à Louis XIV d'élever la politesse à toute sa perfection classique. Dans ce cas particulier, quel art de rendre à une grande infortune le respect qui lui est dû sans faire courber la majesté royale ! Quant à ce premier mot : « Nous trouvons tous ici de quoi nous instruire, » dit en face de Mme de Montmorency et dans l'intérieur de sa cellule, il est tout simplement digne de Bossuet, et c'est par un mot identique que Shakspeare termine je ne sais plus laquelle de ses émouvantes tragédies.

La duchesse avait d'abord eu l'intention de faire élever à Toulouse le monument funèbre de son mari ; mais, le désir de rapprocher d'elle les restes de cet être cher, lui ayant donné le courage de solliciter l'autorisation de les faire transporter, c'est à Moulins qu'échut la funèbre bonne fortune de cette décoration. Ce monument, qui se dresse dans la chapelle de l'ancienne Visitation, tout contre le maître-autel, dont il occupe un des côtés, est un des plus considérables de ce genre qui existent aujourd'hui. Trois artistes y travaillèrent, Anguier, l'architecte de la porte Saint-Denis, et deux sculpteurs d'origine bourbonnaise, Regnaudin et Thibault Poissant. Essayons d'en donner une description aussi exacte que posible. Un haut et large revêtement de marbre tapisse de la base au faîte toute la muraille de l'abside depuis la nef jusqu'aux marches de l'autel. Le milieu de ce revêtement est creusé de deux niches à ses extrémités et d'un carré en forme de cadre au centre ; niches et carré sont séparés par quatre robustes colonnes. Au-dessus, un fronton flanqué de deux candélabres

Moulins. — Tombeau de Montmorency.

funéraires est dominé par les armoiries des Montmorency, que présentent deux anges. Dans le cadre du
centre, deux très-jolis petits génies accrochent aux deux
coins des guirlandes qui s'enroulent autour d'une urne,
épaisses guirlandes, toutes semblables à des câbles de
fleurs, véritable emblème du puissant et invincible
amour dont elles symbolisent les liens. Les deux niches
sont garnies de deux statues debout, celle de gauche
d'un Mars adolescent ou d'un Achille, symbole de guerre
et de noblesse ; celle de droite d'une figure de la Religion. Au-dessous et à la base même du monument, deux
autres figures de taille plus considérable sont assises ; à
gauche un Hercule au repos, à droite une Charité en
action. Au devant de cette muraille se présente le tombeau, vaste coffre mortuaire en marbre, convexe à sa
partie inférieure et soutenu par deux pieds de marbre
taillés en courbe et cannelés au-dessus d'un piédestal.
La table, formée par la surface unie du tombeau enfin,
est occupée tout entière par deux figures de grandeur
naturelle, celles du duc et de la duchesse. Le duc est
étendu, le buste relevé et le bras appuyé sur un casque,
la duchesse est assise dans une attitude de douleur rési-
gnée. La figure du duc, belle et martiale, se distingue
par une singularité que nous trouverons un peu choquante, mais qui est trop curieuse pour que nous ne
la signalions pas. La tête n'est pas en harmonie avec
l'attitude, en sorte qu'elle regarde de travers et louche.
S'il n'y avait que le regard en désharmonie, on pourrait
croire que c'est excès d'exactitude réaliste de la part de
l'artiste, qui a voulu représenter par ce moyen le stra-
bisme héréditaire des Montmorency, mais cette désharmonie porte sur la pose même de la tête qu'on dirait
une tête de décapité qui n'a pas été recollée sur le tronc
avec une précision suffisante ; la déviation est légère
sans doute, mais elle n'en est pas moins si apparente

que la duchesse la remarqua lorsque le tombeau fut dressé, et qu'elle en fut choquée comme nous-même. Ce défaut a été voulu, il n'y a pas à en douter, et il faut y voir une sorte d'allusion faite par l'artiste non-seulement à un défaut physique héréditaire, mais à la fin tragique du duc de Montmorency. Cette espièglerie funèbre d'un goût douteux et d'une imparfaite urbanité, convenons-en, peut servir à démontrer que talent n'est pas toujours synonyme de tact.

Il faut bien le dire, ce monument est plutôt grandiose que vraiment beau : il est donc loin d'être à l'abri de la critique; mais, comme il n'est que trop fréquent, les reproches qu'on lui a faits sont précisément ceux qu'il ne mérite pas. On lui a reproché, par exemple, le mélange du sacré et du profane, et le choix arbitraire des figures allégoriques. Le mélange du sacré et du profane pourrait être à meilleur droit reproché à bien d'autres monuments, car il n'y a pour ainsi dire pas une œuvre de la renaissance qui ne soit marquée de ce caractère; ici, dans ce tombeau du duc de Montmorency, il nous est impossible de voir rien de pareil. Les figures allégoriques sont au nombre de quatre, un Mars adolescent, un Hercule au repos, une Religion et une Charité; qui ne devine que ces quatre figures doivent se diviser également entre les deux personnages du duc et de la duchesse, et qu'elles sont là pour symboliser leurs vertus respectives? La preuve qu'il en est ainsi, c'est la distribution même de ces figures : du côté du duc, Mars, emblème de la guerre et des occupations nobles, Hercule, symbole de la force équitable ; — du côté de la duchesse, la Religion et la Charité. Mars et Hercule sont, il est vrai, des symboles païens ; mais qui ne voit que le sculpteur les a employés parce qu'ils rendaient avec plus de clarté et de précision la pensée qu'il voulait exprimer? Ils sont là pour signifier les vertus temporelles, c'est-à-dire les forces morales qui s'appliquent plus strictement aux choses d'ici-bas, et qui sont plus particulièrement l'apanage du sexe masculin. Or la tradition païenne se prête plus aisément que le christianisme à la représentation de ces vertus temporelles. Comment demander, par exemple, un emblème de la guerre à une religion qui la proscrit en principe, et qui la considère non comme un des plus nobles emplois que l'homme puisse faire de sa force, mais comme un châtiment dont Dieu se sert pour venger en bloc les crimes des nations? Il serait plus facile de lui demander un emblème de la force équitable; mais ceux qu'elle pourrait fournir ne sauteront jamais aussi aisément des yeux à la pensée que cette figure d'Hercule avec sa massue et sa peau de lion qui dit tout par son seul nom. Loin donc de blâmer ce prétendu mélange du profane et du sacré, nous trouvons, au contraire, qu'il est ici d'une application très-légitime et très-intelligente. Ce qu'il fallait blâmer, ce n'est pas la pensée de l'artiste, c'est l'exécution de cette pensée; ce n'est pas le choix des figures, c'est leur profonde insignifiance. Ces allégories n'ont en vérité aucun caractère; ce Mars est un jouvenceau imberbe qui a l'air d'Achille qu'on vient de découvrir parmi les femmes de Scyros, et si par hasard l'artiste a voulu faire allusion à ce mélange de séduction et de vaillance qui distingua le duc de Montmorency, il a sinon atteint, au moins visé le but. L'Hercule, plus étudié, n'en est pas moins la banalité même; c'est une figure bonasse qui n'est remarquable que par cette désagréable exagération de muscles et de pectoraux par laquelle les sculpteurs de cette époque ont trop souvent exprimé la force. Les figures de la Religion et de la Charité sont meilleures, surtout celle de la Charité; elles plaisent, parce que la grâce, même sans caractère et sans profondeur, sera toujours agréable à contempler, pourtant cette grâce est leur seul mérite, et elles ne disent rien à l'esprit, sinon qu'elles sont deux jolies femmes, dont l'une a quelque inclination à la mélancolie, tandis que l'autre est d'humeur suffisamment sereine et bien équilibrée.

En réalité, parmi toutes ces figures, il n'y en a qu'une de vraiment belle, celle de la duchesse : mais celle-là est presque sublime. En la regardant, nous nous sommes rappelé cette âme que Dante rencontra dans le purgatoire et qu'il nous a représentée :

> Ficcando gli occhi verso l'Oriente,
> Come dicesse a Dio, d'altro non calme.

Elle est assise avec le noble abandon d'une personne qui n'a plus souci d'elle-même, les mains jointes et ramenées sur ses genoux comme par lassitude ou par l'effet d'une pieuse résignation, les yeux dirigés vers le ciel avec une fixité et une sorte d'élan triste et doux qui disent qu'ils ne s'en détourneront jamais plus. Ce regard espère, attend, appelle, cherche la patrie où l'âme, désormais étrangère sur la terre et sans autre compagne que la douleur, sera réunie de nouveau à tout ce qu'elle a aimé pour n'en plus être séparée. Autant l'artiste nous semble avoir manqué de tact pour la figure du duc de Montmorency, autant il a rencontré une inspiration délicate pour celle de la duchesse. Mme de Montmorency fut, dit-on, surprise de se reconnaître sous les traits de cette femme désolée, et elle voulut d'abord faire disparaître la statue, mais les représentations judicieuses de Mme de Longueville lui firent accepter cette touchante violence faite à sa modestie. En plaçant sur le tombeau l'effigie de la duchesse encore vivante, l'artiste lui a rapporté tout l'honneur du monument. Elle en est la pensée première et le but, nous dit-il assez clairement ; le monument que voici est moins un sépulcre qu'un autel élevé à la plus fidèle et à la plus noble des douleurs conjugales ; il est destiné à consacrer le souvenir d'un grand amour encore plus que le souvenir d'un mort illustre. Et, en effet, en dépit de ses défauts, ce tombeau est unique en ce qu'il a ce double caractère de monument funèbre et de monument commémoratif ; il parle de mort, mais il glorifie en même temps quelque chose de vivant que la mort ne peut atteindre et que le temps ne vaincra pas. L'exécution de ce mausolée (c'est le nom que les contemporains donnèrent à ce monument, et c'est son nom véritable) n'a pas été à la hauteur de l'inspiration première de l'artiste ; mais cette inspiration est d'une noblesse et d'une beauté véritables qui se découvrent aisément en dépit des défaillances de la main et du ciseau.

Ce monument de la fidélité conjugale nous est parvenu intact par une sorte de miracle. Un jour de l'année 1793, un citoyen de Moulins rencontre une bande de sans-culottes qui se portait à la Visitation pour détruire ce tombeau. Il entre avec elle dans le couvent, et dès qu'il voit se lever marteaux et gourdins, il arrête cette brutalité iconoclaste par ces paroles dites avec chaleur et conviction : « Citoyens, respectez ce monument ; celui qu'il renferme n'était point un aristocrate, c'était un bon citoyen comme vous, qui conspira contre la royauté et eut les honneurs de la guillotine. » L'inspiration de cet homme d'esprit (incontestablement c'en était un) eut un plein succès. Cette anecdote est instructive et contient sa philosophie, car elle nous apprend avec quelle facilité les multitudes se payent de mauvaises raisons, et combien il est inutile d'en chercher de bonnes soit pour les retenir, soit pour les lancer. Cette même multitude qui consentait à respecter le tombeau du *sans-culotte* Montmorency se serait certainement laissé persuader avec la même docilité de profaner la tombe du *cagot* Vincent de Paul [1].

[1]. Nous trouvons cette anecdote instructive dans l'*Allier pittoresque* de M. de Jolimont, description du Bourbonnais parfois un peu sèche, mais où se rencontrent maints détails curieux.

III

SOUVIGNY. — LES TOMBEAUX DES DUCS DE BOURBON. — UN MYSTÈRE ARCHÉOLOGIQUE. — BOURBON-L'ARCHAMBAULT.

En un quart d'heure, le chemin de fer transporte le voyageur de Moulins à Souvigny. Il n'y a guère en France de localités dont les souvenirs soient liés d'une manière plus intime à notre histoire générale. C'est là qu'il faut chercher le berceau primitif de la maison de Bourbon, car c'est là que fut planté et que grandit l'arbre féodal qui plus tard, enté par une bouture de la maison capétienne, devait étendre son ombrage sur le royaume tout entier. Souvigny a été une manière de capitale alors que Moulins n'existait pas encore et que Bourbon-l'Archambault n'était pas encore la résidence habituelle des heureux sires de Bourbon. Pour retrouver les jours d'alcyon de cette ville, il faut voyager bien longtemps dans notre histoire, car ils sont contemporains de la création du duché de Normandie et de la conjuration des chefs francs contre la dynastie carlovingienne, c'est-à-dire du commencement du xe siècle. A cette époque de bagarre où chacun essayait par ruse ou violence de tirer son épingle du jeu des événements et de la tirer la plus grosse possible, un simple chef militaire du nom d'Adhémar, s'étant acquis les bonnes grâces de Charles le Simple, se fit donner le fief de Bourbon par ce monarque malheureux, qui, tantôt pour se débarrasser de ses ennemis, tantôt pour récompenser ses amis, et tantôt enfin pour se faire des partisans, passa son règne à donner une à une les terres de ses états ; quand il en eut donné en quantité suffisante, la féodalité se trouva solidement formée, et il ne resta plus à la dynastie carlovingienne qu'à recommander sa mémoire aux siècles futurs et à se préparer pour l'éternité. Une fois bien muni de terres, Adhémar établit sa résidence à Souvigny, s'y fit clore de bons remparts et s'y fit construire un château qui passe pour avoir été considérable. A ce premier élément d'importance, l'esprit religieux de l'époque vint presque immédiatement en ajouter un second beaucoup plus durable. Peu de temps auparavant, l'abbaye de Cluny avait été fondée par Guillaume d'Aquitaine, et déjà le célèbre monastère étendait ses racines et multipliait ses rejetons ; un de ces premiers rejetons fut un prieuré fondé par Adhémar presque aussitôt après son établissement à Souvigny. Le choix qu'Adhémar avait fait de Souvigny pour lieu de résidence ne fut pas maintenu par ses descendants, qui probablement pour des raisons de défense militaire firent passer à Bourbon-l'Archambault l'honneur d'être capitale de leur petite seigneurie ; mais Souvigny ne souffrit pas de ce changement de fortune. Il lui resta son abbaye, que rendirent illustre de saints personnages, et d'ailleurs, si elle n'eut plus la gloire de posséder ses maîtres vivants, elle eut celle de les posséder morts ; Souvigny demeura le lieu de sépulture des princes de la maison de Bourbon jusque près Pierre de Beaujeu, l'époux de la fille de Louis XI.

L'ancienne église abbatiale de Souvigny est plutôt

curieuse que belle, car il lui manque le premier et le plus essentiel des caractères de la beauté, l'harmonie. Fondée au xe siècle, elle a été successivement soit reconstruite, soit agrandie par portions dans les siècles qui ont suivi, sans qu'on ait jamais eu souci de mettre les parties nouvelles en accord avec les parties anciennes que l'on conservait ; aussi ne saurait-on imaginer de plus grandes dissonances de style que celles qui sont résultées de cette indifférence. C'est une église qui a été construite à peu près comme la nature a créé les terrains, chaque siècle apportant son alluvion et la superposant à l'architecture primitive. La façade, qui est d'un bel effet, appartient au style flamboyant, elle est flanquée de deux tours byzantines. A l'intérieur, les bas côtés, qui datent du xie siècle, appartiennent au style roman le plus sévère et le plus sombre ; ainsi en est-il de la partie antérieure de la grande nef ; quant à la partie supérieure, elle est gothique. Le chœur et l'abside, étroits et bien dessinés, témoignent de la pureté de style qui distingua le xiiie siècle, cet âge d'or du gothique. Aux deux côtés du chœur s'ouvrent deux chapelles ; l'une, dite *la chapelle vieille*, qui renferme le tombeau de Louis II de Bourbon, étroite, sombre, basse, vraie chapelle funèbre quoique appartenant aux premières années du xve siècle, présente encore un reste de physionomie de morose moyen âge ; l'autre, dite *la chapelle neuve*, qui renferme le tombeau de Charles Ier, vaste, profonde, de plein niveau avec le pavé du sanctuaire, toute gaie de la lumière qui l'inonde, porte l'heureuse physionomie de la renaissance, amoureuse d'air et de clarté. Autant peut-on en dire du transsept, qui date de la même époque que cette dernière chapelle et qui est un des plus spacieux, des mieux dégagés de la masse de l'édifice, des plus nettement tracés que je connaisse. Enfin à la voûte de ce transsept la décadence gothique a suspendu ses festons et ses guirlandes d'un goût équivoque, où se trahit plus d'amour du décor que de souci de l'austérité religieuse. Et cependant, en dépit de ces disparates, ou plutôt à cause même de ces disparates, l'église de Souvigny n'en est pas moins l'édifice le plus considérable qu'il y ait en Bourbonnais, et l'un des plus dignes de conservation qu'il y ait en France [1]. Où trouver ailleurs un miroir aussi exact, ou, pour mieux parler encore, un microcosme aussi complet des évolutions accomplies par l'architecture religieuse du xe au xvie siècle ? Ces dissonances ne la rendent pas seulement curieuse au plus haut degré, elles la rendent encore singulièrement sympathique par la variété d'impressions qu'elles éveillent chez le promeneur. Visiter cette église, en effet, c'est comme visiter plusieurs églises à la fois, car c'est changer d'émotion avec chacune des parties qui la composent. Promenez-vous sous les bas côtés, et les images d'un temps de ferveur et de ténèbres vont affluer sans effort devant votre esprit. Là, c'est une église monastique dans le sens le plus sévère du mot, humble, étroite, en parfait accord avec les souvenirs qu'elle réveille, ceux d'âmes pieuses, puissantes surtout par la prière et la méditation. Les ombres de saint Mayeul et de saint Odilon errent encore en toute vérité sous cette voûte

---

[1]. L'église de Souvigny est encore en assez bon état de conservation, cependant certaines réparations, sans être urgentes, seraient nécessaires. Pendant que j'étais à Souvigny, on m'a rapporté qu'il y a quelques années des sollicitations avaient été adressées à la direction des monuments historiques en faveur de cette église, mais qu'il avait été répondu qu'il fallait perdre tout espoir. Si cela est, cette impuissance de l'État est vraiment fâcheuse, car il n'y a pas de monument qui soit plus réellement historique que celui-là; mais, si l'État ne peut rien, le clergé de l'Allier ne pourrait-il faire pour Souvigny ce que les clergés de tant de départements ont fait pour une foule d'édifices relevés ou réparés par leurs soins ?

froide et humide qui, mise en regard de la grande nef et du chœur, donne la sensation d'une crypte sortie de ses profondeurs souterraines et enclavée dans l'église supérieure. Maintenant placez-vous sur le transsept de manière à regarder de biais la chapelle neuve, et vous aurez un effet de perspective admirable, le même exactement que présentent les chapelles des églises anglaises ou les églises d'Anjou et du centre de la France qui furent élevées au XIVe et au XVe siècle, et qui sont dites églises de style plantagenêt. Style et émotion, tout a changé ; ici le monde de la puissance et de la gloire apparaît seul ; le tombeau du duc Charles se détache avec une liberté singulière au sein de l'espace, qui semble se dilater pour lui faire place, exactement comme une foule s'écarte devant un personnage princier pour lui créer un isolement respectueux. Voilà bien la double image de la France au commencement et à la fin du moyen âge : dans les bas côtés, humble, petite, anxieuse, comme transie et se cherchant silencieusement dans une attitude de prière avec le monde monastique de l'aurore de la dynastie capétienne, — dans le transsept, le chœur et les chapelles, glorieusement lasse de ses longues épreuves, mais fortifiée par ses fatigues, et se retrouvant par ses égarements même dans toute sa souveraineté avec le monde chevaleresque du XVe siècle.

Les deux seuls tombeaux aujourd'hui subsistant à Souvigny sont ceux de Louis II, troisième duc, et de Charles Ier, cinquième duc de Bourbon. Celui de Louis II, d'un très-beau marbre blanc, a été affreusement mutilé. L'animal qui, selon la coutume du temps, reposait aux pieds du prince, coupé en deux, a perdu sa partie antérieure, en sorte qu'on ne sait plus si c'est un chien ou un lion. Les pieds de Louis II ont été amputés, le visage a été défiguré à ne plus présenter forme humaine, et l'effigie de la duchesse Anne, héritière de Forez, n'a pas été plus heureuse que celle de son mari. Quant aux sculptures qui ornaient les faces du monument, elles ont été effacées; mais en dépit des mutilations, ce qui reste de ce tombeau suffit pour le faire reconnaître digne de ce XV° siècle que nulle autre époque n'a surpassé dans ce genre de monuments. L'âge classique par excellence des mausolées, c'est celui qui s'ouvre avec les tombeaux de Philippe le Hardi et de Jean sans Peur, et qui se ferme avec le monument des enfants de Charles VIII que l'on voit dans la cathédrale de Tours. Les monuments des époques précédentes parlent quelquefois plus directement à l'âme, mais rarement ils approchent du point de perfection où cette branche de l'art pouvait prétendre, et souvent même ils ne le soupçonnent pas. Les mausolées de la renaissance ont plus de faste et de magnificence, plus de variété et de complexité; mais cette magnificence est souvent fracas, et cette variété est souvent surcharge. Ce point de perfection que ne soupçonnaient pas les monuments funèbres antérieurs au XV° siècle est alors dépassé, la pensée de l'artiste dévie, et, semblant oublier le caractère précis et jusqu'au nom sévère du monument qu'il doit élever, il cherche à faire une œuvre belle et curieuse plutôt qu'un tombeau. Tel est en dépit de leur grandeur le défaut des monuments princiers de Brou et des mausolées royaux du XVI° siècle que l'on voit à Saint-Denis, surtout de ceux de Germain Pilon. En vérité ce sont les mélodies joyeuses de l'épithalame nuptial, et non pas les accents lamentables des cantiques funèbres, qui mériteraient de retentir autour de ces couches si bien parées, où sous un magnifique dais gothique ou grec des dormeurs princiers semblent chercher dans le sommeil la réparation des voluptés de la vie. Ce point de perfection, le XV° siècle seul a su l'atteindre et s'y maintenir ; seul il a su garder l'équilibre entre la magnificence dont ces monuments sont susceptibles et le sentiment austère dont ils ne doivent pas s'écarter. Aussi riche qu'en soit le décor, on n'oublie jamais en regardant un de ces monuments que ce n'est après tout qu'un tombeau, c'est-à-dire une fort étroite demeure, mesurant quelques pieds à peine, et dont ne pourrait se contenter le plus humble charbonnier vivant. C'est bien la mort que nous contemplons et rien que la mort, car les artistes de cette époque, avec un bon goût tout chrétien, ont toujours eu soin d'éviter ces simulacres de la vie que le xvi° siècle inventa et varia pour échapper à la monotonie de l'attitude. Jamais le mort n'est représenté agenouillé et en prière, ou se soulevant dans une attitude de repos ; invariablement il reste roide étendu sur sa couche de marbre comme cette effigie du duc Louis II, que l'artiste a représenté revêtu de son armure militaire, ainsi qu'il convenait de le faire pour un homme qui guerroya tant pendant sa vie.

En recherchant dans les divers historiens du xiv° siècle les jugements qu'ils avaient porté sur le duc Louis II, je me suis aperçu une fois de plus que les anciens étaient fort sages lorsqu'ils se bornaient à récapituler les actions d'un personnage pour en donner une image impartiale, laissant ainsi le lecteur libre de conclure à son gré. Christine de Pisan a tracé de Louis II un portrait hyperboliquement flatteur, où la louange est toute parée de l'onction propre au style mystique. « Que dirons-nous de ce bon duc, sinon qu'il fut un vase de bonté, de clémence, de bénignité et de douceur ? » D'ordinaire Christine de Pisan n'est pas chiche de louanges envers les princes et seigneurs ; mais celles qu'elle décerne à Louis II sont telles qu'il ne tient qu'à nous de croire que ce prince s'approcha de la perfection plus qu'aucun autre ne le fit jamais. Ne serait-il pas possible cependant de trouver la raison de cette admiration sans mélange dans les lignes qui terminent ce portrait si flatteur ? « Ce bon duc est le réconfort des pauvres gentilsfemmes et de toutes celles qui sont dignes de compassion : il les aide de son bien, présente leurs requêtes au conseil et les rappelle, leur procure bien et aide, soutient leur droit de sa parole et se montre leur défenseur en toutes choses. De cela, je puis parler par droite expérience, car j'ai invoqué son appui, et son appui ne m'a pas manqué ; que le benoît fils de Dieu veuille lui en tenir compte ! » Ce témoignage si formel de gratitude ne suffit pas cependant à son cœur reconnaissant, car tout aussitôt elle recommence son cantique de remerciments presque dans les mêmes termes : « ce bon duc est le refuge assuré des pauvres femmes besoigneuses grevées injustement, lesquelles femmes ne sont pas écoutées en maintes cours. » Ainsi voilà qui est clair, le duc de Bourbon est venu en aide à la pauvre Christine ; il a présenté ses requêtes, il lui a donné peut-être de l'argent, Christine ne peut donc être un témoin impartial, car son jugement doit être regardé comme le payement d'une dette. Adressons-nous à un autre historien. J'ouvre Froissard, je recherche curieusement dans ses chroniques tout ce qui se rapporte à Louis II, et je découvre avec quelque étonnement que cet admirable narrateur n'aimait pas du tout le prince.

Ce n'est pas, comme bien vous entendez, que l'antipathie se montre d'une manière très-déclarée ; Froissard ne serait plus lui-même, s'il parlait d'un seigneur autrement qu'avec réserve ; mais toutes les fois qu'il nomme Louis II, il a des mots en sourdine qui frappent d'autant plus qu'ils font contraste avec le ton tout confit en respect qui lui est habituel. Christine de Pisan exalte la courtoisie chevaleresque du duc ; or cette courtoisie, Froissard la lui refuse, ou du moins prétend qu'elle était chez lui intermittente. Je rencontre par exemple la phrase que voici dans le récit du voyage que le duc fit en Navarre en 1387 : « partout où il venait et il passait, il était le bienvenu, car ce duc a ou *avait* grand'grâce d'être courtois et garni d'honneur et de bonne renommée. » Tous ceux qui ont fait de fréquentes lectures de Froissard comprendront quelle force il y a dans ce simple prétérit *avait* ; c'est comme si l'historien avait écrit : « Autrefois le duc de Bourbon était poli ; mais il y a beaux jours qu'il ne l'est plus. » Le duc, selon Froissard, ne manquait pas seulement de courtoisie, il était orgueilleux jusqu'à la présomption, et cet orgueil, en lui aliénant l'affection des siens, en faisait un chef militaire dangereux. L'historien l'accuse très-formellement d'avoir fait manquer par sa hauteur cette expédition contre les côtes barbaresques que les chevaliers français entreprirent à la fin du xive siècle sur la prière des Génois. Le passage est curieux et bon à citer. « Le sire de Coucy par espécial avait tout le retour des gentilshommes, et bien savait être, et doucement entre eux et avecque eux, trop mieux sans comparaison que le duc de Bourbon ne faisait ; car ce duc était haut de cœur et de manière orgueilleuse et présomptueuse, et point ne parlait si doucement, ni si humblement aux chevaliers et écuyers étranges que le sire de Coucy faisait. Et séait le dit duc de Bourbon par usage le plus du jour en dehors de son pavillon, jambes croisées, et convenait parler à lui par procureur et lui faire grande révérence, et ne considérait pas si bien l'état ni l'affaire des petits compagnons que le sire de Coucy faisait ; pourquoi il était le mieux en leur grâce, et le duc de Bourbon le moins. Il me fut dit des chevaliers et écuyers étranges que, si le sire de Coucy eût seulement empris le voyage souverainement et été capitaine de tous les autres, leur imagination et parole était telle que on eût fait autre chose que on ne fît, et demeurèrent, par cette deffaute et par l'orgueil de ce duc Louis de Bourbon, plusieurs belles emprises à non être faites, et la ville d'Auffrique, ce fut le propos de plusieurs, à non être prise. »

Ainsi, pour l'un des témoins, le duc Louis II ne fut que douceur et courtoisie, pour l'autre il ne fut qu'orgueil et présomption. J'en croirais volontiers Froissard de préférence, car c'est un témoin autrement sérieux que Christine de Pisan, n'était que le ton de ses jugements me fait soupçonner de la rancune et entrer en défiance. Il est croyable que Froissard aura eu pour dénigrer le duc la raison opposée à celle que Christine de Pisan avait eue de le louer. Peut-être a-t-il demandé quelque faveur qui lui aura été refusée, quelques renseignements qui ne lui auront pas été fournis, et Froissard s'est vengé sournoisement du refus par ce jugement d'une sévérité doucereuse, mais qui sous sa modération et son calme porte plus loin que ne portent les louanges hyperboliques de Christine de Pisan, puisque à cette distance de cinq siècles il arrête le lecteur et le laisse incertain sur la valeur morale du duc.

Heureusement il nous reste pour mieux juger de Louis II ses actions mêmes, et elles sont nombreuses, car il tint la scène du monde pendant près d'un siècle. Il vit quatre règnes, et quels règnes! ceux de Philippe VI, de Jean, de Charles V et Charles VI, et mourut à la veille d'Azincourt. Quoi que Froissard essaye d'insinuer, ce fut un des plus vaillants hommes de guerre de l'ancienne France; son ami Duguesclin à part, les Anglais n'eurent pas d'adversaire plus habile et plus heureux. Chargé de les combattre sous le règne imparfaitement réparateur de Charles V, il en nettoya pour un temps le Poitou et le Limousin, et les chassa d'Auvergne d'une façon plus décisive. Il commandait une des ailes de l'armée qui fut victorieuse à Roosebeck lorsque Philippe de Bourgogne réduisit à l'état de fantôme la démocratie gantoise. Sa campagne la plus malheureuse fut cette expédition d'Afrique entreprise à la requête des Génois dont Froissard vient de nous parler ; mais cette expédition, qui fut plutôt stérile que désastreuse, n'est qu'un épisode en quelque sorte parasite qui ne fait pas corps avec sa vie militaire. Une des choses qui étonnent le plus dans ce sanglant xiv° siècle, c'est de voir que des gens qui avaient sur les bras de telles affaires et étaient menacés de dangers si pressants trouvaient encore du temps pour des entreprises aventureuses jusqu'à la folie. L'expédition que commanda Louis II sur les côtes d'Afrique ne fut qu'un de ces passe-temps chevaleresques, comme la descente de Jean de Vienne en Écosse, comme l'expédition de Nicopolis ; encore est-il juste de dire qu'elle était moins insensée en principe que l'entreprise de Jean de Vienne, et qu'elle n'eut pas le lugubre résultat de l'équipée de Nicopolis. Il fut le véritable fondateur de la maison de Bourbon, si tant est qu'on puisse dire qu'une maison qui par son origine touchait de si près au trône ait eu un fondateur, et ce fut justement qu'il put prendre dès lors la devise *Espérance* et la donner pour cri de guerre à son ordre de l'écu d'or. Par son mariage avec Anne, héritière du Forez, il devint maître de cette province ; puis, lorsque Édouard, comte de Beaujolais, eut payé de son riche fief le joli roman renouvelé de Sextus Tarquin qu'il essaya avec certaine demoiselle de La Bassée, Louis II hérita de ses terres, et se trouva par suite de ces énormes acquisitions aussi princièrement apanagé que ses cousins de Bourgogne et de Berry. Louis II fut donc un prince heureux dans un temps où si peu le furent, et ce bonheur fut mérité.

Il se recommande à l'estime de la postérité par deux

faits infiniment honorables. Le premier, c'est que du commencement à la fin de sa carrière il fut sujet fidèle autant que serviteur vaillant. Lorsque Jean dut revenir en France, il fut un des otages qui allèrent le remplacer en Angleterre ; il n'en revint qu'après une captivité de sept années. Institué par testament de Charles V tuteur du jeune Charles VI conjointement avec les ducs de Berry et de Bourgogne, on ne le voit tremper, ni pendant la minorité du roi, ni pendant la longue démence qui succéda presque immédiatement à cette minorité, dans aucun des complots factieux dont les oncles du roi se rendirent coupables, et qui semèrent les germes de ces factions de Bourgogne et d'Armagnac sous lesquelles la France faillit sombrer. Il ne chercha pas alors d'autre fortune que celle de la couronne, ce n'est pas un mince mérite à une époque où cette dernière fortune était mauvaise, et où chacun pouvait sans trop de témérité s'en promettre une meilleure. Le second titre de Louis II à l'estime, c'est qu'il fut aimé d'Édouard III, qu'il faut bien reconnaître, en dépit des cent ans de guerre qu'il déchaîna sur nous, pour un des hommes les plus nobles qui se soient jamais assis sur un trône. Cette amitié lui valut de vivre dans une captivité dorée et de revenir en France deux années avant les autres otages. L'histoire de cette dernière faveur est curieuse, et rendit à l'Angleterre d'alors un service dont l'université d'Oxford peut encore garder reconnaissance. L'évêché de Winchester vint à vaquer, et Édouard désirait le faire passer à son chapelain, Guillaume de Wykeham, un des hommes les plus lettrés de l'époque, et l'un des plus dignes promoteurs de la renaissance en Angleterre. Le saint-siége était encore à Avignon, et celui qui l'occupait, Grimaud de Grévissac (Urbain V), était un quasi-compatriote du duc de Bourbon, puisqu'il appartenait par sa naissance à la province voisine du Gévaudan. Édouard eut l'idée de s'adresser à Louis II, et lui donna congé de retourner en France pour solliciter ce siége épiscopal, lui promettant qu'il se montrerait facile pour les conditions de son rachat, si le pape consentait à cette nomination. Louis partit pour Avignon, et arriva dans cette ville presque au moment où Urbain faisait faire leurs malles à ses officiers et à ses cardinaux pour aller à Rome, où il voulait depuis longtemps rétablir le siége pontifical. Urbain se montra bon concitoyen, et accorda l'évêché de Winchester non au roi d'Angleterre, mais au duc de Bourbon, avec permission d'y nommer qui lui plairait. Louis y gagna sa délivrance, et Oxford son plus grand bienfaiteur.

Le second duc de Bourbon qui dort à Souvigny est Charles Ier, petit-fils de Louis II. Son tombeau a été un peu moins mutilé que celui de son grand-père, au moins dans sa partie principale, les deux statues de la surface, qui sont à peu près intactes. Aux côtés de Charles est couchée sa femme, Agnès, fille de Jean sans Peur, très-reconnaissable à ses traits de famille, car elle présente une ressemblance marquée avec sa sœur, la duchesse de Bedford, femme de Jean de Lancastre. C'était bien contre son gré que Charles l'avait épousée : comme son grand-père Louis et son père Jean, alors prisonnier d'Azincourt, il restait fidèle à la couronne ; mais quoi ? Jean sans Peur, qui venait d'entrer à Paris, le tenait alors dans ses filets, les Anglais occupaient le royaume, son père était parti pour cette longue captivité de vingt ans d'où il ne devait pas revenir, il fallut bien céder. Il eut raison de se soumettre aux circonstances ; cette union, accomplie à contre-cœur, n'eut que des résultats heureux pour lui et pour la France. Plus tard sa qualité de beau-frère de Philippe le Bon lui permit de négocier avec un succès certain le traité d'Arras, qui réconcilia le duc de Bourgogne et le roi de France : onéreuse réconciliation vraiment, et d'où

Charles VII serait sorti fort diminué, si à cette époque il avait eu à craindre de se ruiner, mais qui n'en fut pas moins, après le miracle de Jeanne d'Arc, le pas le plus sérieux que fit la France pour reprendre possession d'elle-même. Le second résultat heureux de cette union fut la nombreuse postérité qu'elle donna à Charles Ier. Il eut d'Agnès onze enfants, dont les effigies ornaient autrefois les quatre faces de son tombeau, où ils remplaçaient avec avantage les apôtres et les saints qui composaient l'ornement banal de ces monuments. La destruction malheureusement n'a pas respecté cette décoration, aussi originale que bien justifiée. Je dis bien justifiée, parce que jamais prince n'eut une postérité plus magnifique. Charles Ier peut être dit le second fondateur de la maison de Bourbon, et il le fut non par ses acquisitions, mais par sa progéniture. Louis II acquit des provinces, Charles Ier se contenta de mettre au monde des enfants et de leur chercher des alliances. Il y a décidément bien des manières d'être un personnage considérable, témoin Charles Ier de Bourbon, qui fut tel moins par ses actions que par l'heureuse fécondité de ses reins. Toute l'histoire du siècle qui le suit est véritablement son œuvre, car il l'a créée en chair et en os ; il n'y a pas un grand acteur princier de cette époque postérieure qui ne découle directement de lui, depuis Pierre de Beaujeu, mari d'Anne de France, fille de Louis XI, jusqu'à Marie de Bourgogne, fille de Charles le Téméraire et femme de Maximilien, depuis Louise de Savoie, mère de François Ier, jusqu'à Philippe le Beau, père de Charles-Quint. Voilà pour les grands rameaux ; mais pour les rameaux secondaires ou provenant de pousses bâtardes, où ne les ai-je pas rencontrés ? A Lyon, à Nancy, à Liége, à Arnheim en Gueldre, au château de Busset, au château de La Palisse. Et ce n'est pas seulement pour les historiens que ce duc aux reins féconds est important, il l'est au moins autant pour les artistes, qui doivent bien retenir son nom, car la moitié des beaux monuments de cette époque qui font l'objet de leur étude et de leur admiration recouvrent les restes de sa descendance. Il est le beau-père de Charles le Téméraire et le grand-père de Marie de Bourgogne, qui dorment sous les mausolées de Bruges. Il est le grand-père de Philippa de Gueldre, femme de René de Lorraine, dont le monument est à Nancy. Les trois dormeurs des tombeaux de Brou lui appartiennent, car il est le père de Marguerite de Bourbon, le grand-père de Philibert le Beau de Savoie et le bisaïeul de Marguerite d'Autriche. S'il n'y eut jamais de postérité plus glorieuse, il n'y en a pas qui ait été plus somptueusement enterrée, et nous devons être reconnaissants au duc Charles de l'avoir mise au monde rien que pour les douces heures de dilettantisme sépulcral et d'agrément lugubre que nous n'aurions jamais goûtées sans elle. — N'oublions pas, avant de nous éloigner des tombeaux des ducs de Bourbon, de signaler les superbes grilles en pierre sculptée qui ferment les chapelles ; on dirait des haies de pierre tordue et tressée : c'est la flexibilité de la matière vivante.

Visiter une église pareille à Souvigny est comme observer une goutte d'eau au microscope. Dans cette étroite enceinte dort tout un monde de souvenirs, aussi divers par le caractère qu'infinis par le nombre. Seulement de même que le monde que nous présente la goutte d'eau est plus ou moins étendu selon que la portée du microscope est plus ou moins grande, le monde de souvenirs que renferme une église semblable est en proportion du savoir du visiteur. Deux siècles entiers de notre histoire ont fait passer devant nos yeux leurs visions et leurs images en face des tombeaux des ducs Louis et Charles, — mais l'ombre de la vieille abbaye en recouvre bien d'autres qui n'attendent pour se réveiller qu'une mémoire sympathique. Contre un des murs de l'église, sur les panneaux de je ne sais quel vieux meuble ecclésiastique, je vois de vieilles peintures aux trois quarts effacées dont l'une a la prétention de représenter l'image de saint Mayeul. On peut fort bien n'être pas précisément un ignorant et ne pas savoir qui fut saint Mayeul ; nous-même nous ne savons guère de lui que ce que nous en ont appris la chronique du moine Eudes et surtout celle de Raoul Glaber. C'en est assez pour que ce souvenir nous arrête un instant, d'abord parce qu'il est celui d'un des personnages les plus considérables de la seconde moitié du xe siècle, ensuite parce qu'il se rapporte d'une manière très-particulière à l'histoire locale de Souvigny. Saint Mayeul, quatrième abbé de Cluny, appartenait comme son successeur saint Odilon, à cette puissante maison de Mercœur qui tint au moyen âge la baronie de Langeac, dans la basse Auvergne. Autant qu'on en peut juger à la distance où nous sommes, il semble que c'est à lui qu'il faut attribuer l'organisation véritable du célèbre monastère, et qu'il ait rempli dans son histoire le rôle de *frate* Egidio dans l'ordre naissant de Saint-François et celui d'Acquaviva dans l'institut des Jésuites. Son image, en effet, telle que nous la présente à diverses reprises l'inestimable miroir de Raoul Glaber, est non pas celle d'une âme inventive ou munie de dons brillants, mais celle d'un homme de vertu patiente, de mœurs discrètes, de parole prudente, de stricte discipline, un homme de devoir en un mot, fait d'attention et de scrupule, par conséquent éminemment propre au rôle d'organisateur et d'administrateur des âmes. Ce qui prouve mieux encore que les conjectures éveillées en nous par nos lectures que ce fut là le génie propre à saint Mayeul et que c'est bien à lui que revient le titre d'organisateur de Cluny, c'est l'immense renommée d'administrateur monastique qu'il s'était acquise de son vivant. Si grande était cette réputation, que le roi Hugues Capet, mécontent des mœurs et de la discipline de ses monastères du nord, fit mander en Bourgogne l'abbé Mayeul pour qu'il vînt les réformer. L'abbé était alors très-avancé en âge, il allégua son extrême fatigue, qui était telle qu'elle ne lui permettrait peut-être pas d'accomplir le voyage. Hugues Capet revint à la charge, et cette fois il fallut céder. L'abbé se mit en route; mais arrivé à Souvigny, il prit le lit et rendit l'âme entre les bras de son parent et de son disciple saint Odilon, auquel il légua sa tradition, et qui pendant cinquante ans poursuivit sans fléchir l'œuvre commencée par Mayeul. Nous n'avons pas craint de nous arrêter sur ce souvenir, d'abord parce qu'il y a toujours plaisir à rencontrer la trace d'un homme de bien, ensuite parce que cet homme de bien fut précisément du genre de ceux qui nous seraient fort nécessaires à l'heure présente, c'est-à-dire d'hommes moins brillants que probes et moins inventifs qu'éclairés, capables de calculer les conséquences de leurs actions avant de les commettre, préférant les paroles qui éteignent les incendies à celles qui les allument, et susceptibles de poursuivre l'exécution d'une pensée pendant de longues années sans se rebuter. La vie de ce vieil abbé Mayeul peut donc nous donner une leçon morale d'à-propos en nous aidant à réfléchir sur les qualités par lesquelles on se fait sinon aimer, au moins suivre docilement par la fortune.

Tous les monuments et tous les objets que renferment les églises ne sont pas toujours, comme nous l'avons déjà vu plusieurs fois, d'une orthodoxie irréprochable, et l'église de Souvigny en particulier a donné abri à certaine curiosité d'art dont la signification est loin d'être claire. C'est une colonne que le caractère des sculptures dont elle est ornée permet d'attribuer au xv° siècle. Tout est mystère dans ce singulier monument. Et d'abord on ne sait d'où il est venu, s'il appartenait à l'abbaye, ou s'il a été apporté du dehors pour être préservé de la ruine. En second lieu, cette colonne, dont la forme est octogonale, est tronquée; ce n'est qu'un fragment que nous avons sous les yeux, mais un fragment tellement considérable, qu'il est difficile de déterminer l'étendue de la mutilation. Enfin on peut se demander si cette colonne était unique ou si elle n'avait pas un pendant. M. de Caumont, le laborieux antiquaire dont l'archéologie déplore la perte récente, pensait qu'elle était unique, qu'elle mesurait environ dix-huit pieds de hauteur, et que le fragment que nous en avons n'en était guère que la moitié. Cela étant admis, il n'en reste pas moins difficile de comprendre à quel usage pouvait servir ce monument solitaire; mais ce qui est plus singulier que tout le reste, c'est le caractère des sculptures dont ce fragment est orné, surtout de celles de trois de ses huit faces. Sur l'une de ces faces sont représentés quelques-uns des signes du zodiaque, cinq ou six seulement, ce qui prouve nettement que la moitié du monument est détruite ou qu'il avait un pendant symétrique qui est perdu. Sur les deux autres faces, qui correspondent à cette première, sont étagés divers échantillons d'une création primitive fabuleuse et réelle à la fois. Tout en haut d'une de ces faces, à l'endroit où la colonne a été tronquée, on distingue les restes d'un énorme animal aquatique, quelque chose comme le léviathan de la Bible ou le plésiosaure des géologues modernes; sous le serpent monstrueux, l'éléphant nous présente sa forme massive bien connue; au-dessous de l'éléphant se dresse la licorne des légendes et des armoiries; au-dessous de la licorne une sirène; au-dessous de la sirène un autre monstre baroque, moitié femme et moitié oiseau, création hybride de terre ferme, comme la sirène est une création hybride de l'eau. La seconde de ces faces est plus curieuse encore : au serpent tronqué correspond un animal légèrement mutilé, mais où les formes du singe sont aisément reconnaissables ; — au-dessous différentes variétés fabuleuses d'hommes, un homme à pieds enclavés l'un dans l'autre ou réunis en un seul, un homme à pieds de chèvre ou autrement dit un satyre, et enfin tout en bas un nègre bestial et sauvage avec son étiquette anthropologique, *Ethiops*, l'Éthiopien.

Eh mais ! il me semble qu'avec un peu d'attention il n'est pas très-malaisé de découvrir une logique sous l'apparente fantaisie de ces ornements et une hérésie très-rigoureusement déduite sous l'amusante hypocrisie de ces figures. On peut signaler cette colonne à la curiosité de M. Darwin, si, comme il est probable, il en ignore l'existence ; il y reconnaîtra sans trop de peine une ébauche informe de sa doctrine de la *sélection*. Une explication très-nettement matérialiste de la création et du développement de la vie sur la terre se laisse lire sur ce monument. Que nous disent ces produits vrais ou faux de la nature, échelonnés avec une méthode confuse sans doute, mais avec un désir visible d'ordonnance logique, aux côtés des signes du zodiaque, c'est-à-dire des signes qui marquent les divisions de l'année, sinon que la nature, aidée du temps, a produit par une activité ininterrompue et en traversant une longue série de créations, soit monstrueuses, soit informes, soit incomplètes, le monde que nous habitons ? Non-seulement la création a été successive pour les différents règnes de la nature, mais elle a été successive pour chacune des espèces de ces règnes et pour chacune des familles de ces espèces. D'abord la mer fut seule féconde ; puis lorsque les siècles eurent passé, la terre, découverte et séchée par un soleil brûlant, devint féconde à son tour, et alors apparurent de grands animaux dont quelques-uns existent encore et dont la plupart ont disparu. L'homme n'a pas toujours été tel que nous le voyons aujourd'hui ; avant de l'amener à ce degré de perfection après lequel elle s'est arrêtée, la nature s'est reprise bien des fois à son œuvre, elle a tracé bien des ébauches, essayé bien des formes, dont les satyres et les faunes, les centaures et les sirènes, sont les emblèmes ou peut-être même les figures réelles, conservées par une tradition remontant à de lointaines générations qui vécurent avant que ces monstrueux ancêtres eussent entièrement disparu. Le temps est mobile, et la vie, mobile comme lui, change, modifie et altère ses formes avec chaque mouvement de la durée. C'est vraiment le darwinisme quatre siècles avant les résultats de la science moderne, un darwinisme ignorant et superstitieux au sein de son incrédulité et de ses négations, tel en un mot que pouvait le concevoir un esprit tout fraîchement émancipé du moyen âge. Cette croyance par exemple à l'existence d'êtres hybrides, résultat d'une transaction essayée par la nature entre des formes absolument contraires de la vie, tels que les sirènes et les centaures, qui auraient été ainsi non des inventions de poëtes, mais des êtres existants à une certaine période de la durée, combien de fois ne l'avons-nous pas entrevue chez les aventureux écrivains de l'aventureuse renaissance !

J'ai cherché curieusement quelles objections on pouvait opposer à l'interprétation que nous présentons de ces mystérieuses sculptures ; j'en ai trouvé deux, spécieuses au premier abord, mais qui ne se soutiennent pas à la réflexion. La première, c'est que ces figures seraient de simples décorations, sans but précis, dues à la seule fantaisie de l'artiste. A cette objection, je me permettrai de répondre que cette prétendue fantaisie des artistes d'autrefois, surtout de ceux du moyen âge, n'a jamais existé que dans l'imagination de nos contemporains, qui ont baptisé de ce nom de fantaisie tout ce qu'ils ne comprenaient pas, ou dont le sens s'est obscurci dans le cours des âges. Avec un peu d'attention, on s'aperçoit aisément que l'art du moyen âge n'a jamais rien accordé au caprice; que depuis les simples feuillages des chapiteaux jusqu'aux monstres des gouttières, toutes les parties d'une même œuvre sont enchaînées par des rapports aussi complexes que fins. Avec la renaissance, cette unité devint moins étroite, il est vrai, et il est facile de séparer dans les œuvres de cette époque les parties essentielles des parties secondaires, qui sont alors plus purement décoratives; mais tel n'est pas le cas des figures de cette colonne, qui, avec le caractère des sculptures décoratives du moyen âge, ont évidemment le même but, celui d'établir un rapport entre plusieurs pensées ou entre les diverses parties d'une même pensée. L'artiste, qui était encore très-près du moyen âge, s'est servi de sa méthode, dont la tradition n'était pas encore perdue. Le rapprochement de ces diverses figures a donc un sens : toute la question est de savoir si ce sens est celui que nous lui donnons.

La seconde objection, c'est que ces figures n'offrent rien de nouveau et étaient familières aux imaginations de cette époque, car ce sont celles des animaux apocryphes et des races d'hommes fabuleuses qui sont décrites dans les *Bestiaires* du moyen âge. Sans doute; mais cette particularité, loin de contrarier notre interprétation, la confirme au contraire. Aussi neuve que soit la pensée qu'un artiste veut exprimer, il ne peut cependant l'exprimer qu'avec les matériaux qu'il a en sa possession. Or ici les matériaux, ce sont les formes déjà existantes créées par l'imagination des siècles antérieurs et qui répondaient admirablement au but cherché. L'artiste veut insinuer que la vie, avant de revêtir ses formes actuelles, a traversé des séries de formes incomplètes ou monstrueuses qui nous sont aujourd'hui inconnues ; or, qu'est-ce qui peut mieux représenter ces formes que les animaux et les hommes des Bestiaires? D'ailleurs le choix de ces figures est encore moins important ici que la place que l'artiste leur a donnée. Prises en elles-mêmes, ce ne sont que les figures des Bestiaires ; mais, rapprochées des signes du zodiaque et étagées parallèlement avec eux, ne disent-elles pas aussi clairement que peuvent le dire des figures de pierre que ces êtres ont accompagné les évolutions du temps et marqué les étapes de la durée? C'est donc une très-solide hérésie de la renaissance que nous contemplons ici, une hérésie exprimée avec cette dextérité d'imagination dont les artistes et les écrivains de cette époque ont fourni tant de preuves. La pensée apparaît avec la plus extrême clarté, et en même temps elle est dissimulée avec une habile prudence qui met son auteur à l'abri de toute atteinte, et le laisserait maître de la nier au besoin.

Si Souvigny a été le premier berceau de la maison de Bourbon, la petite ville de Bourbon-l'Archambault a été sa chapelle baptismale, car elle lui a donné son nom. Les descendants d'Adhémar, désertant Souvigny, y transportèrent leur résidence, et les ducs issus de Robert de Clermont en firent la leur jusqu'à l'extinction de leur lignée directe. Ce ne fut que lorsque l'héritage des Bourbons passa à la branche des Montpensiers que cette ville fut abandonnée par ses seigneurs, et alors, de même que Souvigny avait eu son abbaye pour se consoler de ne plus posséder ses maîtres, à Bourbon il resta ses eaux minérales. Elles étaient très-fréquentées autrefois, alors que la diligence était l'unique moyen de voyager ; mais elles ont été délaissées en partie depuis que l'habitude des voies ferrées nous a rendus si délicats, que le léger ennui d'un voyage de quelques heures dans un étroit et infect véhicule, simulacre de celui qui nous cahotera vers notre dernière demeure, effraye le sybaritisme de nos nerfs. Je doute, en effet, qu'il y ait d'autres personnes que de vrais malades qui visitent Bourbon à l'heure présente; or, comme chacun sait, les vrais malades ne forment pas un tiers des personnes qui fréquentent annuellement les stations thermales. C'est assez dire combien la pauvre petite ville de Bourbon est réduite au sort de Cendrillon la méprisée. Quelques vieillards à demi-paralytiques, quelques bonnes dames qui se ressentent sérieusement des épreuves de l'âge, quelques grognards moroses que tourmentent de vieilles blessures d'armes à feu, et quelques jeunes soldats que des plaies tenaces rendent peu folâtres, voilà la société respectable et médiocrement gaie qui vient tous les ans tenir compagnie à la pauvre Bourbon, pendant que sa sœur de Vichy et même sa sœur de Néris vont au bal, au concert et à la comédie, et reçoivent les visites de dames galantes et de fringants jeunes gens. Encore cette société ne lui tient-elle compagnie que quelques semaines, pendant la canicule seulement, car, redoutant les fraîcheurs du printemps, elle arrive tard, et redoutant celles de l'automne, elle s'en va tôt. Heureuse a été cette Cendrillon des eaux thermales d'avoir dans le passé quelques marraines et quelques parrains puissants pour lui donner de jolies ceintures d'arbres et lui dessiner de fraîches toilettes d'un beau vert, qui lui permettent de surmonter sa jupe de vraie paysanne d'un coquet corsage de bergère de Watteau! Telle est, en effet, l'originalité de Bourbon : c'est par moitié une paysanne très-suffisamment crottée pour prendre place dans une bergerie réaliste à la moderne, et par moitié une villageoise avenante qui pourrait faire figure dans un opéra de Marmontel et de Grétry. Il fut un temps cependant où cette localité désertée retentissait du bruit des équipages, où elle voyait se succéder presque d'heure en heure les courriers galonnés, où elle servait d'écho aux nouvelles les plus fraîches de Paris et de la cour. Mme de Montespan la fréquenta pendant presque toute sa vie. Je lis dans les lettres de Mme de Sévigné qu'en 1676, une attaque de rhumatisme l'ayant obligée d'avoir recours aux eaux thermales, elle choisit Vichy de préférence à Bourbon, qui lui était cependant recommandée, afin d'éviter le brouhaha mondain qui se menait autour de Mme de Montespan, alors dans le plein de sa faveur, et en 1707, c'est-à-dire vingt ans après la disgrâce, nous la trouvons encore à Bourbon, mais cette fois pour y mourir. Si Mme de Montespan fit grand mal à la monarchie, elle fit quelque bien à Bourbon : c'est elle qui fit achever la jolie promenade commencée par le maréchal de la Meilleraye et qui subsiste encore. Plus de cent ans après, un autre personnage aussi secret d'esprit que Mme de Montespan était franche de mœurs, le prince de Talleyrand, plus fidèle à Bourbon, qu'il visita trente ans, qu'aux divers gouvernements qu'il servit, traça le plan d'un charmant parc qui est aujourd'hui le principal agrément de la ville. Quant à ses bienfaiteurs et protecteurs des jours nouveaux, Bourbon les attend encore.

De son passé de petite capitale féodale, il ne reste à Bourbon que les débris du château des ducs. Ce château s'étendait sur le plateau ou, pour parler plus exactement, sur l'échine d'un monticule allongé assez semblable à un géant qui se ploierait pour jouer au saut de mouton. Bas à sa partie inférieure, il s'exhausse insensiblement jusqu'à sa tête, qui regarde le centre de la ville d'une façon peu rassurante. Quand on voit cette position, on n'est pas trop étonné des terreurs dont furent

Paysage de l'Allier. — Château de Chantelle.

Bourbon-l'Archambault.

saisis les bourgeois de Bourbon, lorsque, sur la fin du
xv⁰ siècle, Pierre de Beaujeu fit construire la tour de
l'horloge ; car de cette éminence abrupte, escarpée, et
qu'il était aisé de rendre inaccessible, la ville pouvait
être foudroyée avec une rapidité singulière. Beaucoup
de nos lecteurs connaissent sans doute le mot rauque
de son et rébarbatif de physionomie par lequel Pierre
de Beaujeu répondit aux représentations qui lui furent
faites à ce propos : « Je bâtirai cette tour, *qui qu'en
grogne.* » Les bourgeois déçus se vengèrent du duc en
répétant sa réponse avec une affectation ironique ; de la
soudure opérée par une prononciation rapide entre
les dures syllabes dont elle était composée, il résulta
un nom propre analogue à ces agglutinations géologiques mal venues qu'on appelle *poudingues* en langage
scientifique, et c'est ainsi que la tour de Pierre de
Beaujeu fut baptisée *Quiquengrogne*, nom qu'elle porte
encore aujourd'hui. Les bourgeois de Bourbon n'avaient
certainement voulu créer qu'un sobriquet ridicule, mais
leur ironie, manquant son coup, rencontra dans ce mot
hargneux de son comme de forme le nom propre qui
définit le mieux cette tour et peint avec le plus de relief
sa situation redoutable. La forte imagination de Victor
Hugo paraît avoir été tentée un moment par ce nom
à forme de Quasimodo et de Triboulet, car dans les
vieux catalogues de librairie je trouve annoncé pendant
plusieurs années de suite comme étant en voie d'impression un certain roman de la *Quiquengrogne*, dont il
n'a probablement jamais existé que le titre. C'était le
temps où le poëte aimait à promener ses rêveries à travers les formes substantielles du passé. Qui aurait pu
prévoir que, se détournant de ce vaste champ, où était
son vrai domaine, il se laisserait fasciner par les fan-
tômes d'un avenir aussi trouble que vague et mal dé-
fini, dont il semble que son imagination plastique par

excellence aurait dû s'écarter par défaut de naturelle affinité?

A l'autre bout de ce mamelon allongé s'élèvent trois tours rondes reliées entre elles par une superbe maçonnerie : c'est l'extrémité du château comme la *Quiquengrogne* en était la tête. Ces quelques ruines, qui éveillent le sentiment d'une robuste élégance, suffisent amplement pour faire comprendre quelles étaient la beauté et la force de cet édifice, qui fut reconstruit, rajeuni et agrandi à la belle époque de l'architecture militaire féodale, c'est-à-dire aux xive et xve siècles. Elles faisaient partie de l'héritage du dernier prince de Condé ; M. le duc d'Aumale en est donc le propriétaire actuel. J'ai tort peut-être de dire que le duc en est le propriétaire, car elles appartiennent bien plus réellement au gardien qui les montre et qui en retire tout le bénéfice que peut rapporter cette singulière propriété, c'est-à-dire les pourboires dont les visiteurs veulent bien le gratifier. Ces ruines sont véritablement le fief de ce paysan, et qui plus est un fief héréditaire. Son grand-père et son père les montraient avant lui, et comme il n'a eu d'autre fils qu'un jeune soldat qui, lorsque je visitais Bourbon, était en train de mourir d'une fièvre contractée en Cochinchine, après lui ce fief pittoresque passera à une branche collatérale de la famille représentée par un neveu, et ce sera alors comme la maison de Montpensier succédant à la première maison de Bourbon. Servir de fief à un paysan, voilà le terme inévitable des plus beaux édifices depuis les tombeaux des Scipions et de Cæcilia Metella jusqu'aux tours de Bourbon-l'Archambault. Je ne connais qu'une exception à cet égard, celle des superbes ruines de Crozant, placées au sein d'un des paysages les plus harmonieusement sauvages qu'il y ait certainement au monde. Ces ruines appartiennent à une vieille dame avisée qui les afferme 86 francs à une paysanne du bourg voisin. Le fermage est payé par les gratifications données par les visiteurs ; mais c'est là un impôt qu'il est assez difficile de lever, car, les ruines ne pouvant être closes, l'accès en est libre, et d'ailleurs on n'a pas besoin de s'en approcher pour les admirer dans toutes leurs parties. Aussi faut-il voir avec quelle vigilance la bonne femme épie l'arrivée des voyageurs, avec quelle promptitude elle les poursuit ou même les devance, et avec quelle âpreté elle réclame la rétribution dont elle a fixé elle-même le taux à huit sous par personne ! « Mais, me dit-elle avec mélancolie, il y en a qui me renvoient promener en compagnie de ma chèvre et qui ne veulent rien me donner que des sottises. » Plus heureux est le feudataire des tours de M. le duc d'Aumale : non-seulement il ne paye pas de fermage, mais il est payé pour tenir son fief ; cependant je ne crois pas qu'il en épie avec plus de négligence les visiteurs qui se montrent à l'ombre des ruines.

IV

CARACTÈRE PARTICULIER DU BOURBONNAIS. — LES FRONTIÈRES DE LA MARCHE ET DE L'AUVERGNE. — MONTLUÇON. — AIGUEPERSE. — LE CHATEAU DE RANDAN.

« Le Bourbonnais est une province composée de pièces de rapport », a écrit le vieux Gui Coquille, l'historien du Nivernais. Plus je prolonge mes excursions dans cette province, plus je vérifie la parfaite justesse de cette observation. Il y a une Normandie, une Bretagne, une Auvergne, une Provence dans la nature, mais non pas de Bourbonnais. Si l'on voulait à toute force en trouver un cependant, il ne faudrait pas le chercher en dehors du fief primitif d'Adhémar et de ses successeurs immédiats, Moulins, Souvigny, les deux Bourbon. C'est dans cet étroit rayon qu'est renfermé le Bourbonnais, sinon il n'est nulle part. Ce petit noyau de terres, en effet, est bien un, tant par l'aspect du paysage que par le caractère de la population, il a son originalité et sa vie propres ; mais il n'en est plus ainsi dès qu'on dépasse cette limite, et les autres parties de la province étonnent par les diversités de leurs caractères et leurs physionomies en quelque sorte étrangères. Entre le Bourbonnais primitif et les districts de

Montluçon, de Gannat, de Vichy et de la Palisse, il n'y a de ressemblance d'aucune sorte, ni naturelle, ni morale, et même en dépit des longs siècles, même en dépit de l'unité moderne d'administration et de l'effacement des anciennes divisions territoriales, on sent encore aujourd'hui, à ne pas s'y tromper, que ce furent là des pays annexés et enlevés à leurs centres naturels d'attraction. Montluçon c'est la Marche, Gannat et Vichy c'est l'Auvergne, la Palisse c'est le Forez. Les caractères de ces provinces sont reconnaissables, à ne pas s'y méprendre, dans ces divers lopins de terres qui sont venues grossir successivement le domaine primitif des seigneurs de Bourbon. Le Bourbonnais n'est donc pas une création de la nature, c'est une création de la féodalité. Ce fait me devient sensible pour la première fois en approchant de Montluçon, c'est-à-dire après avoir quitté Moulins depuis moins d'une heure. Dans les paysages que me découvre peu à peu la route, je reconnais les paysages de la Marche, que je ne pourrais jamais confondre avec ceux d'aucune autre province, en connaissant dès l'enfance les détails les plus minutieux. Voilà bien la forme et la sauvagerie des mamelons de la Marche. C'est ainsi qu'en sont creusées les gorges, ainsi que les pentes en sont ravinées ; c'est bien la même terre, car voilà la même végétation de bruyères et de genêts. L'aspect du pays est encore bien plus frappant quand on va de Montluçon à Néris, et que l'on contemple ce paysage d'un pittoresque *raté*, selon l'expression judicieuse d'une personne d'esprit, ces vilaines montagnes grises revêtues de leur seule stérilité, ces affreux précipices qui ne rassurent l'œil par aucun pli gracieux de terrain, par aucune oasis de végétation riante. C'est bien là l'ossature, le squelette, la structure fondamentale des paysages de la Marche, si ce n'en est pas la chair, l'épiderme et la couleur. Si de la nature on passe à la population, quelques journées de séjour à Montluçon, à Néris ou dans les environs vous montreront chez les habitants les mêmes mœurs, les mêmes coutumes, les mêmes manières d'agir et de parler qui distinguent les habitants de la Marche. Le district de Montluçon est la partie laide et riche du même pays dont le département de la Creuse est la partie belle et pauvre.

Je fais part de mon observation à un jeune habitant de Montluçon, qui me la confirme en y ajoutant des détails pleins d'intérêt. « Montluçon est tellement la Marche, me dit-il, qu'elle n'a de rapports de quelque sorte que ce soit qu'avec cette province. Le Bourbonnais est aussi loin de notre ville que s'il en était à cent lieues. Toutes les affaires, par exemple, se font avec le département de la Creuse, et, en dehors de la Creuse, les affaires de l'arrondissement se rapportent, par Commentry, ses forges et ses houilles, à l'industrie générale de la nation; Moulins et le nord du Bourbonnais n'y entrent à peu près pour rien. Il en est de même dans les rapports moraux et les relations sociales. Les familles de Montluçon n'ont aucun rapport, si petit qu'il soit, avec les familles de Moulins, qu'elles ne connaissent pas plus que ne les connaissent d'ailleurs celles de Moulins, fait exceptionnel et qu'on ne rencontrerait au même degré dans aucun autre département. C'est avec les familles de la Creuse qu'elles contractent leurs alliances, qu'elles ont leurs relations de plaisir et de société. Si vous allez à Vichy, vous y rencontrerez le même fait; les habitants de cette partie de la province sont aussi étrangers aux habitants de Moulins que le sont ceux de Montluçon. Ce sont des groupes très-différents qui ne se sont pas pénétrés. »

S'ils ne se sont pas pénétrés, étant rapprochés depuis si longtemps, c'est qu'il y a sans doute une raison à cela, et cette raison, c'est que ces groupes, appartenant par nature à d'autres provinces que celle dont ils font partie, continuent de chercher leur centre de vie là où la nature l'avait placé.

Montluçon, c'est donc la Marche, mais pour ainsi dire avec indépendance, car elle s'en détache par des nuances qu'il est plus facile de sentir que d'exprimer. Tout ce district a bien sa physionomie propre qui en fait un pays distinct. Aussi n'est-on pas étonné qu'il ait formé aux premiers siècles de la féodalité une seigneurie particulière, seigneurie qu'un mariage fit passer de bonne heure sous la domination de l'un des Archambault de Bourbon. En observant cette nuance, je suis frappé d'un fait sur lequel la réflexion ne s'est pas assez portée : c'est que la première féodalité, dans ce fractionnement infini qu'elle fit du pays, respecta beaucoup plus qu'on ne pourrait croire les divisions naturelles du sol. Chacun de ces lots de terre qui formèrent les premiers grands fiefs, considéré avec attention, se présente bien d'ordinaire comme un tout qui a son caractère propre et ses limites précises. C'est plus tard, lorsque les fiefs s'étendirent, et que les accidents des mariages ou l'enchevêtrement des intérêts firent passer les terres de leurs premiers maîtres à des maîtres lointains, que se montrèrent les bizarreries et les monstruosités qu'on a justement reprochées aux divisions féodales ; mais, à l'origine, ces divisions furent très-suffisamment précises et fondées sur la nature : la preuve en est dans ce fief primitif de Bourbon, premier noyau du Bourbonnais, qui ne présente aucune ressemblance avec les pays circonvoisins qu'il s'incorpora successivement ; la preuve en est dans cette ancienne seigneurie de Montluçon, qui eut sa raison d'être, puisque nous sommes obligés de reconnaitre encore aujourd'hui à cette région une originalité propre.

Il y a deux villes dans le Montluçon actuel, une ville féodale et une ville industrielle. La ville féodale est encore debout presque tout entière ; le château fort a disparu et a fait place à une très-belle caserne, mais les rues avec leurs pauvres maisons de bois continuent à serpenter autour du sommet de la colline et à grimper le long des rampes de la forteresse, tout comme si le maître auquel elles prêtaient aide et dont elles recevaient protection était encore là. A l'exception des hauts quartiers de Loches, je n'ai encore rien vu qui donne plus nettement l'idée d'une ville française du moyen âge ; ici l'imagination n'a nul effort à faire pour évoquer une vision du passé au moyen de vestiges et de restes, car c'est la réalité du moyen âge lui-même qui est venue jusqu'à nous en état parfait de conservation. Que Montluçon ait été une place féodale de la plus grande importance, sa position suffit amplement à l'expliquer. Elle commande l'entrée de la Marche, elle forme l'arrière-protection du Bourbonnais, et ferme, de ce côté au moins, l'accès de l'Auvergne. Aussi fut-elle une des villes les plus distinguées de cette région pendant cette longue occupation de l'Aquitaine par l'Angleterre, qui naquit de l'impolitique et désastreux divorce de Louis le Jeune, qui, en dépit des victoires de Philippe-Auguste et de saint Louis, n'y cessa jamais entièrement, et qui, renouvelée et aggravée lorsque Édouard III étendit ses prétentions à la France entière, ne prit fin qu'avec le triomphe de Charles VII. Le lecteur qui serait curieux de cette vieille histoire apprendra, par la chronique de Guillaume le Breton et par celle de Rigord, comment Philippe-Auguste enleva cette ville au roi Henri II d'Angleterre, et par les historiens du xive siècle, comment le duc Louis II, qui y résidait fréquemment, la défendit contre les capitaines anglais. Les temps sont radicalement changés, et l'importance de Montluçon est aujourd'hui

Montluçon

d'un ordre tout pacifique ; cependant ses habitants semblent avoir été industrieux même à cette époque guerrière, seulement leur industrie, en rapport avec les préoccupations de l'époque, avait encore la guerre pour objet. Les bonnes lames de Montluçon étaient célèbres au xve et au xvie siècle presque à l'égal des lames espagnoles de Tolède et de Bilbao ; mais le règne des armes blanches était alors à son agonie, cette fabrication tomba, et alors Montluçon, perdant à la fois et son importance militaire, qui n'avait plus de raison d'être dans un pays arraché par l'ordre monarchique aux guerres féodales, et son industrie, entra dans une période d'obscur repos, d'où il ne sortit qu'au commencement de ce siècle.

C'est moins par son initiative propre, il faut bien le dire, que par un concours de circonstances favorables que Montluçon s'est relevé ; seulement sa situation est si heureuse que, dès que ces circonstances se sont présentées, Montluçon est devenu ce qu'il devait être. Et d'abord il a bénéficié de la transformation complète qu'opéra à la fin du dernier siècle dans les sauvages districts voisins un homme éminent par ses connaissances métallurgiques et ses aptitudes industrielles, M. Rambourg. Grâce à ses explorations, qui eurent pour résultat de constater les richesses géologiques de la contrée, houilles et minerais de fer, les premières forges furent établies, et l'industrie moderne commença. M. Rambourg laissa après lui une famille qui continua et agrandit son œuvre, et par l'activité de cette famille une ville nouvelle, celle de Commentry, sortit de terre aux portes mêmes de Montluçon ; puis vinrent les voies nouvelles de transport, chemins de fer, canal du Cher, qui la mirent en communication avec le Berry et le centre de la France. Cependant, en dépit de toutes ces circonstances heureuses, Montluçon ne grandissait que lentement, lorsqu'il s'en est présenté une dernière qui lui a ouvert un immense avenir. Montluçon n'a pris sa croissance définitive que lorsqu'une voie ferrée, traversant la Marche, l'a relié au Limousin, tant la Marche est le véritable champ d'action de cette ville. En quelques années, sa population a presque quadruplé, une très-belle ville, entièrement nouvelle, s'est construite sur le vaste espace qui sépare l'embarcadère de la vieille colline féodale, et Montluçon, dès aujourd'hui la cité la plus considérable du Bourbonnais, arrache le sceptre de la prééminence à Moulins, qui est bien autrement intéressant pour l'artiste et l'historien, mais qui, n'ayant pu se renouveler à temps, reste doucement endormi dans les habitudes de son passé. Moulins est comparable à un vieux gentilhomme qui conserve intacte sa condition, tout en voyant sa fortune décroître d'année en année. Montluçon est un bourgeois d'autrefois qui, n'ayant pas à espérer de conserver sa condition en perdant sa fortune, a bravement endossé la casaque du travailleur, s'est mis à forger du fer, à extraire de la houille, à polir des glaces, et qui en ce faisant a conquis la prospérité dans le présent et, ce qui vaut mieux encore, l'espérance dans l'avenir.

En dehors de la physionomie pittoresque de ses hauts quartiers, Montluçon n'offre d'autre pâture à la curiosité du promeneur qu'une très-belle église de style roman placée sous l'invocation de saint Pierre. La partie haute de cette église est d'une grande originalité. Le chœur, le sanctuaire, les absides, ne forment qu'un seul tout, nettement séparé de la nef et presque clos par les dispositions architecturales comme un lieu réservé et interdit aux fidèles. Deux piliers énormes, singulièrement rapprochés l'un de l'autre, surmontés d'un arc roman étroit à l'excès et qui paraît un fardeau bien léger pour deux pareils athlètes, ouvrent l'entrée de ce sanctuaire; par derrière, deux autres piliers, encore plus énormes et surmontés d'un arc encore plus étroit, complètent ce porche fort resserré, mais que le diamètre presque monstrueux des piliers fait paraître plus resserré qu'il ne l'est. On dirait des géants chargés de défendre l'accès du sanctuaire, qui se sont écartés un instant pour offrir au visiteur un passage qu'ils mesurent avec avarice, et qui n'auraient qu'un léger mouvement à faire pour le fermer entièrement. Un autre effet très-curieux est l'effet de profondeur qui résulte de l'inégalité des deux arcs posés sur ces piliers. J'ai dit autrefois, en parlant de Cluny, que ce qui restait de la célèbre église prouvait que l'art roman pouvait se prêter tout autant que l'art gothique à la sublimité religieuse et à l'élévation mystique; ce qui est plus sûr encore, c'est qu'il est beaucoup plus apte que le gothique à créer la profondeur: cette entrée que je viens de décrire en est un témoignage. Trois ou quatre arcs cintrés placés à la suite l'un de l'autre vont faire croire qu'ils sont en succession infinie, tant le lointain obtenu est profond. Pour compléter l'impression de mystère de ce sanctuaire, un clair-obscur très-sombre y règne, et ce clair-obscur semble avoir été voulu et calculé, car la lumière ne pénètre que par deux chapelles absidales placées aux deux côtés de l'autel, chapelles que l'on ne découvre que lorsqu'on a franchi les redoutables piliers. Je n'ai rien vu qui donne mieux le sentiment de cette magie que le vulgaire est incliné à attribuer aux cérémonies du culte, rien qui dise mieux : « N'approchez qu'avec respect et crainte. » Montluçon possède une seconde église, Notre-Dame, édifice gothique de la dernière période, resté inachevé et dont la seule partie qui ait été construite est elle-même incomplète. En dépit de quelques curiosités, par exemple de vieilles peintures sur bois représentant la vie de la Vierge, cette église est sans intérêt véritable, et Saint-Pierre accapare pour lui seul toute la dose d'admiration que le voyageur peut trouver à dépenser à Montluçon.

Il faut encore moins demander à Gannat qu'à Montluçon sous le rapport des plaisirs archéologiques. Cependant cette petite ville possède une très-belle église, construite de siècle en siècle dans des styles très-divers, mais qui se sont si bien soudés, que ces disparates n'apparaissent qu'à l'examen détaillé, et que l'ensemble de tous ces styles a produit un résultat bien rhythmé et sans dissonances. C'est une église brillante, par l'architecture et les ornements s'entend, car, pour la lumière, elle est aussi ténébreuse que des yeux malades peuvent la désirer. Ce crépuscule épais n'est pas sans charme ; pourtant il ne laisse pas que d'être gênant pour l'examen des objets d'art que contient l'église, et il y en a plusieurs qui seraient dignes d'attention, si la vue humaine possédait les aptitudes nocturnes des yeux des chats-huants. Celui que nous avons le mieux distingué est un tableau d'un beau coloris, à la fois éclatant et sombre, tout semblable vraiment à la lumière crépusculaire de l'église où il est placé. Au bas de ce tableau, qui représente la *Nativité*, se trouve cette signature : *Guido Franciscus Aniciensis*, 1635, signature qui doit se traduire : *Guido François, du Puy en Velay*. A ce propos, un touriste voyageant en Bourbonnais s'est demandé si ce nom de *Guido* ne permettrait pas de rapporter ce tableau au célèbre Italien Guido Reni, et s'est ingénié pour découvrir dans cette toile les qualités propres au peintre de l'*Aurore*. La seule chose qui l'ait embarrassé, c'est ce titre d'enfant du Puy en Velay, *Aniciensis*, que le peintre s'est attribué. Nous pouvons calmer les incertitudes de l'ingénieux touriste, car, outre que le peintre s'est chargé de nous informer du lieu de sa naissance, lequel n'a rien de commun avec Bologne ; outre qu'à cette date de 1635 Guido Reni était déjà avancé en âge et qu'il avait probablement ralenti cette rage de production à laquelle le poussa la fureur du jeu, le tableau de l'église de Gannat ressemble à un tableau du Guide à peu près comme un Caravage ressemble à un Raphaël. La vérité est que cela rappelle de très-près notre Valentin, dont c'est précisément l'époque, et que cette toile est due très-probablement à quelque artiste du temps, admirateur de ses œuvres, son élève peut-être. C'était sans doute un peintre de province, comme l'ancienne France en a tant produit d'un mérite réel, — car ce nom d'artiste de province n'entraînait pas alors la défaveur qui s'y attache aujourd'hui, — et dont la renommée n'avait pas dépassé les montagnes de ces régions d'Auvergne. C'est un produit du pays fourni par un artiste du pays ; mais ce cru auvergnat est bon, et les yeux le goûtent avec plaisir [1].

L'intérêt de Gannat, pas plus que celui de Montluçon, n'est dans les curiosités archéologiques ; il est tout entier dans le fait que nous avons essayé d'expliquer en commençant ce chapitre. Gannat, c'est l'Auvergne,

---

[1]. Quelque temps après que cette page eut paru dans la *Revue des deux mondes*, un archéologue distingué du Puy, M. Charles Rocher, voulut bien lui faire l'honneur de la reproduire dans les *Tablettes du Velay*, recueil archéologique rédigé avec un patriotisme local plein d'érudition, ce que ne sont pas toujours les patriotismes locaux, en la complétant par quelques détails sur ce peintre inconnu de nous. Nous avons été heureux d'apprendre que nous nous étions parfaitement approché de la vérité, sauf sur un point, ce nom de *Guido* que l'artiste avait pris par admiration pour le Guide. Il y eut au XVIIe siècle deux peintres du nom de François au Puy en Velay. Le premier et le plus célèbre est celui-là même qui nous occupe. Il étudia sous Simon Vouet et fit le voyage de Rome, où il s'éprit du talent du Guide ; mais malgré son admiration pour le peintre de l'*Aurore*, c'est bien plutôt l'école voisine, celle du Caravage et de Ribeira, qui influa sur lui. Je viens de voir dans ces derniers temps nombre de ses œuvres, tant au Puy qu'à Clermont : c'est Valentin moins le génie.

comme Montluçon est la Marche, si bien l'Auvergne, que ce district en faisait partie autrefois : c'est Philippe-Auguste qui l'en détacha dans les premières années du xiiie siècle en punition de je ne sais quelle révolte du comte d'Auvergne d'alors. C'est l'Auvergne, cette petite église que nous venons de quitter nous en avertit par tous ses caractères, par son intérieur ténébreux, par sa tour carrée qui du pied de l'édifice s'élève avec modération et se couronne à son sommet d'un élégant balcon, par la jolie tourelle cylindrique engagée dans le flanc de cette tour et qui la suit dans toute son étendue. Mieux que l'histoire, mieux que les arts, la nature enfin se charge de nous apprendre que nous sommes ici dans un nouveau pays. Ce sont encore et toujours des gorges et des mamelons ; mais que ces gorges verdoyantes, où le soleil fait descendre à flots l'or de ses rayons et d'où les eaux font monter la gaze légère de leurs vapeurs, sont différentes des gris précipices de Néris, et que ces mamelons, à la sauvagerie provocante, qui vous invitent à tenter l'escalade, diffèrent des collines noires, hargneuses, hérissées, de Commentry, qui font peur au regard et invitent à fuir ! La stérile, mais belle végétation des régions montagneuses m'accompagne partout sur ma route, et devient encore plus épaisse à mesure que j'approche de Gannat, si épaisse qu'elle envahit même les terres cultivées, et résiste par la force secrète du sol aux efforts de l'homme. Le genêt aux charmantes fleurs jaunes usurpe des champs entiers en plus grande abondance qu'on ne le rencontre ailleurs, même dans les bruyères les plus arides, ou se suspend en fourrés aux flancs des gorges ; mais il faut voir comme aux heures du crépuscule le jaune de ces jolies fleurs sauvages, triomphant par le départ de la lumière, brille d'un éclat vif et doux. Toutes les autres couleurs se sont éteintes, assombries, dénaturées, celle-là seule résiste, et, faisant sur la terre une sorte de lumière, permet à l'œil de prolonger ses visions du jour lorsque tout à l'entour est déjà, pour ainsi dire, revêtu de nuit. Voilà le paysage en deçà de Gannat; au delà, dès que nous passons les faubourgs, c'est la frange même de l'Auvergne, ou mieux encore le pan flottant de son vert manteau que nous foulons. Quelques tours de roue, et nous voici à Aigueperse, au sein de la Limagne au renom de fertilité. Eh! sans doute l'œil chercherait en vain dans cette plaine fameuse, au moins dans la partie que nous avons parcourue, cet infini de moissons que célébrait dans les jours anciens l'évêque arverne Sidoine Apollinaire, car la moderne variété des cultures prive l'œil de la majestueuse douceur du spectacle de cette mer d'épis ondoyante sous les souffles de l'air; néanmoins le pays conserve un caractère pittoresque, seulement ce pittoresque s'humanise un instant avant de reprendre sa sauvagerie. Ici la végétation fertile triomphe, opulente de feuillages, modeste de formes. Quelle jolie rangée de peupliers, par exemple, que celle que l'on rencontre à moins de demi-heure de Gannat, et comme leur feuillage caresse le regard de l'éclat mat et soyeux de sa verdure! De loin, on dirait que la route est tendue de deux longues bandes de velours vert que le vent soulève, et dont il varie en les soulevant les reflets nuancés. Pourtant, en dépit de la riante modestie du paysage, c'est bien l'Auvergne, car voici à l'horizon le puy de Dôme qui dresse sa tête pointue et la gigantesque bosse de son épaule. Où qu'on aille dans cette région, on ne peut l'éviter : sur la route d'Aigueperse, sur celle d'Effiat, de la terrasse du château de Randan, partout nous l'apercevons qui semble nous faire signe d'entrer dans cette terre pittoresque dont il est le gardien.

La petite ville d'Aigueperse se compose de deux lignes

parallèles dont une grande route forme l'intervalle. Elle contient plusieurs choses dignes d'intérêt. La plus célèbre et la plus visitée est un de ces petits édifices religieux connus sous le nom de saintes Chapelles, qui contient deux jolies statues de la renaissance, l'une représentant la Vierge, et l'autre un roi de France que la tradition nomme saint Louis, en quoi la tradition a tort, car ce roi porte au cou le collier de l'ordre de Saint-Michel. D'autres veulent y voir une effigie de Charles VIII ; ceux-là ont moins tort que la tradition, mais je crois qu'ils se trompent, car cette chapelle rappelle d'une manière très-précise les rois de France qui ont été particulièrement dévots à la Vierge. Or, tous ces rois, par une coïncidence bizarre, ont porté le nom de Louis, saint Louis, Louis XI, Louis XIII : c'est donc vraisemblablement parmi les Louis qu'il faut chercher le nom de cette royale effigie. L'ornement du collier de Saint-Michel ne laisse le choix qu'entre Louis XI et Louis XII, et comme les traits de la statue se rapprochent singulièrement de ceux de Louis XII, c'est du nom de ce dernier qu'il la faut désigner.

Moins célèbre que cette chapelle des derniers jours du gothique, la jolie église de Notre-Dame, avec ses proportions modestes et ses formes compliquées, sa façade pleine, que perce comme un énorme œil-de-bœuf une bizarre rosace, et ses fluettes tourelles brodées à leur sommet d'un balcon de pierre, nous a plu davantage, d'abord parce qu'elle est supérieure au premier édifice, ensuite et surtout parce qu'elle nous a procuré ce plaisir de l'inattendu dont rien ne peut égaler la vivacité. Nombre de charmantes épaves de l'art sont venues s'échouer là, le plus grand nombre saines et sauves. Sous l'enfoncement d'une chapelle, je découvre les restes d'un groupe de pierre de grande dimension consacré à la sainte famille. La mutilation l'a fort défiguré, pas si bien cependant qu'on ne puisse en reconnaître l'ordonnance principale. Il représentait les trois personnages de saint Joseph, de la Vierge et de l'Enfant étendus et endormis, sujet maintes fois traité par la peinture, surtout à partir de l'école des Carrache, qui en peuvent être dits véritablement les inventeurs, mais dont il ne me souvient pas que la sculpture se soit jamais emparée ; ce groupe constituait donc une exception, et je le signale à titre de curiosité. Un fort remarquable groupe de bois sculpté du xvie siècle, ou peut-être même antérieur, représentant une scène de la passion, nous fournit l'occasion de placer une remarque qui a son importance : c'est que la science n'a peut-être pas encore interrogé les œuvres de l'art autant qu'elle l'aurait dû pour constater ses théories soit sur la persistance, soit sur la fluidité des races. Elle ne s'en est guère servie que pour les très-grandes races ou pour les très-antiques civilisations ; mais elle n'en a pas tiré pour les diverses familles des peuples tous les renseignements que ces œuvres peuvent fournir. Ce n'est pas aux très-grands artistes qu'il faut s'adresser pour obtenir des informations à cet égard, car les très-grands artistes, toujours préoccupés d'ordinaire d'*universaliser* et d'idéaliser leurs types, dédaignent les différences des familles parmi lesquelles ils vivent, et n'en prennent que les traits les plus généraux; c'est aux artistes qu'on peut dire locaux et aux œuvres qui ont été faites pour les localités. Eh bien ! ces œuvres, regardées avec une attention même moyenne, nous disent que depuis des siècles les types des diverses provinces n'ont subi aucune modification, aussi petite qu'elle soit. Prenons pour exemple cette sculpture, visiblement faite pour la localité, par un artiste du pays même, et dont les modèles ont été auvergnats. Si l'artiste revenait au monde, pour retrouver ces modèles exactement tels qu'ils ont posé devant lui, il n'aurait qu'à se promener dans les alentours. Peut-être ne reconnaîtrait-il plus les paysages qui lui furent familiers, mais il en reconnaîtrait certainement les habitants, car la nature, sous son apparence immuable, a beaucoup plus changé que l'homme. Un de ces personnages surtout, un riche bourgeois ou une sorte d'échevin de Jérusalem, attire particulièrement l'attention. Et de qui croyez-vous que ce personnage soit le portrait le plus ressemblant? De celle de nos notabilités auvergnates qui a été le plus en vue de notre temps. Cet échevin de Jérusalem, c'est M. Rouher transporté tout vif, en chair et en os, à une distance de quatre siècles en arrière : même rondeur de visage, mêmes traits, même taille, même forme ramassée et trapue, même tendance à l'obésité. Or, nous sommes à Aigueperse, et M. Rouher est de Riom, qui n'est qu'à quelques lieues de là. J'avais été très-souvent frappé de ce fait dans mes pérégrinations, mais jamais autant que l'été dernier, à Saint-Mihiel en Lorraine, où je m'étais arrêté pour voir différentes sculptures de Ligier Richier, entre autres un *Saint Sépulcre* célèbre et digne de l'être. En sortant de l'église où ce groupe admirable est placé, j'en reconnaissais un à un dans la rue tous les personnages. Pas un n'y manquait, et ils sont fort nombreux, si bien que j'aurais pu recomposer un groupe vivant absolument identique au groupe de pierre avec les personnes actuellement existantes dans la petite ville. Ainsi non-seulement le type provincial persiste, mais encore le type local le plus microscopique résiste au sein de la province. Ce groupe me disait de la manière la plus authentique, la plus irréfutable, que depuis plus de trois siècles le type lorrain de Saint-Mihiel n'a pas plus varié que le type lorrain général, et la sculpture d'Aigueperse nous affirme le même fait pour la population de ce district de l'Auvergne.

Une des chapelles contient un Mantegna représentant le *Martyre de saint Sébastien*, œuvre remarquable du second ordre, détachée probablement de quelque musée Campana ou de quelque grenier du Louvre et donnée par l'État. Malgré son mérite réel, cette toile avec sa composition quelque peu théâtrale et ses représentations d'architecture italienne fait médiocrement plaisir à voir dans cette rustique Auvergne où elle a l'air d'être égarée comme le serait un académicien parmi les pâtres. Tout autre est l'impression que laisse une petite toile d'origine italienne auss , mais dont le caractère et le sentiment s'accordent mieux avec ceux de la contrée, et qui, selon toute probabilité, fut faite pour elle et sur place. C'est une *Nativité* datant de la seconde moitié du xve siècle et signée de Benedetto Ghirlandajo, un des frères de l'illustre peintre florentin de ce nom. Aux deux côtés de la sainte famille qui occupe le centre du tableau, deux ravissantes escouades d'anges revêtus d'ornements ecclésiastiques, tous jolis à croquer et vrais petits gentilshommes du ciel, présentent agenouillés leurs hommages à l'Enfant divin, cependant qu'accoudés sur la muraille qui les sépare de la crèche les pauvres bergers contemplent avec ébahissement ce charmant spectacle, comme des manants regardent en dehors d'une palissade ou d'une grille une fête qui ne se donne pas pour eux. D'acteurs principaux qu'ils avaient été dans la scène joyeuse de la *Nativité*, Benedetto Ghirlandajo a fait des bergers de simples spectateurs, que dis-je, moins que cela, de purs comparses. Si ce n'est pas les bergers que Ghirlandajo a voulu représenter, c'est au moins leurs proches, les gens de l'écurie et de l'auberge qui assistèrent à la nativité. Il y a dans cette disposition quelque chose qui me toucha comme une dureté et qui m'émut presque jusqu'aux larmes. C'est en vain que je me disais que cette disposition n'est pas précisément rare dans les peintures de la première renaissance, que presque toujours les acteurs des scènes célestes y sont représentés séparés de leur cour, par exemple dans les *Couronnements de la Vierge*, la cruelle et inévitable loi qui régit toutes les doctrines en ce monde m'apparaissait dans cette démarcation féodale. Voilà bien l'image du spectacle que dut présenter l'Église à la fin du moyen âge, quand, éloignée par le cours des longs siècles de son origine populaire, elle s'était alliée à tout ce que le monde renfermait de grand et d'illustre, et que les petits regardaient passer avec curiosité des pompes auxquelles ils ne se mêlaient pas. C'était pourtant à eux que l'ange avait annoncé la bonne nouvelle ; c'étaient eux qui les premiers, bien avant les rois mages et les docteurs, étaient accourus saluer l'enfant prophétique, et c'était de leur sein même que cet enfant était sorti. Hélas! telle est la loi absolue, inexorable, fatale, de toutes les doctrines, de toutes les idées, de toutes les révolutions : elles peuvent bien sortir du peuple, et presque toujours elles y prennent naissance ; mais elles ne peuvent vivre et grandir qu'en s'éloignant de lui, elles ne peuvent se consolider qu'en se séparant de lui, elles ne peuvent dominer qu'en se superposant à lui. Pour se purifier de leurs confusions et de leurs scories, il leur faut passer par les creusets des docteurs ; — pour se défendre et trouver appui, il leur faut contracter alliance avec les représentants des forces organisées, en sorte que chacun de leurs progrès n'est qu'un pas qui les éloigne de leur origine, et que chacune de leurs victoires n'est qu'une défaite pour ceux qui les engendrèrent. Hélas! pensai-je, cette loi fatale, notre peuple actuel ne la soupçonne guère, mais ses arrière-petits-fils la connaîtront, ou plutôt ils n'y penseront même pas, tant le cours des événements les aura entraînés loin des espérances de leurs pères, et tant les idées par lesquelles ils avaient cru s'assurer de la possession de la terre auront subi d'étranges métamorphoses.

Il n'y a guère qu'une heure et demie de chemin d'Aigueperse au château de Randan, ancienne propriété de Mme Adélaïde et propriété actuelle de M. le duc de Montpensier ; allons-y faire notre dernière étape. C'est un manoir d'aspect imposant, mais d'une architecture quelque peu lourde, il faut bien l'avouer, noyée, étouffée qu'elle est par les pavillons et les énormes tours qui flanquent les façades de l'édifice. L'état intérieur de cette habitation se ressent nécessairement de la longue absence de ses maîtres légitimes, et aussi des changements de main assez nombreux qu'elle a subis depuis quelques années. Lors de la confiscation des biens de la famille d'Orléans, le château fut acheté par M. le duc de Galliera, qui paraît n'y avoir jamais fait séjour, et qui, à la rentrée des princes, le rendit à M. le duc de Montpensier. Le duc de Montpensier à son tour le céda au duc d'Aumale, son frère, qui l'a possédé un instant ; enfin il a fait définitivement retour à l'héritier de Mme Adélaïde. Aussi n'est-on point étonné, en parcourant cette suite infinie d'appartements, de les trouver en grande partie démeublés ou garnis d'un mobilier tout moderne, mais de formes déjà démodées ; car il est remarquable que les ameublements modernes deviennent rapidement surannés, et, tandis que les mobiliers du temps passé en avaient pour environ un demi-siècle, ceux d'aujourd'hui résistent à peine quinze ans. De tous les objets amassés par Mme Adélaïde ou ses neveux, il n'est resté, — sauf quelques meubles de tapisserie qu'on m'a dit avoir été brodés par les princesses, — que les moins précieux : quelques curiosités exotiques rapportées de ses voyages par M. le prince de Joinville ; une collection, assez curieuse à revoir aujourd'hui d'ensemble, des charges sculptées de Dantan ; enfin quelques portraits des princes d'Orléans ou de leurs serviteurs et de leurs amis, parmi lesquels un portrait de Mme de Genlis déjà sur le retour, une brune piquante qui se dispose à devenir vieille et qui ne sait pas trop comment elle s'y prendra, ce qui explique la vivacité un peu songeuse et mélancolique de son regard. Bref, il n'est à peu près resté à Randan que ce qui était indispensable pour qu'une telle demeure ne fût pas absolument dégarnie et vide.

Plusieurs parties de ce château de Randan sont dignes de la plus sérieuse admiration ; de ce nombre sont la salle de réception, qui est bien aussi, si nos souvenirs sont exacts, la salle à manger, et les cuisines. La grande salle est un vaste carré allongé, divisé par des piliers aux surfaces revêtues de stuc, comme le sont aussi les parois des murailles, d'un aspect vraiment royal, qui fait un curieux contraste avec la modestie relative et la réelle simplicité des appartements destinés à l'usage particulier des habitants du château. Les cuisines destinées à préparer les festins servis dans cette salle ne lui cèdent en rien en beauté ; il est bien entendu seulement que cette beauté est du genre qui convient à des cuisines. C'est un vaste sous-sol composé d'une longue succession d'offices claires et admirablement aérées, qui s'ouvrent sur une sorte de large rue légèrement circulaire qui permet aux serviteurs d'aller de l'une à l'autre, ou d'aller à celle où ils ont particulièrement affaire, sans en traverser aucune. Le travail culinaire se trouve ainsi divisé avec une méthode d'une perfection irréprochable, de manière que les divers emplois qu'exige cette branche de l'activité humaine soient isolés et ne puissent se confondre et se nuire ; de manière aussi (disposition importante et bien comprise) que les émanations contraires et ennemies résultant de ces di-

Château de Randan.

verses préparations gastronomiques ne puissent se mêler et altérer la saveur propre à chacune. Jamais on n'a eu avec plus de justesse le sentiment de ce que doivent être des offices, et nous ne connaissons rien à citer en ce genre à côté des cuisines de Randan, sauf les cuisines de Chenonceaux, qui sont aussi belles, plus belles même peut-être comme construction, mais qui sont bien loin d'être aussi merveilleusement adaptées à leur but. Pendant que le domestique qui me montre le château m'ouvre cette succession d'offices en me désignant chacune par le nom de son emploi, *boulangerie*, *rôtisserie*, *pâtisserie*, *confiserie*, etc., je pense aux noces du riche Gamache et aux festins asiatiques célèbres par la Bible, et je me dis que ces banquets fameux n'ont jamais été préparés dans des cuisines aussi parfaitement entendues.

Le château, qui est d'origine très-ancienne et qui a été successivement possédé par plusieurs familles nobles, entre autres celle des Polignac, n'a cependant pas d'histoire; au moins ma mémoire ne me présente aucun souvenir réellement intéressant, si ce n'est l'anecdote amusante que raconte sur une certaine vieille dame de Randan Marguerite de Valois, la première femme d'Henri IV, au début de ses mémoires. Cette dame, ayant perdu son mari, perdit si bien en même temps toute coquetterie féminine, que, ne se regardant plus au miroir, elle en oublia son visage, en sorte que se regardant un jour à l'improviste dans une glace, elle se retourna pour demander quelle était cette dame. Voilà certes un mari qui a été regretté d'une manière originale; mais cette vieille dame était-elle une châtelaine de Randan? Cela est très-probable, car Marguerite, qui vécut souvent et longtemps dans ces régions de l'Auvergne et du Forez, où d'Urfé nous l'a représentée dans son célèbre roman de l'*Astrée*, sous le nom de Galatée, amoureuse du berger Céladon (un Liguerac quelconque), avait eu le temps d'apprendre par le menu tous les commérages traditionnels concernant les maisons de ces provinces. Entrons cependant dans la très-belle chapelle du château, nous y rencontrerons ces souvenirs historiques que nous cherchons, souvenirs bien modernes, il est vrai, mais par cela même plus intéressants pour nous.

Le duc de Montpensier actuel y a fait déposer les *fac-simile* fort bien exécutés des monuments funèbres des deux jeunes frères du roi Louis-Philippe, le duc de Montpensier et le comte de Beaujolais, compagnons de cachot pendant les longues années de la révolution et tous deux morts en exil. Le comte de Beaujolais, le plus jeune des deux frères, mort d'une affection de poitrine, non pas, comme je le lis quelque part, en Sicile, mais à Malte, est représenté renversé, les regards et le bras tendus vers l'ennemi invisible qui le terrasse. Il y a, il faut bien le dire, quelque chose d'un peu théâtral et déclamatoire dans la pose de cette statue funèbre, empruntée aux attitudes mises à la mode par l'école de David, pose d'ailleurs peu justifiée, car les maladies de poitrine ne sont pas de celles qui terrassent, elles minent lentement, et la mort qu'elles apportent chemine à tout petits pas. Une pose moins dramatique et plus élégiaque eût mieux convenu que cette attitude violente, qui fait croire à une brusquerie quelconque de la mort, coup de foudre ou coup de feu. Ce monument est le moins remarquable des deux ; il est cependant curieux comme exemple d'une mode qui s'est prolongée assez tard, car je la rencontre encore sous la restauration dans un monument commémoratif de la mort du duc de Berry, élevé à Saint-Germain d'Auxerre ; le monument est mauvais, mais là au moins l'attitude est bien en situation. Le monument du duc de Montpensier, dont l'original est à l'abbaye de Westminster, où le prince fut enterré, est une œuvre de mérite du sculpteur anglais Westmacott. Il rappelle d'une manière frappante les beaux monuments du XVe siècle, et dans le fait l'artiste s'en est inspiré avec un bon goût parfait pour mettre son œuvre en harmonie avec le caractère des tombes royales. Le prince est représenté étendu, dans l'inertie du sommeil, le diadème au front, et enveloppé dans le manteau royal. Le visage charmant, un peu replet, sourit doucement à la mort, comme lui sourient les jeunes gens qui la voient et la laissent approcher d'eux sans soupçonner son nom, surtout les jeunes gens atteints de cette même lente consomption qui enleva le duc de Montpensier comme elle avait enlevé son frère. C'est un monument bien conçu, où tout est en harmonie, attitude, expression, représentation de la réalité.

Le prince qu'il recouvre est l'auteur de *Mémoires* consacrés à la longue captivité de quatre années qu'il subit à Marseille, au fort de Notre-Dame de la Garde, en compagnie du comte de Beaujolais ; ils sont entre les plus remarquables que nous ait laissés la fin du dernier siècle. Il n'en est pas qui peignent plus au vif et mettent mieux en relief le genre de cruauté que la Révolution mit au monde, cruauté gratuite, inutile, moins fanatique que bêtement taquine, et moins féroce que brutale. Ce récit d'une grande beauté, simple, net, sans phrases et sans déclamations (elles auraient été cependant quelquefois assez bien justifiées), où les faits parlent seuls, forme la plus complète antithèse de ton, de style, de sentiment que l'on puisse imaginer avec les autres mémoires de la Révolution, qui tous, de quelque plume qu'ils soient sortis, de quelque parti qu'ils nous viennent, portent la marque de l'emphase, de la déclamation sentimentale, des figures de rhétorique à outrance hyperbole, invective ou apostrophe. Cette simplicité, d'autant plus remarquable qu'elle émane d'un âge qui d'ordinaire connaît peu et goûte encore moins la simplicité, suffit à elle seule pour trahir d'une manière certaine un esprit supérieur. Mais là n'est pas tout le mérite de ces mémoires. De l'ensemble de ces faits, présentés avec une émotion contenue se dégagent une couleur sombre et une lugubre poésie qui sont la propre couleur et la propre poésie du sujet. C'est un véritable poëme de geôle et de cachot, exécuté avec une si parfaite unité, que l'imagination du lecteur, ramenée sans cesse au sujet lugubre et sans issue d'aucune sorte pour lui échapper, est comme mise sous les verrous et forcée de partager la captivité de l'auteur. Rien que des images et des spectacles de prison, hautes murailles arides au regard qu'elles privent de la lumière, cachots noirs, séjour de la nuit, bruits de ferraille, grincement de gonds et de clés, échos prolongés de patrouilles qui s'éloignent, pas sourds de rondes de nuit qui s'approchent, brusques appels nocturnes, sursauts de terreur, clameurs de détresse de prisonniers privés de leur raison; et pas un souffle d'air pur pour chasser ces vapeurs humides, pas un coin de ciel entrevu pour distraire de ces ténèbres, pas un oiseau, pas une fleur, pas une cime d'arbre pour rassurer l'imagination et lui dire que la nature existe encore! En suivant le lent *crescendo* d'horreurs de tout genre qui commence avec cette première visite du geôlier où le prince est informé que *la loi ne lui passe pas de chandelle*, jusqu'à l'effroyable scène du massacre des jacobins emprisonnés en représailles de leurs exploits du même genre pendant la terreur, on croit parcourir les cercles de l'enfer dantesque, et les vers du grand poëte reviennent au souvenir comme l'expression naturelle des scènes que l'on contemple et des discours qu'on entend :

> Diverse lingue, orribili favelle,
> Parole di dolore, accenti d'ira,
> Voci alti e fioche, et suon di man con elle,
> Facevano un tumulto, il qual s'aggira
> Sempre in quell' aria senza tempo tinta...

Les *orribili favelle* surtout abondent, épaisses comme la vermine dans un bouge, multipliées comme des limaçons après un orage. Ce serait à en prendre en horreur la nature humaine, et cependant le sentiment de la misanthropie n'agite pas une seule fois le cœur du jeune duc de Montpensier, et son récit ne l'inspire pas une seule fois au lecteur. Le monstrueux traitement que subit le prince ne parvient ni à fausser son jugement, ni à pervertir sa sensibilité; il reste en possession d'une liberté morale assez entière pour surprendre au milieu de tant de brutalités les marques d'humaine sympathie et les secrets sentiments de pitié chez les âmes qui l'approchent, et son cœur conserve assez de ressort pour en être reconnaissant. Il n'y a guère de récit où la nature humaine apparaisse plus à son désavantage, et il n'y en a pas qui la calomnie moins, — nouvelle preuve, et celle-là tout à fait décisive, que nous avons affaire ici à un esprit supérieur. Trop souvent les épitaphes sont menteuses ou flatteuses, mais les mémoires du duc de Montpensier sont là pour témoigner qu'il en est au moins une dont les éloges ne sont que l'expression presque affaiblie de la vérité, et celle-là, c'est celle que nous lisons gravée sur le monument du prince dans cette chapelle de Randan.

V

VICHY. — SOUVENIR DE Mme DE SÉVIGNÉ.

Il est en ce monde beaucoup de choses qui laissent une impression de tristesse : le catalogue en est si nombreux, qu'il serait encore plus difficile à dresser que celui de la Bibliothèque nationale, et qu'il n'est probablement aucun homme, même trié avec soin parmi les plus expérimentés en matière de mélancolie, qui fût capable de s'acquitter de cette tâche de façon à mériter les louanges. Le hasard a voulu que je visitasse Vichy à deux reprises, au commencement et à la fin de la saison annuelle, et là j'ai pu me convaincre que, si les fêtes ont des lendemains toujours lugubres, les apprêts en sont rarement gais. Connaissez-vous quelque chose qui fasse sentir plus profondément la solitude qu'une salle de bal ou un théâtre attendant, tous lustres allumés et siéges béants, l'arrivée des visiteurs ou des invités ? Si, devançant l'heure, vous avez le déplaisir d'y pénétrer le premier, comme les minutes vous y semblent longues, et comme, loin de vous distraire, cet éclat et ce luxe disposés et préparés pour des centaines de vos semblables vous font mieux sentir l'isolement de votre moi individuel ! Enfin la porte s'ouvre de nouveau : une, deux, trois personnes entrent, mais elles semblent partager en quelque chose votre impression, car elles passent pareilles à des ombres, marchant sur la pointe du pied, comme si elles avaient peur de faire du bruit, et, si d'aventure elles se hasardent à parler dans cette salle où tout à l'heure on aura peine à s'entendre, c'est à voix basse et en chuchotant. Hésitantes, contraintes, elles s'assoient, mais à des distances si respectueuses l'une de l'autre, qu'en les regardant à leurs places respectives, il vous semble les apercevoir comme dans ce lointain qui est formé par le gros bout de la lorgnette. Gênées par trop d'espace, muettes par trop de silence, elles s'observent immobiles avec une timidité qui arrive par moments à être douloureuse, ou avec une réserve polie qui équivaut presque à de la défiance. Tel était à peu près l'aspect de Vichy lorsque je le visitai pour la première fois le printemps dernier, au début de la saison. Ce n'est pas que les visiteurs y fussent rares, car on pouvait bien y en compter déjà douze ou quinze cents ; mais, si l'on veut savoir combien l'homme est peu de chose, il n'est point nécessaire de le comparer à l'immensité du monde, et l'on n'a qu'à voir le nombre qu'il aut de ces fourmis pour peupler réellement et animer un espace tout juste grand comme l'étendue de prairie qui serait suffisante pour fournir le fourrage nécessaire à la nourriture quotidienne d'un éléphant. C'est un moyen de nous démontrer notre infimité, moins noble sans doute que celui dont Fontenelle s'est servi dans sa *Pluralité des mondes*, mais qui va aussi directement, qui va même plus directement au but. C'est à peine si l'on s'apercevait de la présence de ces quinze cents visiteurs répartis par petits groupes dans les demeures et les caravansérails sans fin du moderne Vichy ; et comme les hôtes de cette ville de bains sont généralement des malades sérieux, les petits groupes de promeneurs qu'on rencontrait sur le cours ou sous les ombrages du joli parc qui longe l'Allier étaient généralement porteurs de visages qui parlaient avec une éloquence indéniable d'affections hypocondriaques, de tendances à l'hépatite, d'ancienne gastrite et de gravelle commençante. Quant à la population valide de Vichy, elle n'était guère plus gaie que ses visiteurs ; car rien n'est sombre comme un hôtelier qui, sur le seuil de sa porte, épie le passage des omnibus chargés de transporter les voyageurs, ou comme un marchand qui observe avec une impatiente inquiétude tout curieux, et pour qui chaque promeneur qui s'éloigne est une déception. Quatre mois plus tard, je suis retourné à Vichy, et cette fois j'ai eu le spectacle de son lendemain de fête. Quelle nécropole! portes fermées, volets clos, rues désertes : on aurait dit que tous les habitants étaient morts et avaient été enterrés le matin. Seules les deux églises de la ville restaient ouvertes comme pour faciliter les pieuses méditations à ceux des indigènes qui pouvaient avoir besoin de se rappeler que les fêtes ne durent qu'un jour, que les chances du lucre sont passagères, que le vice lui-même ne tient pas tout ce qu'il promet et n'offre aucun fondement durable. Toutes les villes d'eaux, une fois la saison passée, ressemblent plus ou moins à la chrysalide; mais aucune n'approche autant que Vichy de ce phénomène d'histoire naturelle. En deux mois, juillet et août, l'élégante ville file son cocon, puis elle disparaît dans son tombeau, et repose dans la paix de l'inertie jusqu'au moment où le soleil de l'été vient rendre les fleurs à la terre et rappeler à la vivacité les rhumatismes engourdis par l'hiver.

Je n'ai donc pas vu Vichy dans sa période de splendeur, et je ne le regrette guère, car ce n'était pas pour

Environs de Vichy. — Cusset.

ses plaisirs que j'y faisais halte ; c'était pour y satisfaire une curiosité beaucoup plus digne d'un écrivain à qui son âge recommande avec une insistance douce, mais pressante, d'avoir recours à d'autres amusettes. Je tenais à voir la maison où Mme de Sévigné passa une partie des étés de 1676 et de 1677.

Si quelqu'un, renouvelant la question de Crésus à Solon, me demandait de nommer la personne la plus heureuse de notre histoire, je nommerais sans hésiter Mme de Sévigné. Elle a pris place au premier rang parmi les plus grands écrivains de la France sans en avoir l'ambition, elle a conquis l'immortalité sans y songer. Si la célébrité, disons mieux, la gloire vaut quelque chose, c'est quand elle est acquise, comme l'acquit Mme de Sévigné, par hasard. Elle eut un grand talent comme on a un joli visage, ce qui est la bonne manière d'en avoir ; elle écrivit sans connaître la peine d'écrire, ce qui est l'unique façon d'y trouver du plaisir. C'est un spectacle à épanouir la rate des dieux que de voir avec quelle insouciante prestesse l'adorable femme a mis la main sur la chose fuyante que les écrivains poursuivent avec tant d'efforts : un papillon décrit à votre barbe ses cercles moqueurs et capricieux, tous s'empressent, courent, se heurtent, jetant filets, chapeaux, mouchoirs ; un enfant agile déploie son écharpe, et crac, le brillant insecte est pris. Et cette célébrité facilement conquise n'est qu'une partie de ses bonheurs. Elle fut belle, ce qui est le premier et le plus vrai bonheur d'une femme, parce qu'il est celui qui répond le plus essentiellement à la destination de sa nature, et belle d'une beauté toute humaine, c'est-à-dire toute bonne, sans rien de fatal ni d'impérieux, sans grâces ensorcelantes ni fierté tyrannique, sans rien de Circé ni de Médée. Je vois encore la charmante image que Mignard en a laissée dans la tour dorée du château de Bussy, son beau visage, arrondi et potelé, si doucement noble, ses grands yeux spirituels, sa physionomie lumineuse d'enjouement. Elle eut un esprit incomparable, et cet esprit fut de même nature que sa beauté, c'est-à-dire tout humain, tout franc, tout inoffensif, fait de gaieté de tempérament, de joie de vivre et d'honnête sociabilité. Jamais aucun de ses mots charmants ne naquit aux dépens du prochain; jamais sa verve, sans mors ni bride, ne fit une victime : phénomène qui ne s'est vu que cette fois et qui ne se verra plus désormais. C'est vraiment le phénix à cet égard parmi les personnes d'esprit. Elle aima, ce qui est le bonheur suprême, et de ce bonheur, elle s'en donna à cœur joie; elle aima avec abondance, avec excès, comme un arbre robuste porte ses fruits, ou, mieux encore, — ne craignons pas d'employer les expressions fortes et qui peignent, elles sont à leur place en son sujet, — comme une bonne vache laitière donne son lait. Et qui fut l'objet de cette passion? Sa fille. Ainsi elle eut la joie d'aimer à outrance, sans que cette passion eût à lui coûter ni un regret, ni un remords, ni une larme, et ce n'est certes pas le moindre des bonheurs de cette femme, si comblée par son étoile, que d'avoir trouvé l'amour dans une affection *si juste et si naturelle*, comme elle l'appelait elle-même, dans une affection où sa vertu ne pouvait souffrir et où il lui était légitime de ne se retenir ni de se contraindre. Enfin elle eut le corps sain comme l'esprit, et passa la plus grande partie de sa vie sans connaître la maladie autrement que de nom. Quand bien même elle ne nous l'apprendrait pas, on le devinerait à son style; il n'y a qu'une personne d'un parfait équilibre de tempérament qui ait jamais pu écrire ces lettres plus inaltérablement pures que ce ciel de Provence sous lequel vivait sa fille, et où elle ne se montre jamais triste que pour le compte d'autrui.

Mélancolie, maussade humeur, noires rêveries, tout cela ne fut pour Mme de Sévigné qu'expressions abstraites ou métaphores poétiques. Cependant la maladie, pour être restée longtemps en retard, n'en vint pas moins à une certaine heure annoncer le soir de la vie. En 1676, cette rare personne se vit avec surprise brutalement assaillie par une attaque de rhumatisme qui la cloua sur sa chaise une partie de l'hiver ; elle y perdit, comme elle le dit elle-même dans son ravissant langage, la jolie chimère de se croire immortelle.

J'ai eu la satisfaction de constater que Mme de Sévigné pendant son séjour à Vichy avait été logée selon son rang et son mérite. La maison qu'elle habita est tout à fait celle qu'on pourrait choisir pour une femme de cette qualité et de cet esprit, qui est contrainte de vivre pour quelques semaines autre part que chez elle ; elle a bon air, sinon grand air. La façade, badigeonnée en blanc et noir, les couleurs nobles par excellence, présente l'aspect d'un grand échiquier. Un escalier sans roideur et très-honnêtement spacieux conduit à l'appartement qu'habita la marquise. Rien n'a été changé dans cette chambre, devenue historique et conservée avec un zèle minutieux dont nous louons de bon cœur les propriétaires actuels, et dont on pourrait recommander l'imitation à plus d'un conservateur de collections provinciales. Par exemple, on voit encore dans le lit où dormit Mme de Sévigné l'enveloppe de soie de je ne sais plus quelle paillasse ou quel matelas ; cette enveloppe tombe en loques de vétusté, mais ces jolis haillons n'ont pas la plus petite tache, pas le moindre grain de poussière, et la couleur en conserve encore une partie de son éclat. S'il prenait fantaisie au spectre de la marquise de revenir s'y loger, il trouverait la chambre toute prête à le recevoir ; il s'y reconnaîtrait aussi sans peine. La plupart des meubles dont elle s'est servie sont encore là. Voici les fauteuils sur lesquels elle s'est assise, le bureau sur lequel sa plume a tracé les lettres adressées de Vichy ; la grande cheminée surmontée de sculptures en bois auprès de laquelle se sont rangés en cercle les baigneurs et baigneuses de son monde les jours où c'était son tour de les recevoir chez elle. Il y a des lieux plus illustres en France, il n'y en a aucun qui ait un privilége plus grand que celui-là : il ne s'est pas perdu le plus petit atome de ce qui a été écrit, fait ou dit dans cette chambre pendant les deux saisons de 1676 et de 1677. Nous savons combien de lettres y ont été écrites, nous connaissons les nouvelles dont on s'y est entretenu; nous pouvons compter les personnes qui y sont entrées, et ces personnes, nous les voyons vivre comme si elles étaient présentes ; nous voyons, pour ainsi dire, comment elles se sont conduites entre ces quatre murailles, tant la plume alerte et rapide qui leur a donné une immortalité dont elles ne se doutaient guère nous a vivement initiés à leurs secrètes manies, à leurs tics de caractère, à leurs manéges et à leurs mines. Voici, par exemple, le procès-verbal au complet d'une de ces après-midi, celle du 20 mai 1676 ; n'est-il pas vrai que cela est enlevé comme un croquis ? « On tourne, on va, on vient, on se promène, on entend la messe ; on rend ses eaux, on parle confidemment de la manière dont on les rend : il n'est question que de cela jusqu'à midi. Enfin on dîne. Après dîner, on va chez quelqu'un, c'était aujourd'hui chez moi. M⁰ᵉ de Brissac a joué à l'hombre avec Saint-Hérem et Plancy ; *le chanoine* (M⁰ᵉ de Longueval) et moi nous lisions l'Arioste (il serait curieux de savoir quel épisode); elle a l'italien dans la tête, elle me trouve bonne. Il est venu des demoiselles du pays avec une flûte, qui ont dansé la bourrée dans la perfection. C'est ici où les bohémiennes poussent leurs agréments, elles font des *dégoynades* où les

curés trouvent un peu à redire... » Aujourd'hui l'Arioste
est remplacé le plus souvent par quelque roman moderne ; mais, à ce détail près, on voit que la vie des
eaux était alors ce qu'elle est maintenant, et qu'elle
avait engendré cette impudeur d'un genre particulier,
qui consiste à entretenir familièrement ses connaissances des effets du régime et à entrer dans des détails qu'on n'oserait pas confier dans la vie ordinaire à
son domestique ou à sa femme de chambre. Quant à la
bourrée, elle n'a pas été dansée dans l'appartement de
Mᵐᵉ de Sévigné, mais dans l'agréable jardin qui s'étend
sous ses fenêtres et qui conduit aux rives de l'Allier ;
car cette danse, dont le caractère est d'exiger de nombreux figurants et un vaste espace, n'aurait pu se dé-
ployer dans une étroite chambre.

Mᵐᵉ de Sévigné prit goût à ce spectacle de la bourrée,
et je n'en suis pas étonné. La bourrée est le modèle par
excellence de la danse rustique, avec ses deux colonnes
de danseurs qui renferment quelquefois tout un village,
qui, se déployant en face l'une de l'autre, s'avancent
et reculent en marquant la mesure d'un talon sonore
comme le sabot d'un faune ou d'un centaure en gaieté,
avec sa jovialité bruyante, ses étreintes de kermesse,
sa mêlée finale confuse et brutale comme un combat.
On ne saurait imaginer qu'il s'en soit dansé d'autres
aux noces des Lapithes, tant elle donne bien la représentation des scènes principales du festin célèbre de
ces paysans antéhistoriques. « Tout mon déplaisir,
écrit la marquise, c'est que vous ne voyiez pas danser
les bourrées de ce pays : c'est la plus surprenante chose
du monde ; des paysans, des paysannes, une oreille
aussi juste que vous, une légèreté, une disposition...
enfin j'en suis folle. Je donne tous les soirs un violon
avec un tambour de basque à très-petits frais, et dans
ces prés et ces jolis bocages, c'est une joie que de voir

danser les restes des bergers et des bergères du Lignon. » Hélas! si Mme de Sévigné revenait au monde, elle aurait peine peut-être à retrouver sa chère bourrée. Autrefois son empire s'étendait sur un immense territoire ; c'était la danse du Bourbonnais, de l'Auvergne, de la Marche, du Limousin, du Poitou. On la trouvait avec quelques modifications dans le Velay et le Gévaudan, en sorte qu'elle régnait presque des rives de la Vienne à celles du Gard, et qu'elle ne s'arrêtait qu'aux confins de la farandole provençale ; mais le progrès moderne, qui n'aura de cesse qu'il n'ait dépouillé le peuple de tous ses plaisirs vigoureux comme ses reins et savoureux comme sa cuisine au lard, pour l'abrutir par les plaisirs imbéciles et sans caractère de citadins mal réussis, est en train de détrôner cette danse amusante et robuste au profit des danses molles et mièvres des mondains. Lors d'un de mes derniers voyages en Limousin, j'appris avec stupéfaction que, dans une commune voisine de Limoges, les paysans avaient renoncé à la bourrée, qu'ils dansaient dans la perfection au son de la musette et du chalumeau, pour s'exercer à mal danser au piano la *redowa*, la *mazurka*, la *scottish* et autres danses exotiques, sous la direction d'une gaie jeune dame qui porte un nom célèbre dans l'ancien monde saint-simonien, et qui consacrait ses dimanches à cette pénible initiation.

Nous ne pouvons faire une étude complète sur Mme de Sévigné pour l'avoir rencontrée sur notre route ; un tel sujet réclamerait à lui seul plus de pages que nous n'en voulons accorder à cette partie de nos excursions. Cependant une goutte d'eau, quand elle est bien éclairée, reflète dans son petit globe tout un vaste paysage ; voyons donc si nous n'apercevrons pas la miniature du génie littéraire de Mme de Sévigné dans cette goutte d'eau des lettres de Vichy auxquelles nous devons nous tenir. Il n'est pas précisément facile de fixer les caractères de ce génie ; c'est le naturel même, nous dit-on, mais c'est précisément à cause de ce naturel qu'il est fort malaisé de le décrire et de le définir. Le style de Mme de Sévigné est d'une très-étroite unité, si l'on ne considère que la langue ; mais, s'il s'agit du courant de ce style, il en va tout différemment. Comme elle n'a jamais écrit que selon l'humeur de la journée et sous le coup des changeantes impulsions de la mobile nature, il n'y a pas de style au monde qui ait un cours plus changeant et plus capricieux. Aujourd'hui il s'épanche comme un large fleuve aux eaux lentes ou s'étend comme un lac paisible où se reflètent de beaux tableaux bien complets; demain il va courir en zigzags, en méandres, avec une rapidité fantasque qui ne lui permettra de refléter que des images brisées des choses; après-demain il va se précipiter en gentilles cascatelles gaiement clapotantes et crachant de tous côtés avec malice la pure et fraîche écume de leurs eaux. Tantôt le style à nobles périodes harmoniquement cadencées domine; tantôt c'est le style haché, brisé, pressé, presque haletant, nous oserions presque dire à heurts et à dissonances. Cependant, au milieu de cette mobile diversité, certains caractères persistent invariables. J'ouvre ces lettres de Vichy, et j'y vois que, voulant décrire la faiblesse et l'engourdissement que lui a laissés le rhumatisme, elle écrit : « *Une cuiller me paraît la machine du monde.* » Plus loin, parlant du régime de la douche, elle dira : « *On met d'abord l'alarme partout pour mettre en mouvement tous les esprits* », expression d'une justesse énergique qui rend à merveille l'effet de saisissement du premier jet. Ces deux petits exemples nous suffisent pour nous rappeler que Mme de Sévigné possède au plus haut degré le don qui distingue par excellence les écrivains de race et selon la grâce de la nature, c'est-à-dire le don de l'expression trouvée, inventée, née spontanément, qui éclaire d'une soudaine lumière l'objet qu'elle veut montrer, ou l'attrape au vol avec une agilité infaillible, ou va l'atteindre au fond de la plus ténébreuse obscurité avec une énergie directe, ou le peint avec tant de vie, qu'elle le remplace, mieux encore, qu'elle est cet objet même. Je dis que c'est le don qui distingue essentiellement les écrivains selon la grâce de la nature, car c'est le seul qui ne puisse pas s'acquérir. De très-grands écrivains ne l'ont jamais eu, et, chose curieuse, c'est parmi ceux de nos écrivains qui sont surtout de très-grands peintres que ce don se rencontre le moins fréquemment ; ni Fénelon, ni Buffon, ni Jean-Jacques Rousseau, ni Bernardin de Saint-Pierre, ces deux derniers si grands coloristes, ne le possèdent à aucun degré. On l'attribuerait volontiers à Montesquieu, si un certain besoin de toujours aiguiser en pointe pensées et paroles ne faisait soupçonner que ses traits les plus heureux sont plutôt l'œuvre d'une recherche ingénieuse à l'excès qu'un rayonnement fortuit de la nature. Voltaire le possède, seulement il est presque impossible de le constater chez lui, tant tout détail se noie dans le courant rapide et uni de son style à l'incomparable limpidité. Montaigne, Pascal, Bossuet, la Fontaine, Mme de Sévigné, voilà les écrivains chez lesquels ce don brille avec une authenticité incontestable. Eh bien ! oserai-je le dire, de tous ces écrivains, il n'en est que deux chez lesquels il apparaisse avec tout son charme et tous ses avantages, la Fontaine et Mme de Sévigné. Chez Montaigne et chez Bossuet, ce don est d'une telle abondance, qu'il fournit la trame même de leur style, dont on peut dire qu'il est tout entier composé d'expressions trouvées et inventées. Ces grands écrivains ont d'ailleurs tant d'autres parties admirables, que celle-là ne vient qu'en seconde ligne ; mais ce qui n'est que secondaire chez eux est au contraire le principal chez la Fontaine et Mme de Sévigné : aussi le remarque-t-on, et j'ajouterai, en jouit-on d'autant mieux. Pour si fréquentes qu'elles soient, ces expressions trouvées sont cependant des rencontres; elles se détachent de leurs alentours, éclatent sur la page, s'isolent par leur vivacité, appellent l'attention ou l'arrêtent brusquement. Le plus vif plaisir qu'il y ait dans le monde est l'inattendu; ce qu'on retient le mieux dans un beau paysage, c'est l'accident : seulement, si nous rencontrions un paysage composé tout entier d'accidents, nous n'en admirerions que l'ensemble, et nous ne porterions pas une égale attention à chacune des parties. Les mots trouvés sont dans le style ce que l'accident est dans le paysage; on les goûte d'autant mieux qu'ils ne sont pas le style lui-même, et qu'ils nous prennent par surprise alors qu'on n'avait aucune raison de les attendre.

Ce don de l'expression entraîne logiquement le don de peindre; aussi Mme de Sévigné possède-t-elle ce dernier au plus éminent degré. Elle est un admirable peintre des personnes ; cependant il faut encore faire ici une distinction analogue à celle que nous avons faite à propos de son style. De grands portraits, de portraits qu'on puisse dire historiques, étudiés à la Bossuet, ou peints de pied en cap à toute outrance, à la Saint-Simon, ses lettres n'en contiennent guère. Le caractère de Turenne ressort admirablement des pages célèbres où elle a raconté la mort du grand capitaine, mais ces pages tiennent bien plus du panégyrique funèbre que du portrait; et en vérité, parmi tant de héros, de grands seigneurs et de belles dames, je ne vois qu'un seul personnage qu'elle ait fait passer réellement à l'état de portrait historique, le pauvre majordome Vatel. En revanche, ses croquis sont innombrables, et au bas de chacun on pourrait écrire sans crainte : *ressemblance certaine*, mérite qu'on n'oserait pas toujours attribuer aux peintures de caractères les plus renommées. Quand je lis Saint-

Simon, par exemple, je ne suis jamais sûr que le personnage qu'il me présente ne soit pas, comme dirait un Allemand, une création *subjective* de ses passions et de ses haines *objectivée* par la force de sa volcanique imagination. Les personnages de Saint-Simon sont toujours vrais selon la nature, donc *possibles*; quant à affirmer qu'ils sont toujours vrais selon l'histoire, c'est une témérité devant laquelle je reculerais plus d'une fois. En outre, comme Saint-Simon veut toujours peindre des hommes plus que ce qui s'en voit, ce qui s'en peut saisir, et que pour pénétrer ce fond secret de l'être moral, qui est si bien caché que chacun de nous l'ignore, il n'a d'autre instrument que son imagination, il est singulièrement apte à tenir pour vrai ce qu'il suppose, en sorte qu'il a dû lui arriver plus d'une fois de peindre un personnage *à côté* au lieu de peindre le personnage réel. C'est ce personnage *à côté*, ce personnage *possible* que nous ne rencontrons jamais dans les croquis de Mme de Sévigné, car elle ne cherche pas, elle, à peindre de ses personnages plus que ce qui s'en voit et s'en peut saisir, car elle ne peint pas avec ses passions, mais avec ses affections et ses habitudes. Tout ce qu'elle a d'imagination, elle l'emploie à rendre uniquement ce qu'elle voit et ce qu'elle comprend : aussi n'avons-nous jamais un doute, une incertitude sur la vérité des caractères qu'elle nous décrit. Comme elle les saisit presque toujours sur le fait de la vie pour ainsi dire, sa plume en deux ou trois traits nous les livre dans toute leur originalité et avec une intimité telle que nous ne pourrions les mieux connaître après une familiarité de dix ans. Les lettres écrites de Vichy contiennent plusieurs de ces croquis; nous voulons en détacher deux qui permettront plus particulièrement au lecteur de saisir sur le vif le talent de Mme de Sévigné en ce genre. « Mme de Brissac avait aujourd'hui la colique ; elle était au lit, belle, et coiffée à coiffer tout le monde : je voudrais que vous eussiez vu l'usage qu'elle faisait de ses douleurs, et de ses yeux, et des cris, et des bras, et des mains qui traînaient sur sa couverture, et les situations, et les compassions qu'elle voulait qu'on en eût. Chamarrée de tendresse et d'admiration, je regardais cette pièce, et je la trouvais si belle, que mon attention a dû paraître un saisissement dont je crois qu'on me saura fort bon gré... En vérité vous êtes une vraie *pitaude* quand je pense avec quelle simplicité vous êtes malade... » N'est-ce pas un portrait achevé en quelques lignes, et tout l'art du monde y pourrait-il ajouter quelque chose ? Comme cela est jeté d'un crayon hardi ! Comme les mouvements de la plume suivent et imitent avec naturel les mouvements de la scène, et avec quelle force et quel imprévu d'expressions la spectatrice a su rendre son ébahissement ! Le second croquis ne le cède en rien au premier. « Mme de Péquigny a bien de l'esprit avec ses folies et ses faiblesses ; elle a dit cinq ou six choses très-plaisantes. C'est la seule personne que j'aie vue qui exerce sans contrainte la vertu de la libéralité : elle a deux mille cinq cents louis qu'elle a résolu de laisser dans le pays ; elle donne, elle jette, elle habille, elle nourrit les pauvres ; si on lui demande une pistole, elle en donne deux : je n'avais fait qu'imaginer ce que je vois en elle. Il est vrai qu'elle a vingt-cinq mille écus de rente, et qu'à Paris elle n'en dépense pas dix mille. Voilà ce qui fonde sa magnificence ; pour moi, je trouve qu'elle doit être louée d'avoir la volonté avec le pouvoir, car ces deux choses sont quasi toujours séparées. » Il me semble qu'il ressort de ces deux croquis deux caractères bien féminins, dont les moules n'ont pas été brisés avec le xviie siècle. Mme de Brissac est un mélange de coquetterie et d'égoïsme, où l'égoïsme domine. Si elle a des mines pour tout le monde, c'est moins par le désir de plaire à ce tout le monde que pour se l'attacher et s'en faire servir, et pour cela elle utilise avec un art accompli jusqu'à ses coliques et à ses infirmités. Quant à M⁻ de Péquigny, mélange de folie et de bonté, il serait assez difficile de dire si c'est par charité qu'elle est prodigue ou par prodigalité qu'elle est charitable. On rencontrerait sans trop chercher, je le crois, les modèles de ces deux croquis ; il n'y a que le peintre qui soit disparu sans retour.

VI

LE PAYSAGE DE L'ALLIER. — LE CHATEAU DE BOURBON-
BUSSET. — LA PALISSE.

On abandonne à regret Mme de Sévigné : aussi est-ce encore à elle que nous demanderons la transition nécessaire pour passer à un nouveau sujet. Il y a presque toujours en nous une partie de talent que notre époque ne nous permet pas de développer, soit parce que ce talent n'est en nous que secondaire, soit, et c'est le cas le plus fréquent, parce qu'il est trop faible pour s'aider lui-même, et que, ne trouvant aucun secours dans les influences régnantes, il reste en nous stérile. Mme de Sévigné en est une preuve frappante ; elle avait à un remarquable degré le sentiment de la nature, et cependant elle n'a pas été un peintre éminent de la nature. Le génie du siècle n'était pas tourné de ce côté, il lui manqua donc l'initiation qui lui aurait fait reconnaitre que ce talent était en elle ; mais, si elle fût venue au monde un siècle plus tard, et si Rousseau eût remplacé pour elle Corneille et Nicole, nul doute qu'elle ne nous eût laissé autant de croquis de paysages qu'elle nous a laissé de croquis des personnes. Ce paysage de Vichy, par exemple, elle en a senti très-fortement la beauté. « Je vais être seule, et j'en suis fort aise, écrit-elle sur la fin de son séjour ; pourvu qu'on ne m'ôte pas le pays charmant, la rivière d'Allier, mille petits bois, des ruisseaux, des prairies, des moutons, des chèvres, des paysannes qui dansent la bourrée dans les champs, je consens à dire adieu à tout le reste : le pays seul me guérirait. » Le sentiment est fort, seulement la note n'est pas précisément juste : le paysage de Vichy n'est pas charmant, comme elle le dit, il est beau, et d'une beauté presque sauvage ; cent ans plus tard, elle aurait su que les paysages ont aussi leur caractère, et elle n'aurait pas pris pour nommer celui-ci la première épithète venue qui est tombée sous sa plume.

La nature du Bourbonnais n'est réellement belle et originale que sur un seul point, Vichy. Sur tous les autres, les provinces voisines font tort à ses meilleurs paysages, dont elles offrent les analogues avec une tout autre perfection; ici, au contraire, elle ne ressemble qu'à elle-même et peut soutenir hardiment toute rivalité. C'est ici, par exemple, et ici seulement, que la rivière de l'Allier révèle tout son mérite pittoresque. Pauvre rivière d'Allier! si j'en avais parlé après l'avoir vue à Moulins seulement, je l'aurais sûrement calomniée. Là je n'avais vu en elle que le plus maussade et le plus ridicule des grands cours d'eau, une manière de continuation et de contrefaçon de la Loire, dont elle imitait la marche lente, monotone et mal réglée, les sécheresses ennuyeuses, les crues fantasques et malfaisantes, les flots jaunâtres et les îlots de sable stérile ; aussi n'étais-je pas loin de partager l'opinion d'un brave paysan du Bourbonnais qui me disait en la regardant : « Il vaudrait beaucoup mieux que cette rivière n'existât pas, car elle ne sert à rien, n'étant pas navigable, et fait beaucoup de mal par ses amas de sables qu'elle jette de

Vichy moderne.

tous côtés à tort et à travers. » Je me suis donc abstenu de parler d'elle lorsque j'ai parlé de Moulins, et j'ai bien fait ; je me suis épargné une inexactitude et une injustice. Ce n'est pas cependant qu'à Vichy elle change aucun de ses caractères : c'est bien toujours la même rivière aux eaux trop rares coulant sur un lit trop large entre deux rives trop sèches ; pas plus qu'à Moulins elle n'est navigable, et sa seule utilité est celle qu'un ingénieux *gipsy* attribuait à ses frères un jour que le célèbre propagandiste anglican George Borrow leur reprochait de vivre inutiles : « Frère, à quoi sert le coucou ? et cependant comme il anime vos bois et vos champs ! » De même l'Allier a pour utilité de traverser des paysages dont il est chargé de compléter et de rehausser la beauté, et il s'acquitte ici de cet office d'une manière admirable. Quel spectacle amusant, varié, plein de surprises, il présente, lorsqu'on le regarde de la montée à la hauteur de Saint-Yorre, et qu'on le voit découpant la superbe plaine en pièces d'un grand parc naturel par les larges méandres de son cours sans loi ! Comme il prolonge le paysage par ce vaste ravin brillant qu'il creuse dans la plaine et dont l'œil suit le sillon aussi loin qu'il puisse porter, et en même temps comme il le rapproche par l'étreinte dont il l'enlace ! Comme le jaune pâle de ses rives et de son lit de sable tranche avec harmonie sur le vert de la vaste plaine et en fait ressortir l'éclat et la vive douceur ! Là cependant, dans cette vallée qui s'étend entre Vichy et le château de Maumont, l'Allier n'est qu'un des éléments secondaires du paysage, qu'il rehausse sans le former ; mais il en est un autre plus rare, sinon plus beau, qu'il constitue à peu près à lui seul, celui qui se découvre des deux côtés du pont de Vichy.

J'ai vu deux fois Vichy, et si vous me demandiez pourquoi cette seconde visite, je vous répondrais que c'est précisément en l'honneur de ce paysage. J'en ai vu de plus beaux, de plus riches, de mieux étoffés, si j'ose parler ainsi ; je n'en ai pas vu de plus singuliers. Sa première singularité, c'est qu'on peut fort bien séjourner très-longtemps à Vichy sans en avoir soupçon. C'est un paysage-fée qui ne se montre qu'à certaines heures et par certains temps, comme ces personnages enchantés qu'un sort méchant condamne à présenter la plus vulgaire apparence et qui ne se retrouvent princes qu'une heure par jour. Vu à midi, c'est le paysage le plus sec et le plus ingrat du monde. Sur un lit presque aussi large que celui de la Loire, l'Allier pousse comme il peut ses flots languissants, trop faibles pour recouvrir cette plaine de sable qui tantôt les retarde, tantôt les fait gauchir, et tantôt les emprisonne. Ici ils ravinent péniblement les amas sablonneux ; ailleurs ils restent captifs entre leurs barrières humides qu'ils sont impuissants à franchir, formant ainsi des lacs et des étangs à côté du fleuve, et pour ainsi dire dans son sein; plus loin, ils s'écoulent avec vivacité, minces comme le filet d'eau qui s'échappe d'une source ; près des rives, ils reposent inertes et croupissants comme des marais. C'est l'indigence même ; mais viennent les heures du soir, et soudain cette indigence se rehausse d'une poésie inexprimable, sans rien perdre de son caractère. Cela devient à la fois pauvre et brillant, maigre et pompeux, large et souffreteux. Toute cette misère touchée par la compassion de la lumière mourante se relève et devient capable de parler à l'âme le plus pénétrant langage. Ces flots jaunâtres et éteints se mettent à scintiller et à miroiter par places comme pour montrer qu'eux aussi sont susceptibles de connaître l'éclat; ces laides flaques d'eau stagnantes s'embellissent d'ombres qui leur donnent l'intérêt de la tristesse. Des deux côtés, l'horizon est fermé par de lointains exhaussements chargés d'arbres merveilleusement illuminés par les féeries du soleil couchant. Ce paysage, c'est l'image même d'une âme plus noble que sa condition et qui se traîne sous la tyrannie des circonstances fatales de ce monde avec une résignation muette et tranquille; car là, à l'horizon prochain, resplendit le royaume de la lumière, dont les rayons sont descendus jusqu'à elle. J'ai vu les paysages de la Hollande si indiciblement pensifs et rêveurs, j'ai vu les paysages romains d'une si tragique tristesse, aucun ne m'a parlé avec une éloquence plus originale que celui-là le langage de la mélancolie.

Un autre paysage remarquable encore, mais où cette fois l'Allier ne joue aucun rôle, est celui qui vous accompagne de Vichy au château de Busset, en passant par le lieu dit de l'Ardoisière. C'est le même pendant toute la route; mais il est d'une si verdoyante sauvagerie, qu'on ne s'en lasse pas. On serpente pendant trois quarts d'heure entre deux remparts de montagnes qui interdisent à la vue de contempler d'autre spectacle que celui de leurs croupes chargées d'arbres sombres et de leurs crêtes impérieuses. Sans être d'une hauteur excessive, ces montagnes seraient encore de dimensions suffisantes pour produire la sensation de l'écrasement, si la végétation qui tapisse leurs flancs n'était là pour chasser toute rêverie trop grave. La rencontre d'une pauvre femme qui s'est assise avec son fardeau de bois mort à ses côtés à la base d'une de ces géantes m'en est une preuve. Elle est là, en face de moi, à portée de ma main, et Dieu! qu'elle me paraît petite! Deux ou trois chèvres au-dessus d'elle broutent la verdure de la montagne, et ces gentils animaux tiennent dans le paysage fauve beaucoup plus de place qu'elle; la stature de la montagne la réduit vraiment à l'état de naine microscopique. Le long de votre route, un bruyant voyageur vous accompagne, mais en sens inverse, car il descend pendant que vous montez : ce voyageur, c'est le petit torrent du Sichon, abondant en truites délicieuses, qui, de cascade en cascade, saute avec la pétulance sauvage et les clameurs tapageuses d'un petit paysan, bien portant et joyeux, jusqu'à la plaine, où il arrive comme essoufflé et s'apaise enfin. Si sain à l'imagination et si reposant aux yeux est ce paysage resserré et sans horizon, qu'on l'abandonne à regret, et qu'on est comme désappointé lorsque, arrivé au plateau qui le couronne, on voit se dresser devant soi, à l'extrémité de ce plateau, le château de Bourbon-Busset, prétexte et but du voyage.

Ce château est la résidence héréditaire des comtes de Bourbon-Busset depuis l'origine de ce rameau secondaire de la maison de Bourbon. Qu'est-ce donc que cette famille qui porte un si grand nom et dont les membres, bien que reconnus authentiquement cousins des rois de France, n'ont jamais cependant tenu que l'état de simples gentilshommes ? Très-probablement beaucoup de nos contemporains avoueraient qu'ils ignorent quel fut exactement le fondateur de cette maison, sans se douter qu'il est peu de personnages historiques qu'ils connaissent aussi parfaitement : c'est ce prince-évêque de Liége, que le *Quentin Durward* de Walter Scott et le tableau célèbre d'Eugène Delacroix ont rendu familier à leur imagination. Louis de Bourbon, cinquième fils de ce duc Charles dont nous avons passé en revue la glorieuse postérité devant son tombeau à Souvigny. Il eut un caractère dissipé, une existence agitée et une fin tragique. Il faut lire dans Philippe de Commines le récit de cette révolte des Liégeois contre son beau-frère Charles le Téméraire, révolte dans laquelle il se trouva, à son grand dommage, acteur principal ; comment, obligé de quitter sa ville épiscopale, il se réfugia à Tongres ; comment une seconde révolte de ses sujets vint l'y chercher pour le ramener à Liége, massacrant en route les chanoines de

Château de Bourbou-Busset.

son conseil ; et comment Charles le Téméraire, ayant démontré à Louis XI, tombé dans le traquenard de Péronne, qu'il serait honteux à lui de ne pas aider à retirer de cette situation d'otage un prince de leur sang, le roi de France fut contraint d'assister, piteux et déconfit, à l'implacable châtiment de ces rebelles qu'il avait lui-même excités et soudoyés. Il est permis de croire que Louis XI, qui avait l'habitude de couver longuement ses rancunes, et qui d'ailleurs montra par toute sa vie que parmi ses superstitions il n'avait pas celle de la famille, ne pardonna pas à l'évêque de Liége la participation contrainte qu'il avait eue à son rétablissement. Quatorze ans après, une bonne occasion de revanche se présenta, et Louis XI ne la manqua pas. Le puissant Sanglier des Ardennes, Guillaume de la Marck, ambitionnait pour son frère l'évêché de Liége ; Louis XI lui procura les moyens de l'arracher à son cousin. C'est ce qui ressort très-clairement du récit que le chroniqueur Jean de Troyes, qu'on peut, à vrai dire, soupçonner d'aimer médiocrement Louis XI, fait de la mort de l'évêque de Liége. « Et pour faire par iceluy Sanglier exécuter
» sa dampnée entreprise, le roi lui fit délivrer argent et
» gens de guerre en grand nombre. » Outre ces secours réguliers, Louis XI permit encore à Guillaume de la Marck d'en lever tant qu'il voudrait d'irréguliers parmi les gredins de sa capitale et des environs ; c'est-à-dire qu'après lui avoir donné les éléments d'une armée, il lui fournissait encore les éléments d'une émeute, et à côté de la *maîtresse* carte de la guerre mettait dans son jeu la carte *malicieuse* de l'anarchie. Ainsi muni, le Sanglier s'en vint à Liége, souleva une rébellion qui chassa l'évêque, puis soudoya une trahison pour qu'il fût livré seul et à sa merci pendant qu'il s'enfuyait, et alors, « lui
» baillant d'une taille au travers du visage, il le tua de sa
» propre main, et après ce fait le fit mener, et getter et

» estendre tout nud en la grand'place, devant l'église
» de Saint-Lambert. »

On peut trouver qu'en cette circonstance le roi ne joua pas précisément le rôle d'un bon parent ; mais, nous l'avons dit, Louis XI n'était pas troublé par la superstition de la famille. Il avait jadis conspiré lors de la praguerie contre son père Charles VII avec le propre père de cet évêque de Liége ; des frères de ce même évêque, il eut l'un pour beau-frère et pour ennemi capital durant la ligue du Bien public, le duc Jean II, un autre pour gendre, le duc Pierre ; nous venons de voir comment il se comporta avec ce troisième. Il faut avouer que ce n'est pas précisément une leçon de morale qui ressort de semblables relations de famille, et que le roi mériterait les jugements sévères qui ont été portés sur sa nature, si les princes du xv° siècle n'avaient pas tous donné le même exemple. C'est l'époque où Richard III venge sur les enfants de son frère les crimes de sa famille et les siens propres contre ses cousins de Lancastre ; et tout à l'heure Ludovic Sforza appellera le fils de Louis XI en Italie pour l'aider à usurper le duché de Milan sur son neveu. La conduite de Louis XI trouve donc son explication, sinon sa justification, dans la morale princière de l'époque. S'il faut le dire d'ailleurs, à le bien observer de près, il est vraiment le moins méchant parmi les méchants ; seulement il nous paraît souvent plus noir qu'il ne l'est, parce que sa malice n'est pas de franc jeu et qu'il l'enveloppe d'une cafardise qui nous laisse une laide impression sur laquelle nous le jugeons.

Louis de Bourbon avait été installé évêque de Liége à l'âge de dix-huit ans ; mais, comme il n'avait pas alors le plus petit commencement d'ordination, et qu'il s'écoula plus de dix ans avant qu'il reçût la prêtrise, sa jeunesse lui pesant sans doute, il employa ce long entr'acte à contracter un mariage avec une princesse de la maison de Gueldres, Catherine d'Egmont. Cette conduite de la part d'un homme qui attendait l'ordination peut passer pour légère; mais les princes de Bourbon de cette époque qui furent revêtus du caractère ecclésiastique firent des prélats assez douteux, témoin son propre frère Charles II, qui, avant d'être duc de Bourbon, avait été archevêque de Lyon, et qui en cette qualité ne se distingua pas par des mœurs d'une rigueur exagérée. De ce mariage naquirent trois fils qu'on désignait alors sous le nom de bâtards de Liége à cause de l'irrégularité du mariage de leur père, et peut-être aussi parce qu'en outre de cette irrégularité, les enfants naquirent à une époque postérieure à celle où l'évêque reçut la prêtrise. Est-ce encore à cette circonstance fort exceptionnelle de leur naissance qu'il faut attribuer le mariage tardif de Pierre, l'aîné de ces enfants et la tige des comtes de Bourbon-Busset? Il avait près de quarante ans lorsque, richement doté par son oncle, Pierre de Beaujeu, il épousa une veuve issue de l'illustre famille auvergnate des d'Alègre. Elle lui porta en dot la seigneurie de Busset, qui était parmi les fiefs de sa maison, et avec ce fief le nom particulier qui a servi à distinguer sa descendance.

Toutes les parties du château de Busset ne sont pas de la même époque; mais, contemplé dans son ensemble, il offre un très-beau spécimen de l'architecture féodale arrivée à une suprême période. La force ancienne, persistante encore, s'y rencontre avec une élégance nouvelle, mais cette élégance cherche ses éléments dans les formes du passé plutôt que dans des formes hardiment innovées ; — autrement dit force et élégance, grosses tours et jolies tourelles, arrondies comme si elles avaient été moulées dans un cylindre, parlent également du moyen âge, seulement ce moyen âge est celui des derniers jours. Peu d'ornements extérieurs, les façades en sont sobres jusqu'à la nudité. Ce détail est à noter parce qu'il se répète si fréquemment dans toute cette région du Bourbonnais, de la Marche, du Forez, qu'il force l'observation. Dans toute cette contrée, l'architecture, à quelque ordre et à quelque époque qu'elle appartienne, roman, gothique, de la renaissance, n'a usé des ornements qu'avec une extrême réserve. Les roses et les palmes du roman fleuri, les trèfles et les branchages du gothique élégant, les arabesques capricieuses de la renaissance, ne se sont jamais épanouis dans cette contrée ; et ce qu'il y a de plus singulier, c'est que tous les monuments de cette région appartiennent précisément aux périodes où l'architecture eut au plus haut point le goût de l'ornementation exubérante, tant pour les édifices religieux que pour les édifices civils. A Moulins, la collégiale de Notre-Dame, toute jolie et coquette qu'elle est, doit sa grâce aux traits mêmes de son architecture et non à sa parure ; elle est cependant des dernières années du xve siècle. Ce qui nous reste dans cette même ville du palais des ducs de Bourbon, et à Guéret le château encore presque tout entier debout des comtes de la Marche, l'un et l'autre également du xvie siècle, sont sobres d'ornements à un tel point, qu'on en est conduit à penser que les architectes qui les ont construits considéraient l'ornement non comme une grâce, mais comme le contraire de la grâce. Et c'est l'époque de l'éblouissante floraison de pierre de la Touraine et de l'Anjou ! A vrai dire, pour ces châteaux des ducs de Bourbon et des comtes de la Marche, on peut soupçonner une influence italienne et une main italienne ; mais ailleurs quel peut être le motif de cette sobriété? Le château de Busset nous en offre encore un bien aimable exemple dans sa jolie chapelle gothique tout récemment restaurée avec un goût parfait par un architecte d'Angers dont nous regrettons d'avoir oublié le nom. Il semble que plus un édifice est petit, plus il appelle l'ornement comme une grâce due à sa petitesse, absolument comme un enfant ou une jeune fille appelle plus naturellement la parure qu'une personne d'âge mûr; en outre, le gothique est tellement uni dans notre esprit à l'idée d'ornement, que nous ne concevons pas l'un sans l'autre. Or cet édifice est petit, puisque c'est une chapelle ; cette chapelle est gothique, et c'est la nudité même. Il faut voir ce joli édifice pour comprendre comment la ligne seule, toute dépouillée, toute géométrique et abstraite, peut produire une impression non plus de gravité, de noblesse et de haute élégance, ce qui n'aurait rien que de naturel, non pas même de pureté, ce qui se comprendrait encore, mais de gentillesse et de toute mignonne grâce. Nous notons cette particularité curieuse sans chercher à en préciser la cause.

A l'intérieur, le château de Busset a été reconstruit selon les convenances de la vie présente, au moins dans sa partie habitée, en sorte qu'il n'offre guère que des appartements modernes avec des détails anciens, quelques très-jolies et très-originales cheminées du xvi° siècle par exemple. La partie qui nous en a le plus intéressé est une toute charmante galerie de proportions exquises qui conduit aux divers appartements ; c'est à cette galerie seulement que nous nous arrêterons. La décoration en est cependant bien simple : sur les murailles, quelques tableaux et quelques dessins de valeur inégale ; au-dessus d'une porte, un petit bas-relief représentant saint Louis sous un palmier d'Égypte, dans une attitude d'enthousiasme religieux, et au fond de la galerie un buste du dernier comte de Busset, l'un et l'autre sculptés par un des comtes actuels, qui semble avoir pour la sculpture un goût qui confine au talent; au plafond, sur les deux côtés de la galerie, les armes et les noms des familles avec lesquelles la maison de Bourbon-Busset a contracté alliance. C'est bien peu, comme vous le voyez; oui, mais les noms de ces alliances, rapprochés du buste du dernier comte de Bourbon-Busset, m'ont permis de faire une observation singulière. Je lis l'un après l'autre les noms de ces alliances, ce qui n'est pas une longue tâche, car depuis l'origine de cette maison jusqu'à nos jours, c'est-à-dire dans un laps de quatre cents ans, il ne s'est succédé que douze comtes de Busset. Or, tous les noms de ces alliances appartiennent exclusivement à la haute noblesse, d'Alègre, Borgia, Larochefoucauld, Clermont-Tonnerre, Lafayette, Montmorillon, Gontaut-Biron. Il n'y a pas une seule alliance prise dans la grande maison si fertile en rameaux dont ils sont issus, pas la moindre princesse de Vendôme, pas la plus petite princesse de Condé ou de Conti. Dès le principe, cette famille est donc allée se retirant toujours par le mariage de son origine, et par conséquent il semblerait que le type physiologique eût dû être dès longtemps interrompu par cette longue succession de sangs féminins étrangers. Eh bien! avec quel prince croyez-vous que ce dernier comte de Bourbon-Busset offre une étroite ressemblance? Avec le roi Charles X lui-même. Il faut vraiment qu'il y ait dans chaque race un certain élément irréductible, puisque les infusions les plus abondantes et les plus prolongées de sangs étrangers ne parviennent pas à l'absorber. La première fois que cette persistance presque incroyable des caractères physiques de la race s'est révélée à moi avec toute sa force, c'est à Rome. On voit sur un des piliers de Saint-Jean de Latran une petite fresque peinte par Giotto et représentant le pape Boniface VIII proclamant le jubilé de l'an 1300. Or, quelques jours après avoir vu cette fresque, me trouvant en présence du duc de Sermoneta, qui était alors le représentant de cette famille des Gaetani d'où

Boniface VIII était issu, il me sembla voir le vieux pape lui-même. Six siècles n'avaient pu apporter la moindre altération à ce type, marqué, il est vrai, d'un cachet de force peu commune.

Pendant que je regarde les armes de ces alliances, ma fantaisie s'amuse à chercher si dans le nombre il ne s'en trouve pas quelqu'une qui me rappelle un souvenir moins général que celui d'un grand nom ; en d'autres termes, s'il en est quelqu'une qui réveille en ma mémoire l'ombre d'une individualité féminine, ou qui se rattache à quelque détail ayant un intérêt particulier. Les deux premières seules répondent à cet appel de ma fantaisie ; les autres ne prononcent qu'un nom illustre dont elles ne se détachent pas d'une manière distincte. Parmi les noms célèbres de l'histoire militaire de l'ancienne France, il en est peu d'aussi remarquables pour la probité et la solidité que celui de d'Alègre. Qu'était cette Marguerite d'Alègre, veuve d'un des Lorrains Lenoncourt, qui épousa le premier comte de Busset, à Yves d'Alègre, un des plus vaillants soldats des règnes de Charles VIII et de Louis XII? Une nièce ou une sœur? Je ne sais ; mais, comme ils furent contemporains, la parenté doit être fort proche. Yves d'Alègre assista à presque toutes les batailles des guerres d'Italie, depuis l'entrée de Charles VIII en campagne jusqu'à la bataille de Ravenne. Il en fut une au moins cependant à laquelle il n'assista pas, celle de Fornoue, car il fut au nombre des capitaines que le roi Charles laissa sous les ordres du duc de Montpensier, pour garder le royaume de Naples, lorsqu'il prit le parti précipité de sortir d'Italie, de crainte que le passage ne lui fût coupé, danger trop réel auquel il n'échappa que par un admirable effort d'héroïsme. Parmi les capitaines de ce temps, il n'en est pas qui ait mieux connu par expérience à quel point la mauvaise fortune marche sur les talons de la bonne, car il vit ce royaume de Naples dont il était un des gardiens perdu comme il avait été gagné, en un clin d'œil, le jour où, sur la soudaine apparition de Ferdinand, le peuple de Naples le poussa avec ses compagnons jusqu'au château ; et bien des années après, à Ravenne, il fut pris par la mort à la gorge, au moment même où la bataille était gagnée et tout péril passé, lorsque Gaston de Foix, emporté par son ardeur méridionale, alla s'engager sur une étroite chaussée pour donner la chasse aux ennemis qui s'en retournaient déconfits, sans se douter que l'impatience irréfléchie d'un héros allait leur offrir la bonne fortune de venger leur défaite sur la personne de leur vainqueur. Il mourut au moment même de son propre triomphe, car on peut dire en un certain sens que cette journée fut son œuvre. C'est lui qui, au début de l'action, avisant une certaine manœuvre d'artillerie, fit perdre patience aux Espagnols, qui avaient résolu d'attendre dans leur camp que les Français vinssent les assaillir. Le nom de Gaston de Foix reste justement attaché à cette journée célèbre, mais c'est justice aussi de rendre une part de cette gloire au capitaine plus modeste qui força la main de la fortune et conduisit au-devant de Gaston l'occasion de la victoire.

Des souvenirs de tout autre nature s'éveillent dans la mémoire au nom de la seconde de ces alliances, Louise Borgia, duchesse de Valentinois, car ce nom est celui de la propre fille de ce profond et terrible César Borgia, fils d'Alexandre VI, le grand politique de Machiavel et le dandy fascinateur du portrait de Raphaël à la galerie Borghèse. Louise Borgia, qui par sa mère appartenait à la maison d'Albret, vivait à la cour de France, où peut-être elle était vue avec quelque froideur, tant pour ce qu'elle était orpheline, et par conséquent sans soutien, que pour les souvenirs que son père avait laissés. Ce qui pourrait le faire croire, c'est le singulier mariage auquel consentit pour elle Louise de Savoie, la mère de François Iᵉʳ, qui était sa tutrice. Elle était toute jeune, presque encore enfant, lorsque le vieux capitaine Louis de La Trémouille, après la mort de son fils aîné tué à Marignan et de sa femme Gabrielle de Bourbon, eut l'étrange courage de la demander en mariage. Louis de La Trémouille était alors, il est vrai, chargé de gloire, mais il était aussi chargé d'années, car il y avait beaux jours qu'il avait gagné pour le compte d'Anne de Beaujeu la bataille de Saint-Aubin. Louise Borgia répondit tranquillement et froidement, comme une personne qui n'est pas sa maîtresse, que son vouloir était entre les mains de la régente, et que, si cette alliance lui était ordonnée, elle en serait très-honorée. En recueillant ses souvenirs, le vieux capitaine aurait reconnu que ce n'était pas précisément avec cette froideur respectueuse que quarante ans auparavant sa première femme, Gabrielle de Bourbon, l'avait accepté pour mari. Son panégyriste, Jean Bouchet, dans sa charmante et romanesque *Chronique du chevalier sans reproche*, nous a raconté ce premier amour. Que de flammes alors, et maintenant que de cendres ! En dépit de ses soixante ans (son panégyriste, qui veut flatter, comptant mal exprès, ne lui en donne que cinquante), le vieux capitaine obtint de la régente la main de la duchesse de Valentinois. Oh ! combien il est vrai de dire que les crimes des pères sont toujours de manière ou d'autre punis dans les enfants ! La défaite de Pavie priva bientôt la duchesse de ce mari glorieux, mais sexagénaire, qu'elle avait accepté avec un témoignage de si honorable, mais si froide estime, et après quelques années de veuvage elle épousa le second des comtes de Bourbon-Busset, dont l'âge, si nos dates sont exactes, devait être, à peu de chose près, le même que le sien.

Entre Vichy, ou, pour parler avec toute la précision

d'un *indicateur*, entre Saint-Germain-des-Fossés et La Palisse, dernière étape de notre voyage en Bourbonnais, la campagne n'est pas aussi belle qu'elle le devient aussitôt après, entre La Palisse et Roanne, et cependant elle me parut charmante. C'est qu'on était alors dans ces mois heureux, jeunesse de l'année, où il n'y a pas de laide campagne, pas plus qu'il n'y a de laids visages dans la jeunesse de la vie humaine. La vraie beauté d'un paysage en est la structure; cette structure, la nature *naturante*, pour parler comme Spinoza, ne peut la changer, mais avec quel art merveilleux elle dissimule son impuissance! Ne pouvant créer un paysage avec des lignes, elle en fait un avec des couleurs; deux ou trois nuances heureusement assorties, quelques taches vertes jetées sur un fond nu, une bande de nuage traversée de lumière pour fermer l'horizon, un vernis de fraîcheur sur le tout, et voilà un chef-d'œuvre exquis, et pourtant rien n'appartient essentiellement au paysage dans ces éléments mobiles, fuyants et fondants, faits d'air, de vapeur d'eau et de lumière. On dirait que les génies et les esprits élémentaires, qui travaillent sous la direction de la nature, connaissent aussi la querelle du dessin et de la couleur, les uns estimant que la beauté consiste dans la ligne, les autres qu'elle consiste dans l'éclat de la vie en mouvement. Si cela est, les génies qui avaient peint le vaste et monotone paysage de la plaine entre Saint-Germain et La Palisse, au moment où je la traversais, étaient des coloristes. Rien que trois couleurs, et toutes trois tranchées à outrance; en haut, un ciel d'un bleu profond, en bas une plaine d'un vert intense, et çà et là, comme pour rompre la monotonie de cette couleur, des maisonnettes de paysans ou des granges recouvertes de tuiles d'une nuance de rouge d'une vivacité singulière, assez pâle pour ne pas faire un contraste criard avec le vert de la plaine, assez prononcé pour en rehausser la valeur. Bleu profond, vert intense, rouge vif, c'est la gamme violente du grand coloriste Eugène Delacroix.

Au bout d'une demi-heure de ce plaisir de coloriste, une élévation jaillit de la plaine, et sur cette élévation, un vaste château, de très-grand air, mais dont il est assez difficile à distance de déterminer la date et le caractère, s'élève tout pareil à une de ces *fabriques* monumentales qu'aimèrent à placer dans les fonds de leurs tableaux ceux des paysagistes hollandais qui avaient vu l'Italie, Berghem ou Asselyn. Dans les toiles de ces maîtres, c'est le paysage naturel qui domine cependant, car leur nature hollandaise a été plus forte que leur éducation italienne, et si imposants que soient les temples, les palais et les ruines dont ils décorent leurs œuvres, ces éléments sont impuissants à prendre le dessus sur la prairie où paissent les animaux ou le ruisseau où ils s'abreuvent. Il en est exactement ainsi à La Palisse : tout admirablement situé qu'il est, le château ne parvient pas à créer un de ces paysages historiques que des édifices moins considérables créent facilement en d'autres lieux. En revanche, il compose un superbe décor avec sa longue façade flanquée de tours, d'aspect fier, riche, seigneurial, qui, si l'on n'était prévenu, ferait hésiter de loin entre le xvie et le xviie siècle. C'est à distance cependant qu'il faut rester pour jouir du spectacle de cette architecture, car la façade qu'il présente au voyageur qui se dirige sur La Palisse est de beaucoup la plus belle des deux, et il n'a réellement tout son caractère de noblesse que du côté qui regarde la ville, qu'il domine tout à fait à la manière d'un château-fort féodal, ce qu'il fut très-probablement avant de se transformer en palais de la renaissance et de devenir la résidence des chevaliers de la maison de Chabannes.

Ce n'est guère que dans les vingt dernières années que le château de La Palisse a dû être remis en l'état où nous l'avons vu, car certains livres de date assez récente et écrits en Bourbonnais même, que nous consultons à ce sujet, en parlent comme de ruines imposantes. La restauration, il est vrai, ne comprend encore qu'une des ailes ; l'autre ne présente que des appartements effondrés qui, avec leurs charpentes mises à nu et leurs planchers chargés du plâtre et des pierres qui les recouvraient, ressemblent à des squelettes autour desquels l'anatomiste a laissé les amas de chair dont son scalpel les a dépouillés. Plusieurs cependant conservent encore leurs plafonds de la renaissance, de superbes plafonds en caissons à losanges à l'instar de ceux de quelques-uns de nos châteaux royaux ; ils sont entièrement intacts : quand on réparera ce côté de l'édifice, on n'aura d'autre peine que d'en rafraîchir les dorures. Dans la partie habitée, une belle salle de la renaissance a été transformée en salon moderne. La cheminée, qui en est fort noble, toute festonnée et chamarrée d'armoiries, a été restaurée avec un goût dont nous ne saurions trop louer l'originalité. Le vaste manteau en a été peint en noir, et sur ce fond sombre d'innombrables lions en acier brillant reluisent comme autant de météores héraldiques. Trois vieux portraits en pied, bien restaurés, tapissent le fond de ce même salon, ceux de Gilbert de Chabannes et de ses deux femmes Françoise de Boulogne et Catherine de Bourbon. Très-jeune, costumé à ravir, coiffé d'un bonnet surmonté d'une aigrette, beaucoup plus joli que ses deux femmes, entre lesquelles il est placé, Gilbert de Chabannes ressemble tout à fait à un jeune prince des *Mille et une nuits*, ou à un héros de nos modernes féeries. De ces deux femmes, une seule nous importe, Catherine de Bourbon. C'est la deuxième fille de Jean de Bourbon,

Château de la Palisse.

deuxième comte de Vendôme, la branche même d'où sont sortis nos rois Bourbons. Or, comme il n'y a eu en tout que trois comtes et deux ducs de Vendôme, cette Catherine de Bourbon se trouve l'arrière-grand-tante de Henri IV, d'où l'on peut voir que les Chabannes se trouvaient alliés d'assez près à la maison de France, et que pour eux, comme du reste pour beaucoup d'autres familles de la noblesse française, l'expression de *cousins du roi* n'était pas une simple métaphore de politesse [1].

Une chapelle des derniers temps du gothique, haute comme une cathédrale et de dimensions qu'atteignent fort peu de nos églises de campagne, s'élève à l'un des angles du château. C'est la partie que le propriétaire actuel est en train de faire restaurer à cette heure. Lorsque je l'ai visitée, des ouvriers étaient occupés à en creuser et à en remuer le sol, autrefois chargé de nombreux mausolées, parmi lesquels celui du maréchal de La Palisse, dont les diverses parties ont été dispersées ou vendues ; trois des bas-reliefs ornent, dit-on, le musée d'Avignon. Je n'y ai trouvé que les pierres tombales de Jacques Ier de Chabannes et de sa femme, encore en bon état de conservation, bien que fortement souillés par les moineaux francs, ces plébéiens de la gent ailée. Ceux que nos douleurs présentes enseignent à chercher dans les vicissitudes de notre passé des motifs de consolation et d'espoir peuvent se baisser encore aujourd'hui avec piété pour regarder cette vieille pierre ; elle

---

1. Nous saisissons cette occasion pour recommander à tous ceux de nos lecteurs qui ont le goût des lectures historiques l'*Atlas généalogique* des princes de la maison de Bourbon, édité récemment par M. l'abbé Dumax. Ils y trouveront sur les diverses branches de cette maison, sur ses innombrables boutures et ces méandres sans fin de mariages, d'héritages, de transferts de souveraineté, des renseignements aussi exacts que précis et minutieux.

recouvrit un des meilleurs ouvriers de notre délivrance au xv° siècle. Sénéchal du Bourbonnais, pendant la longue captivité du duc Jean Ier et sous le duc Charles Ier, Jacques de Chabannes eut l'honneur de prendre part à la première entreprise militaire qui releva réellement la France abattue, et l'honneur plus grand encore de frapper le dernier coup qui mit fin à la longue occupation anglaise. Il assista du commencement à la fin au siége d'Orléans ; je le vois sous les armes le jour où ce coup de canon bien pointé, rendu célèbre par l'*Henri VI* de Shakspeare, enleva le comte de Salisbury, et à l'avant-garde, sous les ordres de la Pucelle, lorsque la ville fut délivrée. Vingt-quatre ans après nous le retrouvons en Bordelais, assiégeant Chalais, livrant la bataille de Castillon où périt ce Talbot qu'on peut appeler dans cette longue guerre l'Anglais par excellence, et mourant lui-même de ses blessures après avoir frappé ce coup suprême et décisif. Au milieu de ces guerres perpétuellement compliquées de trahisons, de défections et de retours, grâce à l'extrême diversité des intérêts particuliers, Jacques de Chabannes resta invariablement fidèle à la couronne de France et à son suzerain immédiat, le duc de Bourbon. Ainsi firent du reste tous les membres de la famille. Jacques avait un frère, sinon plus vaillant, au moins plus hardi que lui, Antoine de Chabannes, comte de Dampmartin, homme d'audace et de coup de main, soldat alerte et éveillé, de bon œil et de fine oreille, partisan peu scrupuleux sur les moyens. Le si amusant chroniqueur de la cour de Bourgogne, Olivier de La Marche, nous a laissé le récit d'un procès soulevé par Jacques de Chabannes devant les ducs de Bourbon et de Bourgogne contre un certain seigneur bourguignon de Pesmes qui avait enlevé d'assaut diverses maisons et pillé diverses propriétés de son frère Antoine en emmenant prisonnier son fils, enfant de dix ans. Ce procès, qui nous montre les mœurs guerrières de la féodalité subsistant encore en plein xve siècle, nous révèle aussi qu'Antoine de Chabannes ne le cédait pas en violence à son ennemi, et que les maux dont il se plaignait étaient les représailles de ceux qu'il avait lui-même infligés. De fait, Antoine fut à diverses reprises capitaine d'écorcheurs, et en cette qualité commanda nombre d'expéditions irrégulières; mais il pouvait dire pour sa défense que ces expéditions, n'étant dirigées que contre les ennemis du roi, Bourguignons et Anglais, étaient une preuve de sa fidélité à la couronne, et l'excuse était bonne et vraie. Il fut en effet fidèle à Charles VII jusqu'à être presque infidèle envers le duc de Bourbon, car il semble avoir été de ceux qui, pressentant l'inévitable avenir, penchèrent dès lors du côté de la couronne plus volontiers que du côté des intérêts féodaux. Lorsque le dauphin, le futur Louis XI, entreprit la conspiration de la praguerie, Antoine de Chabannes la dénonça à Charles VII. Louis se retira en Dauphiné, continuant de là à comploter contre son père. Charles VII résolut alors de le faire enlever, et ce fut Antoine de Chabannes qu'il chargea de l'exécution de ce projet; mais le rusé dauphin, ayant eu vent de l'entreprise, eut recours à un ingénieux stratagème. Il ordonna qu'on lui servît un dîner dans une forêt où il allait chasser d'ordinaire, fournissant ainsi en apparence à Chabannes plus de facilités pour le prendre, en réalité se préparant plus de sécurité pour la fuite; en effet, lorsque Chabannes, croyant le saisir, entra dans la forêt, Louis était depuis longtemps parti, fuyant à bride rendue vers la marche de Bourgogne. Comme il n'était pas homme à oublier, dès qu'il fut roi, il fit payer par la prison à Chabannes le mauvais tour que celui-ci avait voulu lui jouer; mais, comme d'autre part il se connaissait en caractères et en talents, il n'avait garde de se priver des services d'un tel soldat ; probablement aussi pensa-t-il que sa conduite passée envers le dauphin rebelle lui était une sûre garantie qu'il serait fidèle envers ce même rebelle devenu roi. Il jugea bien ; tiré de sa prison et créé grand-maître de l'artillerie, Antoine de Chabannes fut un des serviteurs les plus constants et les plus habiles du gouvernement de Louis XI.

Un Chabannes plus célèbre vint ensuite, Jacques II, maréchal de La Palisse, qui, pendant plus de trente-cinq ans, vécut le harnais militaire sur le dos, sans le déposer une heure ; cependant nous nous arrêterons à ces deux premiers, et cela pour plusieurs raisons, dont la principale est que les premiers Chabannes appartiennent d'une manière plus étroite et plus spéciale à La Palisse que ceux qui suivirent. C'est le Jacques I*er* de Chabannes, que nous venons de voir terminer les guerres anglaises à Castillon, qui fit l'acquisition de La Palisse et qui y transporta la résidence de sa famille, et le seul souvenir des Chabannes que contienne encore ce château, c'est le sien. Si nous poussons un jour ces excursions jusqu'à Avignon, nous aurons occasion d'y retrouver le souvenir du maréchal de La Palisse sous la forme de ces bas-reliefs de son tombeau, dont nous avons déjà fait mention ; mais nous n'aurions rencontré nulle part ailleurs et nous ne rencontrerons plus ces premiers Chabannes, dont nous prenons congé sans retour.

Devant le château, à l'entrée du parc, le propriétaire actuel de La Palisse a fait disposer en forme de petit cippe funéraire les débris des pierres sculptées ramassées dans les ruines faites par le temps ou les hommes, des figures de blasons, des armoiries, des devises, tant des Chabannes que des La Guiche, qui possédèrent le château après ces premiers. Une tête sculptée recouverte d'un casque de chevalier domine ce petit monument comme un symbole parlant des souvenirs exclusivement guerriers que réveille cette demeure. Les débris sont aussi humbles que les souvenirs sont grands. Quoi! voilà tout ce qui reste pour rappeler et consacrer deux longs siècles de travaux, de périls et de services! Jamais je n'ai mieux senti qu'en regardant ce petit monument à quel point sur notre terre le dieu Oubli était proche parent de la déesse Mémoire.

EN FOREZ

I

ROANNE : TROIS PORTRAITS HISTORIQUES. — FEURS : LA STATUE
DU COLONEL COMBES.

Roanne ouvre l'entrée du Forez du côté du Bourbonnais ; il nous suffira de nous y arrêter quelques minutes. Comme importance et population, Roanne est cependant la seconde ville de cette petite province, dont se compose aujourd'hui le département de la Loire ; mais sa destinée a voulu qu'à toute époque elle n'eût jamais qu'un rôle historique assez effacé. Toutes les autres villes de la province ont eu tour à tour la suprématie forésienne, Roanne n'a jamais pu l'obtenir même lorsque les circonstances semblaient lui devoir être favorables. Aux époques féodale et seigneuriale (j'appelle de ce dernier nom l'époque qui va de la mort de Louis XI à la mort de Henri IV), le mouvement et la vie étaient à Montbrison et dans les localités qui l'avoisinent ; puis, lorsque l'époque industrielle arriva, ce fut vers Saint-Étienne, autrement riche en éléments de travail par la houille et le fer que lui livre son sol, que se portèrent l'influence et l'activité nouvelles. Roanne toutefois fit un effort pour profiter de ce courant et se créer un avenir; elle se mit à tisser des cotonnades, et, grâce à cette industrie, elle s'acquit une importance relativement considérable; mais cette importance même, elle n'a pu la conserver intacte, et, pendant le temps de mon séjour dans cette ville, il m'a fallu à plusieurs reprises entendre les plaintes mélancoliques des habitants sur la concurrence que leur fait dans le nord l'heureux Roubaix. Enfin il n'est pas jusqu'à la petite Feurs, où les lanternes n'ont pas encore pénétré, qui ne présente plus d'importance politique dans le passé et plus d'intérêt dans le présent que Roanne la cossue, toute brillante du moderne éclairage à gaz, tant il est vrai qu'il faut se garder de juger sur la mine les villes aussi bien que les gens.

Une gentille église, dédiée à saint Étienne, et dont le fronton est orné d'une statue moderne du martyr, d'une agréable exécution et d'un bon sentiment, un collége bâti par le célèbre père Cotton, édifice quelque peu lourd, mais bien distribué autour d'une spacieuse cour intérieure, voilà tous les monuments de Roanne. Quelques-uns des livres par moi consultés m'avaient promis des débris de thermes romains; j'ai le regret de les avoir cherchés en vain, et cependant ce n'est pas faute de les avoir réclamés auprès des habitants de la localité. Un hôtel de ville, aujourd'hui condamné et qui attend son successeur, contient un musée composé d'objets de provenance diverse, parmi lesquels sont trois portraits de Forésiens célèbres; ces trois portraits sont les seules choses qui m'aient réellement intéressé à Roanne. Le premier est celui du jésuite Cotton, le confesseur de Henri IV et de Louis XIII, figure qui arrête et fait réfléchir. Oh! que voilà un visage qui est peu d'un rat d'église et qui est bien fait pour démentir ce type tra-

Roanne. — Vue générale.

ditionnel du jésuite confit en mièvrerie dévotieuse et en doucereuse humilité que s'est forgé une certaine superstition philosophico-populaire. Une beauté réelle, qui est d'un dandy et d'un cavalier expert à toutes les adresses de l'équitation bien plutôt que d'un religieux, des traits noblement réguliers, arrêtés avec une précision toute classique, un port de tête plein de hauteur, une physionomie marquée d'une fermeté froide et souriante, où se révèle une volonté d'acier à la fois souple et pénétrante, voilà le père Cotton. En regardant ce visage, qui est celui d'un homme du monde accompli, je n'ai plus aucune peine à m'expliquer la séduction profonde et par suite l'influence considérable que Cotton exerça sur Henri IV, à qui l'imagination aurait peine à prêter un confesseur renfrogné et morose, de mine basse, de maintien humble et d'esprit strictement dévotieux. Tout ce qu'il fallait à un roi pareil, entente du monde, connaissance du jeu des passions, liberté de jugement dans l'appréciation des actes, le père Cotton le possédait, ou les traits de ce visage seraient fort menteurs. Il est évident qu'un tel homme épargnait au roi un des ennuis les plus mortels qu'il y ait, celui de changer de monde, ne fût-ce qu'un instant, de se dépayser, et que, lorsqu'il approchait son confesseur pour débattre les affaires de son âme, il devait se sentir aussi à l'aise que lorsqu'il demandait un conseil de prudence à Jeannin ou qu'il soumettait un ensemble de circonstances diplomatiques à l'examen de Villeroy. Comme les plus grandes choses de ce monde tiennent souvent à des causes singulièrement subtiles ou particulières, il est fort possible qu'il faille rapporter à la seule personne de Cotton la longue sécurité dont l'ordre auquel il appartenait a joui depuis Henri IV jusqu'au ministère de Choiseul, et par suite tout le développement de notre histoire religieuse au xviie et au XVIII° siècle, car c'est à lui que la compagnie dut non-seulement son rétablissement, mais, service plus signalé, son affermissement en France. Le rétablissement, il l'obtint d'emblée de Henri IV, qui, nous dit l'évêque Péréfixe, fut charmé de la douceur de ses manières, et il l'obtint avec tous les honneurs d'un retour triomphant, parmi lesquels le renversement de la pyramide élevée sur l'emplacement de la maison de Jean Châtel, où se lisaient diverses inscriptions accusatrices contre la compagnie. Ce rétablissement cependant, Henri IV l'aurait très-certainement accordé, même quand la demande lui en aurait été faite par un solliciteur de manières moins avenantes que Cotton, car cet acte rentrait dans le plan général de sa politique; mais le rétablissement n'était pas tout, il fallait obtenir la sécurité, et c'était là chose difficile. La partie de l'opinion qui s'était exprimée naguère par la *Satire Ménippée* était hostile et toujours prête à accueillir tous les bruits semés par la malveillance, le parlement était ennemi et toujours prêt à profiter des circonstances possibles pour demander la révocation de l'acte de rétablissement. Rien de pareil ne fut plus à craindre lorsque Cotton fut devenu confesseur du roi ; ce fut le second triomphe de ses façons polies, et ce fut le plus considérable. A la mort de Henri IV, l'affermissement était déjà assez solide pour que la société pût braver les accusations de complicité dans le crime commis par un fanatique attardé, et Louis XIII, dont la nature particulièrement dévotieuse est bien connue, n'était pas homme à troubler cette sécurité, qui à partir de ce moment ne fut plus sérieusement menacée. Que de choses dans notre histoire des XVII° et XVIII° siècles ont tenu peut-être à ces grâces polies de Cotton! Les querelles du jansénisme auraient-elles été jamais aussi vives? le jansénisme lui-même se serait-il jamais élevé à la hauteur d'une secte? la constitution *Unigenitus* aurait-elle jamais eu de raison d'être?

C'est dans un état de société analogue à celui qu'évoque l'image du père Cotton que nous transporte le second de ces trois portraits, celui de Champagny, duc de Cadore, car ce que le gouvernement de Henri IV fut pour la France des guerres religieuses, le gouvernement de Bonaparte le fut à nombre d'égards pour la France de la révolution, mais avec combien moins de sagesse, de prudence et de constance, hélas! C'est encore une image de mondain accompli, cette fois sans rien d'altier ni de volontaire; des traits fins et délicats, une physionomie où se mélangent également la dignité et la modestie, une expression de vive intelligence tempérée de réserve, des yeux doucement spirituels ouverts avec une sorte d'étonnement naïf comme s'ils étaient surpris de voir le peu que dure l'œuvre d'un diplomate, tel est ce portrait, bien d'accord par tous ses détails avec le rôle historique du duc de Cadore. Le troisième est celui d'un homme bien plus obscur que les deux précédents, on pourrait dire même tout à fait obscur et dont le nom ne se rapporte à rien de général, mais qui m'intéresse ici plus particulièrement que les deux autres, car c'est celui de l'homme qui me sert principalement de guide historique dans ces régions du Forez, Antoine de La Mure, de son vivant chanoine à la collégiale de Montbrison, auteur de l'*Histoire des comtes de Forez et des ducs de Bourbon*, et d'une intéressante généalogie des d'Urfé. L'homme est sans génie, et il ne faut lui demander aucune de ces aimables qualités qui nous ont plu chez les érudits ecclésiastiques de la Bourgogne, Lebœuf et Courtépée; mais, si son érudition est mal présentée, elle est abondante, et il est encore le meilleur guide que nous puissions consulter pour la province où nous voici. La lèvre supérieure est ombragée de cette moustache que les ecclésiastiques portaient encore de son temps, c'est-à-dire dans la seconde moitié du xvii⁰ siècle ; mais cet ornement ne lui communique rien de cavalier, ni d'aimable. La mine est morose et taciturne, l'aspect grognon, ou plutôt, pour parler comme les bonnes femmes, *bougon* ; on dirait tout à fait un portrait satirique de quelque vieux membre de l'Académie des inscriptions de l'ancienne école. Pendant que je le regarde, il me semble l'entendre me dire avec une expression fort rechignée que même les bouquins ne font pas le bonheur. Hélas ! à qui vous le dites, honnête chanoine !

Le Forez a cela de particulier que ses très-anciennes villes, celles qui ont tenu historiquement le haut du pavé de la province, sont tombées dans un abandon à ne pas se relever. Comme Montbrison, comme Boën, Feurs est une ville déchue. Elle a été pourtant une manière de capitale, et, par sa position intermédiaire entre le haut et le bas Forez dans cette plaine que traverse la Loire, elle était faite pour rester capitale, si les mouvements de l'histoire obéissaient toujours aux conditions de la nature ; mais, hélas ! c'est tout le contraire qui arrive d'ordinaire, et Feurs en a fait la triste expérience. Au moyen âge, alors que la vie était presque entièrement guerrière, il se trouva trop en plaine, et Montbrison, perché plus haut et capable de meilleure défense, confisqua sa suprématie ; aux époques plus pacifiques, il s'est trouvé trop loin des éléments de travail, et la vie s'est écoulée vers Saint-Étienne ; enfin, lorsque les anciennes divisions territoriales ont été abolies et que la vie générale a succédé à la vie locale, Feurs, si bien fait pour servir de centre à une population ramassée en tribu provinciale, s'est trouvé moins bien situé que Roanne pour servir d'entrepôt et d'intermédiaire au commerce. Pour retrouver Feurs dans tout son éclat, il faut remonter jusqu'à l'époque romaine, car c'est alors seulement qu'il a profité de tous les avantages de sa situation ; *Forum Segusianorum* s'appelait-il à cette époque, le grand marché des Ségusiens, le lieu de foire central de toute cette région. Tout déchu qu'il est, Feurs n'en a pas moins la gloire d'avoir étendu son nom à toute la province qu'il commandait jadis, car ce même mot de *Forum*, qui par corruption est devenu *Feurs*, par une autre altération plus facile encore à saisir que cette première, a donné le nom de *Forez*, étymologie fort évidente, et sur laquelle pourtant les anciens érudits se sont trompés jusqu'au jour où elle fut mise en lumière par la sagacité d'Honoré d'Urfé, qui avait étudié non-seulement en poëte, mais en critique, les origines et les antiquités de sa province natale. Naguère encore l'église de Feurs renfermait scellé dans un de ses murs un curieux souvenir de cette lointaine époque, une pierre gravée d'une inscription latine dédiée par les maîtres charpentiers au dieu Sylvain, patron naturel des charpentiers en sa qualité de dieu des forêts. Voilà une inscription qui n'aurait pas manqué de fournir à l'antiquaire de Walter Scott une preuve décisive que, cette province abondant plus particulièrement en bois, c'était bien dans la traduction française du mot latin *sylvæ* qu'il fallait chercher l'étymologie du nom de Forez. Et que de preuves il aurait pu citer à l'appui de cette opinion! Par exemple, les écussons héraldiques de la province à la *Diana* de Montbrison ne présentent-ils pas les figures de faunes et d'hommes sauvages, habitants naturels des forêts? Malheureusement pour cette opinion, l'art héraldique ne s'est avisé de ce calembour que parce que le mot était déjà créé et qu'il se prêtait de lui-même au double sens. L'église de Feurs ayant été réparée il y a déjà un certain nombre d'années, cette pierre en fut retirée sans doute pour lui épargner cette toilette du badigeon qui a recouvert tant de souvenirs intéressants, et elle est aujourd'hui déposée dans une salle du petit hôtel de ville, destinée à recevoir un musée lapidaire. Il est bien vrai qu'une inscription au dieu Sylvain était singulièrement placée dans une église chrétienne, et cependant je regrette qu'elle en ait été enlevée. Dans un musée, ce n'est plus qu'une incription latine, souvenir mort d'une société morte; dans l'église, c'était un souvenir vivant qui montrait comment le culte nouveau se reliait au culte ancien, et qui faisait subitement apparaître à l'imagination du promeneur lettré le spectacle de l'affection si prolongée des populations rurales pour les coutumes religieuses du paganisme, affection qui dut être plus particulièrement résistante dans ces régions du Forez. Ce n'est pas sans raison que dans ce célèbre roman de l'*Astrée*, dont il a placé la scène au ve siècle de notre ère, le très-érudit Honoré d'Urfé a tracé le tableau d'une société rustique dominée par le vieux druidisme, qu'il montre en querelle non avec le christianisme, mais avec le paganisme romain, qui est venu altérer les croyances gauloises et envelopper de symboles menteurs la nudité des anciens dogmes.

Si le Forez resta jadis quelque peu en retard avec le christianisme, la ville de Feurs l'est restée bien davantage avec les lanternes. Non-seulement, à cette date du xixe siècle, le moderne éclairage au gaz n'y a pas encore pénétré, mais les simples réverbères de notre enfance, les réverbères d'avant 1789, y sont inconnus. Comme au temps du druide Adamas, les habitants de Feurs s'éclairent la nuit des rayons de la lune, et, lorsqu'il arrive à cet astre de passer la soirée chez Endymion, ces descendants des bergers de la Loire et du Lignon restent plongés dans l'obscurité la plus profonde. Notez que Feurs est une des localités considérables du département de la Loire, qu'elle compte plus de trois mille habitants, et qu'elle est à proximité des houillères de Saint-Étienne et de Rive-de-Gier, qui lui fourniraient, sans grands frais de transport, le combustible nécessaire à son éclairage. J'ai demandé si cette absence d'éclairage avait une cause, on m'a répondu que Feurs n'était pas une ville assez importante pour avoir une usine à gaz. Soit, mais au moins, ai-je fait observer, avec quatre ou cinq réverbères placés aux bons endroits, on aurait évité aux habitants le désagrément de se heurter de front dans l'obscurité ou le risque d'être écrasés par les camions qui descendent de la gare. — C'est vrai, m'a-t-on dit, aussi était-il venu, il y a six mois, un individu qui présentait un projet pour éclairer la ville, mais l'affaire n'a pas pu aboutir. Un fait historique fort intéressant résulte pour moi de cette absence de réverbères, c'est que, lorsque sous la révolution française les rares jacobins de Feurs s'avisaient de vociférer la fameuse chanson *les aristocrates à la lanterne*, ils parlaient pour la plupart sans bien savoir ce qu'ils disaient et d'une chose qu'ils ne connaissaient que par ouï-dire. C'est ici cependant qu'un des proconsuls de la terreur fit exécuter un nombre considérable d'habitants de Montbrison comme coupables de royalisme, mais il les fit exécuter par la guillotine, car, s'il avait dû les pendre, les réverbères de la ville n'auraient pu lui fournir ni un poteau ni une corde.

Ce fut un des plus sanglants épisodes de la terreur en province que cette révolte de Montbrison, conséquence de la guerre civile qui désola le Lyonnais. Le proconsul, ex-huissier qui répondait au beau nom de Javogue, procéda à la répression avec toute la rigueur propre à sa profession formaliste; saisies, arrêts, exécutions, se succédèrent avec une impitoyable promptitude. Montbrison y perdit pour un temps et son rang de capitale et son nom, qui, par une raillerie sinistre, fut changé en celui de *Montbrisé*, et pour un temps aussi Feurs hérita des titres et apanages de la sanglante condamnée. A l'une des extrémités de la ville s'élève la chapelle expiatoire que le roi Louis XVIII fit élever sous la restauration en mémoire de ces victimes forésiennes. L'édifice est lourd et sans caractère comme tous ceux du même genre qui ont été construits à cette époque, car c'est une circonstance digne de remarque que la révolution n'a pu laisser aucun monument qui la rappelât avec grandeur et beauté, et que les vaincus ont aussi mal honoré leurs victimes que les vainqueurs ont mal glorifié leurs triomphes. Aux quatre coins du monument on a placé, par une fantaisie dont je ne me suis pas bien expliqué la raison, quatre très-hautes pierres miliaires que les pluies et les années ont rendues entièrement indéchiffrables. Peut-être est-ce tout simplement pour utiliser ces pierres d'une manière quelconque qu'on en a flanqué cet édifice ; quoi qu'il en soit, je leur dois quelques minutes de bien tristes rêveries, et les inscriptions illisibles m'ont parlé avec plus d'éloquence que si elles n'eussent pas été effacées. Nous sommes de vieilles sentinelles du temps, semblent-elles dire, et nous avons charge de vous apprendre qu'il n'est pas en ce monde de souvenir qui puisse échapper à l'oubli. Voyez plutôt, nous n'avons pu retenir nous-mêmes ce qui avait été confié à notre dur granit ! Ainsi en adviendra-t-il un jour des événements de cette époque terrible dont les grandeurs vous inspirent encore tant d'orgueil et les douleurs tant de pitié. Un jour viendra, jour bien lointain, mais infaillible, où ces victoires et ces conquêtes n'éveilleront pas plus d'échos dans la mémoire des hommes qui vivront alors que n'en éveillent aujourd'hui les conquêtes du roi Sésostris, où les cœurs resteront aussi froidement fermés au récit de ces infortunes que les vôtres au récit des vieilles infortunes du passé. Un jour viendra enfin où tout cela, comme nous-mêmes, n'intéressera plus que les rares érudits de l'Académie des Inscriptions et Belles-Lettres de cette lointaine époque, où tout cela sera devenu de l'*histoire ancienne*, et sondez, si vous le pouvez, les abîmes de silence, de solitude et de ténèbres que recouvre ce mot *ancien* !

Feurs possède encore un autre souvenir de guerre et de mort, mais de guerre honorable cette fois et de mort faite pour inspirer l'amour et le respect de la vie. Sur la grande place de la ville, en face de l'église, se dresse la statue du colonel Combes, tué à l'entrée des Français dans Constantine en 1837. Voilà un emploi de la sculpture monumentale contre lequel nous n'aurons pas cette fois envie de récriminer. Au contraire des savants et des artistes, qui continuent à vivre lorsqu'ils ne sont plus par les œuvres qu'ils laissent derrière eux, les héros, à moins qu'ils ne soient souverains ou qu'ils n'aient tenu la scène du monde pendant une longue suite d'années, sont condamnés à périr tout entiers, acteurs sublimes qu'ils sont, car leur héroïsme c'est leur personne vivante même. A plus forte raison en est-il ainsi lorsque, comme le colonel Combes, ils n'ont qu'un instant pour se révéler et que cet instant est précisément celui qui les anéantit. De ceux-là, il ne restera rien, pas même le souvenir, car la mémoire humaine est de substance lente et dure, et le temps qui fut donné aux héros de ce genre fut trop court pour qu'ils pussent y faire impression. Il y a là pour ceux qui sont témoins du spectacle rapide de ces subits météores d'héroïsme, ou pour ceux qui sentent à l'égal du héros, quelque chose de particulièrement amer qui porte le regret jusqu'à la vivacité de la souffrance. Une âme admirable était parmi nous, et nous ne la connaissions pas ou nous la soupçonnions à peine, et voilà que la minute où elle nous apparaît est celle-là même où elle nous quitte; le temps de la saluer au départ, et c'en est fait pour toujours ! La sculpture monumentale n'a pas de destination plus légitime que celle de fixer de pareilles minutes fugitives et de donner à de semblables carrières héroïques ce qui leur a manqué, la durée. Les concitoyens du colonel Combes ont eu raison de ne pas vouloir que le souvenir d'une telle mort fût perdu; il y en a eu qui ont été entourées de circonstances plus brillantes, il n'y en a pas eu de plus stoïques, ni qui témoignent d'une trempe d'âme plus énergique. Voici comment elle est présentée dans les très-beaux récits de la guerre d'Afrique laissés par le duc d'Orléans et publiés par ses fils il y a quelques années. « Atteint de deux balles en pleine poitrine, le colonel Combes donne encore ses derniers ordres, puis il vient dans la batterie de la brèche, debout et l'épée haute, rendre compte au général Valée et au duc de Nemours de la situation du combat. — Ceux qui ne sont pas blessés mortellement, ajoute-t-il ensuite, pourront se réjouir d'un aussi beau succès; pour moi, je suis heureux d'avoir pu faire encore quelque chose pour le roi et pour la France. — C'est alors seulement qu'on s'aperçoit qu'il est blessé. Calme et froid, il regagne seul son bivouac, s'y couche et meurt. » Une inscription gravée sur le socle de la statue nous apprend que, par une noble et légitime reconnaissance, le roi Louis-Philippe voulut que ce cœur si digne de battre longtemps et qui ne s'était arrêté qu'en prononçant son nom fût enseveli au-dessous du monument qui lui était destiné. Rarement héros a été mieux regretté et plus délicatement honoré.

Cette statue est de Foyatier, l'auteur du *Spartacus* des

Tuileries, sculpteur à qui cette dernière œuvre a fait une réputation d'énergie, bien que sa nature le portât peut-être plus encore vers les sujets gracieux, ainsi que peuvent en témoigner plusieurs morceaux charmants que nous avons regardés avec plaisir au musée de Lyon. L'artiste a représenté le héros de Constantine dans tout le feu de l'action même où il reçut le coup mortel; la figure, pleine de vie et de véhémence, est lancée d'un mouvement plein d'énergie, des plis du manteau militaire l'épée jaillit soulevée par le bras d'un geste vif et ferme, la tête se retourne pour crier *en avant* tandis que le corps, obéissant à cet ordre de la bouche, se précipite avec impétuosité dans la direction commandée. La furie du champ de bataille a été heureusement saisie et heureusement rendue ; cependant, il faut bien le dire, ces qualités ont été payées du prix de réels défauts. Tout a été sacrifié à l'effet du mouvement, même la vérité, la nature, et ce que j'appellerai, faute d'un autre mot, la logique de l'anatomie. Il est absolument impossible que la tête qui se retourne n'entraîne pas une évolution analogue du reste du corps, et que les membres puissent marcher dans une direction si diamétralement opposée à celle du chef; on dirait une tête posée sur un pivot au-dessus du tronc, et pouvant tourner d'elle-même sans participation de son support. L'effet obtenu eût été peut-être d'une véhémence moins brusque, si la vérité anatomique eût été respectée ; cependant je doute que l'artiste ait eu raison de n'en pas tenir compte, car il y a dans les attitudes commandées par cette logique en quelque sorte fatale du corps une harmonie de lignes dont toutes les violences faites à la nature ne compenseront jamais l'heureuse beauté. Peu importent ces défauts toutefois ; cette œuvre possède un mérite plus haut qui les efface. Le sculpteur a intelligemment exprimé par cette figure l'originalité propre à notre armée d'Afrique à l'époque qu'on peut appeler l'époque héroïque, et le caractère particulier de cet assaut de Constantine, dont le roi Louis-Philippe put dire justement « que, si la victoire avait plus fait d'autres fois pour la puissance de la France, elle n'avait jamais élevé plus haut la gloire et l'honneur de ses armes. » Éloge mérité, car les Français de 1837 firent autant à Constantine qu'avaient fait leurs pères à Tarragone sous l'heureux Suchet. C'est à ce dernier siége, en effet, qu'on peut comparer sans crainte celui de Constantine pour l'énergie, l'opiniâtreté et la patience, s'il ne peut se comparer pour l'importance de la lutte et les proportions du théâtre à d'autres siéges mémorables. Ce qui distingua ce fait d'armes, c'est que ce fut une victoire non de soldats, mais d'officiers et de militaires gradés. La statue de Foyatier exprime à merveille ce caractère : le personnage que voici devant nous est à la fois un officier et un soldat; les hommes auxquels il commande, il les remplace au besoin ; le levier de son autorité, c'est l'exemple qu'il donne; son moyen d'ordonner de marcher, c'est de marcher lui-même, et c'est ce que nous le voyons en train de faire dans ce mouvement plein d'impétuosité.

C'est à Feurs, ainsi que s'en souviennent les lecteurs de l'*Astrée*, que la belle Léonide, nymphe de premier rang auprès de la semi-déesse Galatée, vint chercher son oncle, le grand druide Adamas, pour le consulter sur le cas du berger Céladon; mais la réalité ressemble rarement au roman, hélas ! Du temps même de la jeunesse de d'Urfé, pendant les guerres de religion et les batailles de la Ligue, Feurs avait vu le Lignon et la Loire rouler d'autres corps que ceux d'amoureux évanouis, et nous venons de reconnaître que le cours de l'histoire s'est chargé d'y déposer depuis cette époque des souvenirs qui, même heureux, n'ont rien de commun avec la bucolique, et n'indiquent pas précisément que le règne de la déesse célébrée par d'Urfé, Astrée, mère de la paix, soit près de commencer parmi les hommes.

II

SAINT-ÉTIENNE

Le voyageur curieux d'*effets* pittoresques devra s'arranger pour ne débarquer à Saint-Étienne que de nuit, s'il veut se ménager le plaisir d'un spectacle qui lui paraîtra nouveau, même après en avoir vu les analogues dans les régions du nord. De tous côtés, les usines à gaz, les fours ouverts, les fourneaux incandescents, éclairent sa marche de leurs reflets puissants, mornes, sans rayonnement. Devant soi, on n'y voit goutte, et là-bas, à vingt pas, tous les objets se détachent sur ce fond rouge enveloppé d'ombre avec la force et le relief des tableaux présentés par la chambre noire. Comme ces feux se succèdent en nombre infini sur un très-long parcours et que les établissements où ils brûlent sont nécessairement tout grands ouverts, on dirait une ville formée d'habitations où l'atmosphère se composerait de flamme; c'est tout à fait la capitale du royaume des salamandres, et l'on a envie de croire que les êtres que l'on voit s'agiter dans le lointain sont les laborieux citoyens de cette nation décrite par les démonologues. Ce spectacle est d'un effet violent à outrance, morose à force d'intensité, d'une ardeur presque sinistre ; cependant il est loin d'être monotone : si le ton général reste invariablement sévère, les aspects varient beaucoup selon la qualité des nuits, le degré de transparence de l'air, la nature des ombres, et avec ces aspects varient aussi les visions qu'ils évoquent. Ainsi, comme ces foyers, bien que singulièrement rapprochés les uns des autres, ne se confondent pas et restent chacun avec une *individualité* bien distincte, j'ai cru voir réalisée un certain soir la vision de l'enfer de sainte Thérèse, la plus effrayante certainement que jamais âme humaine ait eue, un enfer composé d'une longue suite de cachots cellulaires séparés par des cloisons épaisses, et dans chacune de ces cellules un damné brûlant en silence sans compagnon d'infortune avec lequel il puisse échanger les confidences de sa douleur. Un autre soir que la nuit était belle et que la lune, rendant les ombres moins épaisses, enlevait à ce spectacle une partie de sa violence sans lui rien enlever de sa sévérité, ma mémoire, sollicitée par le tableau qui flamboyait sous mes yeux, conduisit à mes lèvres ces vers de l'ode célèbre où Horace a peint les enchantements du printemps romain :

..... Dum graves Cyclopum
Vulcanus ardens urit officinas.

A la vérité, il manquait ici les nymphes jointes aux grâces dont le poëte nous montre les danses sous la présidence de la lune, car il serait bien inutile de les demander à la campagne qui entoure immédiatement Saint-Étienne ; mais, si j'avais pu à ce même moment me transporter à deux lieues de là, à Rochetaillée par exemple, j'aurais eu chance de compléter ce tableau d'Horace, dont je n'avais sous les yeux que le coin grave et fort. Quant à ce coin, il était rendu avec une telle réalité, une telle précision et une telle vigueur de coloris, que tout contraste n'aurait pu qu'en diminuer le caractère.

Saint-Étienne n'a pas précisément la réputation d'une ville aimable ; cependant un soir que je suis perché sur l'impériale d'un omnibus, j'entends un de mes voisins, contre-maître de la grande usine de Terre-Noire, qui raconte que, lorsqu'il en est absent pendant quelques jours, il éprouve ce malaise et cette tristesse qui sont les signes de la nostalgie. « Quand je n'ai pas vu depuis quelques jours le feu des fourneaux, quand je ne sens plus l'odeur de la fumée, je me dis : Ça va mal, ça va mal, et je me hâte de revenir. » L'Islande est le plus beau pays que le soleil éclaire, disent aussi, au rapport des voyageurs, les modernes habitants de l'île des volcans et des *geysers*. Eh bien ! cette affection n'a pour nous rien de grotesque, et nous comprenons qu'on aime Saint-Étienne. A défaut de charmes et d'attraits, cette ville a du caractère, et ce caractère est singulièrement robuste et sérieux. L'aspect en est mâle et populaire, même dans les quartiers nouveaux et qu'on pourrait appeler élégants. De grandes voies bien éclairées et cependant tristes, bruyamment animées et cependant mornes, des faubourgs spacieux, mais d'où toute joie est exilée, de hautes maisons bien bâties de physionomie grise, des églises sans architecture, des monuments sans goût et sans beauté, voilà Saint-Étienne. Répandez sur le tout un léger badigeon de fumée et semez le sol des grandes voies d'entrée d'un épais tapis de poussière de charbon, et vous aurez le tableau au complet. Si fort est ce caractère de virile vulgarité, qu'il a résisté et qu'il résiste à toutes les tentatives modernes d'embellissement. On a essayé de donner des monuments à

Saint-Étienne, on lui a bâti un palais des arts pour loger ses collections ; à la cime d'une élévation artificiellement creusée en forme de grotte, on lui a construit une école de dessin qui affecte des airs de palais et à laquelle on monte par deux rampes quasi royales, mais ces édifices, lourds et prétentieux, hors de proportion d'ailleurs avec leur destination, vont à Saint-Étienne comme un habit de fête à un laborieux artisan ; la ville en est non embellie, mais *endimanchée* en quelque sorte. Telle la ville, telle la population. Le peuple de Saint-Étienne a la réputation d'être méchant ; ce qui est certain, c'est que c'est un des plus moroses que j'aie vus. Je ne l'ai pas surpris à rire, et rarement je l'ai entendu chanter ou vociférer ; cependant j'ai séjourné à Saint-Étienne une semaine entière. Cette disposition semble propre, il est vrai, non à Saint-Étienne particulièrement, mais à toute cette région du Lyonnais qu'il avoisine, car le peuple de Lyon, qui passe à trop bon droit, hélas ! pour violent, est un des moins bruyants qui existent, et une des choses qui étonnent le plus le voyageur, c'est de trouver si peu tapageuse une cité si considérable et où fermentent les volcans dont nous avons vu les explosions. Ajoutons qu'il n'y a rien dans le type physique du peuple de Saint-Étienne pour rehausser cette physionomie morose. Ce type est ingrat, et lorsque la fatigue ajoute ses stigmates à cette absence de beauté, l'aspect en est douloureux sans être attendrissant, car ce n'est que pour les chrétiens à outrance et pour les âmes forcenées de charité que la souffrance non relevée de grâce peut être intéressante. Certes voilà un tableau dur de formes, sec de coloris, sombre de ton ; oui, mais l'âme du travail est ici partout présente et a marqué cette ville d'une empreinte ineffaçable, et ce cachet lui crée une originalité qui ne se laisse pas oublier. Bien des villes autrement coquettes, autrement avenantes, autrement gracieuses, ne mordront jamais sur le souvenir avec autant d'énergie, et lorsque la mémoire cherchera leurs images, elle s'étonnera de les trouver si effacées et de voir celle de Saint-Étienne conserver encore toute sa vigueur.

Parmi toutes les villes de France que je connais, il n'y en a qu'une qui ressemble à Saint-Étienne, c'est la Rochelle; cette ressemblance est aussi étroite qu'elle peut l'être entre une ville du littoral et une ville de l'intérieur des terres. Comme Saint-Étienne, la Rochelle est remarquable par son absence complète de beauté, qui frappe d'autant plus que toutes les villes voisines de l'Angoumois et de la Saintonge sont remarquablement jolies. Pas plus que celle de Saint-Étienne, les enjolivements modernes n'ont réussi à égayer la physionomie grave et soucieuse de la Rochelle. A la vérité, Saint-Étienne emporte la palme pour la laideur des monuments, car la nature de son emplacement lui refuse l'analogue de cette admirable entrée du port de la Rochelle, qui forme l'un des plus magnifiques sujets de paysages marins à la façon de Claude Lorrain et de Joseph Vernet qu'un grand peintre puisse rêver, et la fortune de son histoire lui a refusé l'analogue de ce noble hôtel de ville qui fait passer comme un courant de l'air vivifiant de la renaissance à travers l'atmosphère quelque peu lourde de la cité marchande; en revanche, les églises de l'une et de l'autre ville n'ont rien à s'envier pour la mauvaise grâce et l'absence d'intérêt. Eh bien! en dépit de tout, l'image de la Rochelle, comme celle de Saint-Étienne, s'enfonce profondément dans le souvenir, et, pour les mêmes raisons, elle a de la force et du caractère.

Le travail, voilà quel fut de tout temps le génie de Saint-Étienne; il serait vain d'en chercher un autre. Ce n'est pas que Saint-Étienne n'ait pas d'histoire, mais cette histoire est pour ainsi dire de contre-coup et de choc en retour ; aucun des mouvements de notre existence nationale n'est originairement parti de ces régions. Aussi la trace du passé y est-elle bien peu marquée, et a-t-on bientôt fait de glaner les quelques souvenirs qui y conservent encore existence de mânes. Entrons par exemple dans les églises, qui sont partout aujourd'hui en France des manières d'archives vivantes, les seules d'ailleurs que nous voulions consulter dans ces excursions, parce qu'elles sont les seules qui se lient à quelque chose ayant encore forme et couleur, ou palpitant encore d'un reste de grandeur et de passion. Dans la plus spacieuse, dédiée, je crois, à Notre-Dame, j'aperçois un pauvre *bébé* du peuple qui trotte de toute la vitesse de ses petits pieds nus pour aller baiser des reliques exposées à la vénération des fidèles ; ce sont celles de saint Ennemond, un vieux saint de l'époque mérovingienne, resté célèbre dans cette région, où plusieurs localités lui doivent leur origine, et qui combattit le véritable bon combat de son temps, car il fut compagnon zélé du grand saint Léger dans sa lutte contre Ébroïn. Dans les églises dédiées à saint Louis et à saint Étienne, je rencontre le souvenir de religieux morts au xviie siècle en soignant les pestiférés, ce qui rappelle que cette ville fut en effet visitée pendant plus d'un siècle par les épidémies avec une insistance particulièrement cruelle. C'est tout, et ce tout est peu, comme vous le voyez ; maintenant, si j'abandonne les témoignages des monuments pour repasser en ma mémoire les faits dont cette ville a été le théâtre, je n'en vois guère qu'un seul qui me présente quelque intérêt : c'est que Saint-Étienne est une des cités qui ont payé les frais de l'apprentissage militaire de Henri IV. Il était encore presque enfant, seize ans à peine, et servait dans l'armée de Coligny, qui croyait ne mener alors à sa suite que l'espoir du parti protestant, et ne se doutait pas qu'il veillait sur une bien plus grande fortune, celle de la France même. Quant à notre histoire morale et intellectuelle, je ne vois pas que Saint-Étienne y ait pris une part beaucoup plus grande qu'à notre histoire politique. Ceux de ses enfants qui se sont fait un nom dans les lettres et les arts sont peu nombreux et appartiennent tous à notre époque, Fauriel, Jules Janin, Antonin Moine. Encore est-il vrai de dire que, si les uns et les autres sont Stéphanois, ils le sont par le seul hasard de la naissance, et non par la nature du talent, car il est à peu près impossible de surprendre chez aucun l'influence du pays natal. On ne voit pas quels germes Saint-Étienne a jamais pu déposer dans une intelligence de la nature de celle de Fauriel, qu'on imaginerait Provençal ou Catalan encore mieux que Forésien, au moins à ne consulter que ses préférences littéraires. Pour les deux autres que nous avons cités, Jules Janin et Antonin Moine, un des caractères les plus marqués de leurs talents, c'est précisément l'absence complète de tout élément local. Rien chez eux ne sent particulièrement le terroir; l'un et l'autre se sont développés en jetant leurs racines à la façon de nénufars dans l'élément littéraire ambiant de leur époque, c'est-à-dire le courant romantique. Si Saint-Étienne est par hasard pour quelque chose dans la verve fantasque de Janin et dans la grâce tourmentée d'Antonin Moine, cet atome est si subtil que nous renonçons à le distinguer.

En dépit de ces aptitudes très-exclusivement industrielles, Saint-Étienne offre beaucoup plus de ressources aux curieux d'art qu'on ne pourrait le supposer. Ses églises sont fort laides comme architecture, cela est vrai, et la principale se présente même dans un tel état de délabrement qu'elle en est à la fois aussi indigne du culte que d'une grande cité. Elles n'en contiennent pas moins plus d'une œuvre agréable et intéressante. Dans l'une, celle qui précisément est si délabrée, je distingue une statue de la Vierge par M. Montagny, sculpteur stéphanois, d'une charmante exécution et d'une expression de pureté naturelle, de chasteté naïve et souriante, tout à fait conforme au type que peut se former une imagination pieuse et un peu populaire, qui ne cherche pas à mettre trop de philosophie dans sa croyance. Dans une autre, c'est une Vierge de M. Fabisch, le délicat artiste qui a tant fait pour la décoration de Lyon, où nous le rencontrerons si souvent, œuvre minutieusement étudiée, pleine de distinction comme toutes celles de ce sculpteur, et qui semble comme un reflet de quelqu'une des belles figures de Vierges de la renaissance italienne. Plusieurs des autels de ces églises sont très-richement sculptés et ornés de bas-reliefs à la manière lyonnaise, car pour cette décoration intérieure des édifices sacrés Saint-Étienne a suivi l'inspiration et le goût du Lyonnais, dont il est d'ailleurs si proche. Un de ces autels, dédié à saint Charles Borromée, présente en bas-reliefs quelques-uns des épisodes de la vie du saint, entre autres la communion des pestiférés de Milan, composition dont nous admirerions la pathétique ordonnance, si nous ne nous apercevions qu'elle n'est qu'une traduction par la sculpture d'un superbe tableau de Gaspard de Crayer que possède le musée de Nancy. Toutes les œuvres de ces églises sont exclusivement modernes; quant aux œuvres anciennes, Saint-Étienne n'en possède pas à proprement parler; mais, à défaut d'œuvres, elle a su réunir dans son musée une très-riche collection de précieux débris du passé qui mérite plus d'une visite.

Ce musée est double en quelque sorte, ou du moins se compose de deux sections bien tranchées. La première, particulièrement intéressante dans cette cité traditionnelle des armuriers, est une belle collection d'armes de toutes époques et de tous pays, dont le noyau principal, cadeau du maréchal Oudinot, est formé de pièces rassemblées par la curiosité militaire de cet illustre homme de guerre. Comme la plupart de ces pièces sont des armes de luxe et de grands seigneurs, par conséquent travaillées avec un soin excessif, on peut y prendre une notion très-complète des arts particuliers de l'armurerie aux trois derniers siècles : ciselures des poignées, sculptures des crosses, incrustations d'ivoire, damasquinage des lames ; mais ce qui est plus curieux encore, c'est de voir à quel point les génies des différents peuples sont restés fidèles à eux-mêmes dans ces arts de détail. Entre une arme allemande, une arme italienne et une arme française, il n'y a d'autre ressemblance que leur destination commune, qui, pour toutes les trois, est de donner la mort avec le plus de certitude possible. Les armes allemandes, de forme généralement forte et lourde, sont ornées d'incrustations et de figurines roides et naïvement gauches, d'un goût gothique, où l'on reconnaît les compatriotes d'Albert Dürer. Les armes italiennes, simples de forme ou compliquées par un seul détail sur lequel la pensée du fabricant s'est portée isolément, sont ornées de riches arabesques et quelquefois de figurines dans le style des décorations de la renaissance. Les armes françaises, conformes au goût français traditionnel, sont légères de forme et embellies d'incrustations et de ciselures qui cherchent surtout la grâce et l'élégance, et qui sont comme réglées par une fantaisie sobre. La seconde section de ce musée est une collection rétrospective d'objets de toute provenance des industries d'art d'autrefois, meubles et coffres, faïences et porcelaines, ivoires et tapisseries. La collection céramique, qui est fort belle, se partage à peu près également entre les faïences provençales, fort gaies avec leurs paysages en miniature se détachant sur un fond d'une blancheur éclatante, tout à fait comme les villages et les aspects de ces beaux pays se détachent sur le fond lumineux du ciel méridional, et les faïences de vieux Rouen, celle de toutes les anciennes fabriques qui a le mieux compris à mon gré le genre de décoration à la fois riche et sensé que comportent des vases qui, pour si soignés qu'on les veuille, sont destinés cependant à un service commun et journalier.

Parmi cette foule d'objets divers, il en est deux que nous voulons distinguer de préférence, non parce qu'ils sont parmi les plus beaux, mais parce que quelques atomes de notre âme nationale y sont restés attachés en quelque sorte et qu'ils ont provoqué en nous un retour de quelques instants sur la vie morale de nos pères et les destinées que leur firent les croyances qu'ils adoptèrent avec tant d'enthousiasme. L'un est un meuble du dernier siècle dont les deux battants sont ornés de deux petits tableaux de genre qui ressemblent à des Meissonier sculptés sur bois. Sur l'un des battants, un jeune seigneur en jabot de dentelle et en perruque correctement frisée est assis, écrivant sur un pupitre chargé de papiers et surmonté de quelques rayons de bibliothèque. C'est un des élégants laboratoires où les nobles esprits de l'époque s'occupent à rechercher les moyens de créer la lumière afin de la répandre sur le monde avec une générosité que n'avaient pas connue les âges passés. Sur l'autre battant, nous revoyons le même laborieux sanctuaire, mais occupé par un hôte tout différent, un jeune homme en costume populaire, peut-être un serviteur, peut-être même un frère de lait familier dans la maison, car il a l'air d'être là comme chez lui. Les lumières se propagent, vous le voyez : du jeune seigneur du premier battant, elles sont descendues au jeune plébéien du second ; lui aussi connaît maintenant le prix de la science, lui aussi veut savoir ce que contiennent les livres de son maître. L'incroyable enthousiasme moral et la généreuse illusion de l'époque Louis XVI ressuscitent dans l'âme en contemplant ce meuble, devant lequel on se sent pour quelques minutes le contemporain de Turgot, de Franklin et du Voltaire des derniers jours. Temps de sainte lubie qu'on ne peut s'empêcher de respecter tout en en souriant, et surtout d'envier, car il eut ce double bonheur d'avoir oublié ce qu'est la nature humaine et de n'avoir pas eu encore la douleur de le réapprendre ! Temps de chimère fatale, mais si noble, que, même lorsqu'on en est désabusé, on ne veut pas perdre tout espoir en elle ! Le peuple répondit avec ardeur à cette invitation de ses sages, et nous le voyons en effet fort curieux de s'instruire à cette fin du siècle, ainsi qu'en témoigne certaine anecdote racontée par Besenval, qu'aucun historien semble n'avoir aperçue et qui en dit cependant fort long sur l'état des esprits au début de la révolution. C'était dans les jours qui précédèrent la prise de la Bastille, et, comme on sentait venir l'orage, Besenval ne cessait d'aller et de venir entre le maréchal de Broglie et Louis XVI. Un soir, il entre chez le roi et lui remet un message que ce dernier reçoit et décachette debout; or, à ce moment, le valet de pied qui l'avait introduit, et qui n'était pas sorti de l'appartement, avance la tête par-dessus l'épaule du roi pour tâcher de lire la teneur du message. Le roi vit le geste, dit Besenval, et s'arma des pincettes ; puis ses yeux se remplirent de larmes.

Le second objet présente la nature humaine sous un jour diamétralement opposé : c'est une grande tapisserie qui appartient au xviiie siècle, mais qui ne s'est inspirée que des côtés cyniques et de la fantaisie philosophico-libertine de cette époque. Cette tapisserie représente une forêt des régions tropicales peuplée de singes, qui s'y abandonnent à tout l'enjouement de leur pétulante nature. Quelques-uns grimpent aux arbres et s'y suspendent dans toute sorte de postures effrontées; d'autres s'agacent de caresses amoureuses; d'autres encore se tiennent assis, prenant le frais au seuil de leur antre, et jacassent ensemble comme de bons voisins par un soir d'été. Au milieu de tous ces jeux se détache un épisode assez obscur, mais fort spirituel, quelle qu'en soit la signification. Un homme d'âge mûr et de physionomie douce et respectable, une sorte de philosophe, ou, comme on disait alors, d'ami de la nature et des hommes, le dos chargé d'une grande cage remplie de singes, monte péniblement une côte en s'aidant d'un long bâton. Il est assez difficile de dire si ce sont les singes qui sont les captifs de l'homme, ou si c'est l'homme qui est le captif des singes. Je penche plus volontiers pour cette dernière opinion : ce sont évidemment les singes qui se font voiturer pour leur plaisir à travers la campagne par le moyen de ce philosophe, attelage d'un pied moins sûr que celui d'une bonne mule, mais de caractère beaucoup plus docile. Cette cage est leur carrosse, on le voit bien à leurs mines joyeuses; des captifs auraient l'air plus abattu ou plus courroucé. Il me semble qu'on lit assez facilement dans cette allégorie une leçon épigrammatique à l'usage des philosophes et des philanthropes, qui si souvent croient transporter des hommes et ne transportent que des singes. Probablement encore y a-t-il ici un souvenir transformé de la terrible peinture que l'amer Swift, au début de ce même XVIIIe siècle, traça du peuple des Yahos, peinture qui, lorsqu'elle parut, fit frissonner les uns d'épouvante et souleva les colères des autres, mais que Sarah, duchesse de Marlborough, n'en déclara pas moins le portrait le plus vrai qu'on eût tracé de la nature humaine; et elle s'y connaissait, car elle avait vu les Yahos sous toutes les formes et sous tous les costumes, en velours et en dentelles à la cour de la reine Anne, et sous les vêtements des mariniers de la Tamise, lorsqu'elle était descendue par jeu dans les rues de Londres, déguisée en marchande d'oranges.

Des grands établissements industriels de Saint-Étienne, je n'ai visité que les deux plus considérables, la manufacture d'armes et l'usine de Terre-Noire. M. le commandant Marduel, à qui j'étais recommandé, a bien voulu me servir de guide à travers ces grands ateliers, dont il a la direction, et dont le spectacle est curieux à d'autres points de vue encore que celui de la fabrication des armes. Ce spectacle est celui d'un peuple de machines servi par un peuple d'ouvriers. Ce n'est pas sans raison que je m'exprime ainsi, car là les machines sont les ouvriers véritables, et les hommes ne sont que leurs auxiliaires. Chacune de ces machines a sa spécialité, dont elle s'acquitte à merveille. Celle-ci coupe le fer du canon à la longueur voulue, celle-là lui donne la première façon, cette troisième le lime et le polit, celle quatrième le perfore, celle cinquième le creuse, celle sixième y marque les rayures, celle septième les complète ; et il faut voir avec quelle intelligence elles accomplissent leur tâche, avec quelle précision ce lourd mouton tombe sur le fer en détonant comme un bruit d'artillerie, avec quelle adresse cette machine bien dentée tire du canon de longs et délicats rubans d'acier, avec quelle impassibilité cette autre scie le dur métal ! Même chose pour les pièces qui composent l'âme et le jeu du fusil, même chose pour le sabre-baïonnette qui lui est adjoint, même chose pour le bois de la crosse. En toute opération, la machine se charge du plus difficile et ne demande à l'homme que le *minimum* le plus réduit d'intelligence : c'est le triomphe le plus complet de la méthode de la division du travail. Aussi n'ai-je

Saint-Étienne. — Manufacture d'armes.

éprouvé aucune surprise en apprenant que parmi cette multitude d'ouvriers il n'y en a qu'un très-petit nombre qui fussent capables de monter un fusil et qui soient véritablement armuriers ; quant aux autres, c'est à peine s'ils peuvent dire qu'ils savent travailler le fer, car pour la besogne qu'ils ont à faire il a suffi de l'apprentissage le plus sommaire. Un fait qui me causa beaucoup plus d'étonnement, c'est que, malgré la rapidité d'exécution obtenue par cette extrême division du travail, il s'écoule cependant plus de cinq mois entre le moment où un fusil est commencé et le moment où il est achevé. Mais M. le commandant Marduel m'expliqua très-clairement cette singularité en me montrant comment on est obligé de procéder par grandes masses ; en sorte que, bien que l'opération de chaque machine soit pour chaque pièce de quelques minutes seulement, comme on est obligé de la répéter sur une très-grande quantité de pièces à la fois, afin que le travail n'ait jamais de temps d'arrêt, il s'ensuit nécessairement une série de retards. Par exemple, il ne suffit pas qu'un canon ait reçu sa forme pour passer à l'opération suivante, il lui faut attendre que tous les canons de la masse dont il fait partie aient successivement reçu les leurs. Les nécessités de la distribution du travail retardent donc l'exécution en même temps que la division du travail l'accélère ; mais c'est sur la masse des produits obtenus que les avantages de cette méthode sont sensibles.

Comme j'avais également pour Terre-Noire un guide aimable et complaisant, M. de Chavigné, chef du laboratoire de chimie dans cette grande usine, j'ai pu suivre dans tous ses détails l'opération d'ailleurs fort simple de la production de l'acier, ou plutôt du fer aciéré, selon la méthode Bessemer. Beaucoup de nos lecteurs savent certainement en quoi consiste cette méthode mieux qu'ingénieuse, car elle relève d'un esprit véritablement scientifique. Étant donnée une fonte d'une nature déterminée, il s'agit de la transformer en acier en la débarrassant des éléments qui empêchent la conversion ; ce qui se fait en introduisant dans le récipient où est versé le métal un courant d'air amené par une soufflerie qui produit l'inflagration et la combustion des éléments hostiles ou rebelles, puis en ajoutant, selon les cas et selon la nature de la fonte, une certaine quantité de matières aciéreuses. C'est un spectacle pyrotechnique de la plus grande splendeur. D'abord la fonte descend des hauts fourneaux, fleuve de feu liquide, d'où les gaz s'échappent sous forme de flammes rouges et bleues, tout à fait comparable au Phlégéton de l'enfer classique, — qui dut probablement son origine à quelque phénomène de ce genre, — ou mieux encore à quelque courant de notre planète alors qu'elle n'était qu'un immense océan de métal en fusion. La fonte une fois descendue, on la transporte dans le récipient bien nommé *le convertisseur;* on chauffe, on souffle, et alors se produit un ravissant feu d'artifice : des milliers d'étincelles métalliques se dégagent du récipient, chacune de ces étincelles se divisant en parties toujours égales qui se disposent dans un ordre toujours identique, et prennent la forme invariable d'une étoile, au moins telle que l'éloignement et l'erreur de nos sens nous la figurent, ou plus exactement encore la forme d'une croix de la Légion d'honneur. C'est dans de vastes proportions le même spectacle que celui de ces légères fusées, dites fusées japonaises, aux étincelles courtes, seches et étoilées, dont les salons de Paris s'amusaient il y a quelques années. A ce fourmillement d'étincelles viennent bientôt s'ajouter les jets d'une flamme bizarre, d'un violet à la fois vif et pâle, tirant sur la nuance des pierres d'améthyste de choix. Mais plus bizarre que sa couleur est sa forme : elle s'élance du métal, nette, rigide, tranchante et perçante comme la pointe d'une épée bien aiguisée ou le fer d'une lance, tout à fait semblable dans sa subtilité à cet acier d'où elle se dégage. Enfin les derniers éléments étrangers sont éliminés, le métal est affiné au degré voulu ; on vide le convertisseur, et l'acier descend en nappes d'une blancheur éblouissante comme le rayonnement d'un soleil sans impuretés ni alliages. Pour la première fois, en le regardant couler, je comprends dans toute sa vérité cette comparaison de l'*Apocalypse*, dans la description du Fils de l'homme à la bouche armée des deux épées : « Et ses pieds étaient pareils à l'airain fin qui sort de la fournaise. »

J'ai été curieux de savoir quels étaient les salaires des ouvriers employés à cette opération; on m'a répondu qu'ils pouvaient varier entre 8 et 12 francs par jour. Le métier est dur, fatigant, et il n'est pas sans dangers : les explosions sont possibles, la plus légère éclaboussure de ce métal embrasé est irrémédiable ; ces jolies étincelles dont nous admirions tout à l'heure la forme et le jeu peuvent aveugler. Néanmoins on peut dire que voilà un beau salaire en échange d'un honnête travail. Remarquez en effet que des diverses conditions qui contribuent à élever plus ou moins les salaires des diverses professions, — la participation de l'intelligence au travail, la longue durée de l'apprentissage, le capital plus ou moins considérable exigé pour l'éducation, le jeu des chances favorables ou défavorables qui font ou ne font pas réussir dans la profession adoptée, enfin les risques du métier, — il ne s'en rencontre ici qu'une seule, la dernière, encore ces risques ne sont-ils pas de telle nature qu'on ne puisse les éviter avec un peu d'attention et de prudence, et sont-ils compensés par des caisses de retraite, qui mettent à l'abri du besoin les victimes des accidents. Ce salaire s'élève donc, et de beaucoup, non-seulement au-dessus de la moyenne des salaires des métiers qui doivent réunir les conditions diverses, difficiles et coûteuses énumérées ci-dessus, mais de la moyenne des salaires des professions dites libérales. Rien n'indique mieux l'esprit et le courant de l'époque que ce renversement radical et désormais définitivement accompli entre les salaires des diverses professions ; ce sont celles qui exigent le moins de conditions qui l'emportent. L'équilibre aujourd'hui rompu se rétablira-t-il jamais? J'en doute fort ; mais ce qui est certain, c'est qu'il faut qu'il se rétablisse, sous peine de déchéance rapide ; car au fond le maintien de cet équilibre — on s'en apercevra un jour, on s'en aperçoit peut-être déjà — n'est pas autre chose que le maintien même de la civilisation. Non-seulement ce serait fait de la civilisation, si cet équilibre devait être rompu pour toujours, mais ce serait fait d'une chose plus restreinte et moins importante, c'est-à-dire de la démocratie elle-même, qui serait la première emportée par un pareil état social.

Il est évident en effet que, le jour où l'on reconnaîtrait que les professions les plus difficiles subissent un désavantage trop marqué, ces professions se verraient de plus en plus abandonnées ; que la masse du peuple cesserait de fournir des candidats aux professions intellectuelles s'interdirait de courir les chances redoutables de ces carrières libérales, dont le jeu ne vaudrait pas la chandelle, et que les paysans eux-mêmes refuseraient de faire des prêtres, ce qui est encore aujourd'hui le but suprême de leur ambition. Le peuple resterait donc avec ses beaux salaires, et les fonctions sociales de toute nature, les emplois de l'intelligence, aussi petits qu'ils fussent, retourneraient nécessairement, fatalement, aux seuls riches et aux très-rares individus qui présenteraient, soit par le fait de la naissance, soit par le fait de la faveur capricieuse de la fortune, une très-forte assiette sociale. On aimait naguère à parler de questions sociales, sans bien se demander où elles étaient ; cette fièvre s'est aujourd'hui quelque peu calmée, et l'orateur le plus intelligent de la démocratie, fatigué sans doute de récriminations dangereuses que démentent les faits, a pu même déclarer un certain jour qu'il n'y avait pas de questions sociales. Il y en a cependant, seulement elles ne sont pas toujours là où on les cherchait. Peu importe au reste, tout travail est digne de salaire, et tout individu est en droit de tirer de son travail le plus d'avantages possible ; mais alors il faut supposer que par compensation la paix sociale est d'autant mieux assurée que le mécontentement et l'indignation ont moins de raisons d'être légitimes, que le bien-être et l'aisance sont plus également répartis, et que la richesse générale s'est accrue dans de plus grandes proportions. Sans doute les haines entre les classes sont inconnues, les diverses conditions, satisfaites de leur sort, ignorent l'antagonisme et l'envie, les hommes sont plus disposés à la justice, les individus comprennent et observent mieux le respect qu'ils se doivent mutuellement. Il en doit être certainement comme nous venons de le dire, car, s'il n'en est pas ainsi, où est le profit social de cette plus grande équité dans la rétribution du travail, et où est pour l'individu le profit moral, le progrès d'âme ? Toutes les fois que je rencontre un fait analogue à celui que je viens de signaler dans mes courses à travers cette France si absolument démocratique, et où la paix devrait avoir si peu de raisons sérieuses d'être troublée entre ses enfants, j'achète pour le prix modeste de 50 centimes une édition populaire des *Lettres persanes* de Montesquieu, et je relis pour la centième fois l'histoire de ces Troglodytes qui n'avaient pour richesses que leur amour de la justice, leur haine du mal, et le mutuel respect qu'ils se portaient les uns aux autres.

Les guides m'ont manqué malheureusement pour les houillères de Ricamarie et de Firminy; aussi n'ai-je pu, à mon grand regret, pénétrer dans les mines. J'ai dû me contenter de regarder monter et descendre la longue chaîne des bannes qui portent le charbon, et d'assister aux opérations du triage des diverses qualités de houille et du tamisage des charbons réduits en fragments ou en poussière, spectacle monotone, salissant et peu intéressant. En allant et en revenant, je vois un peuple de femmes et d'enfants munis de paniers, essaimés sur ces tertres énormes que forment si rapidement autour des mines et des usines les débris des forges et les scories de toute nature du travail; ils y font le glanage des fragments de houille ou de coke qui restent mêlés à ces amas, comme en d'autres régions les pauvres gens font le glanage du bois mort et la récolte des bruyères. Ainsi il ne se perd pour ainsi dire pas un atome de la précieuse substance; mais que peuvent bien devenir ces amas de matière stérilisée sur lesquels ils recueillent leur chauffage? Ils ne laissent pas que d'être embarrassants, car à certains endroits ils forment de véritables montagnes, et chaque jour, dans toutes les régions industrielles de l'Europe, il en naît de nouvelles. Il est difficile de croire que la vie reparaisse jamais dans ces débris d'où tous les éléments créateurs ont été soutirés, ou bien la transformation serait si lente, que le monde aurait le temps de cesser d'être avant qu'elle fût accomplie. Nous assassinons notre planète lentement, mais sûrement; chaque jour nous lui retirons une partie de sa matière vivante, et nous lui rendons en échange une matière plus que morte, c'est-à-dire stérilisée. Jusqu'à nos jours, ce meurtre de notre planète a été si lent, que c'est à peine si les coups ont marqué à sa surface et fait plaie à ses flancs ; mais, comme il a pris de notre siècle une activité fébrile qui désormais, non-seulement ne connaîtra pas de temps d'arrêt, mais ira s'augmentant d'année en année, il est impossible que quelque redoutable catastrophe ne réponde pas un jour à tant de laborieuse violence. Peut-être abrégeons-nous à notre insu la durée de notre race? Peut-être, dans notre ardeur d'augmenter les ressources de la vie, réalisons-nous ce vers du poëte latin :

> Et propter vitam vivendi perdere causas.

Et la nature de cette région? Dans la préface de son *Arcadie*, curieux chapitre d'autobiographie personnelle mêlé de critique, Bernardin de Saint-Pierre rapporte le fragment suivant d'une conversation qu'il eut un jour avec Jean-Jacques Rousseau. « A propos des bergers du Lignon, dit Rousseau, j'ai fait une fois le voyage du Forez tout exprès pour voir les pays de Céladon et d'Astrée dont d'Urfé nous a fait de si charmants tableaux. Au lieu de bergers amoureux, je ne vis sur les bords du Lignon que des maréchaux, des forgerons et des taillandiers. Ce n'est qu'un pays de forges. Ce fut ce voyage du Forez qui m'ôta mon illusion. Jusqu'à ce temps, il ne se passait pas d'année que je ne relusse l'*Astrée* d'un bout à l'autre; j'étais familiarisé avec tous ses personnages. Ainsi la science nous ôte nos plaisirs. » Que voilà bien l'âme de Jean-Jacques, aussi prompte à s'enthousiasmer que prompte à se rebuter! Que voilà bien ses amours de tête et ses injustes mépris! Probablement il n'a pas bien cherché, ou s'est désenchanté dès le premier aspect et le premier jour ; car outre que dans le pays proprement dit d'Astrée et de Céladon, c'est-à-dire Montbrison et ses environs, les forges devaient être assez peu abondantes à son époque, ne l'étant pas encore beaucoup de la nôtre, il aurait pu trouver dans la région industrielle même plus d'un paysage harmonieusement sauvage qui lui aurait rappelé sans désavantage sa Suisse et sa Savoie. Tel est, par exemple, aux environs de Saint-Étienne, le paysage que l'on traverse pour aller au barrage du Furens, ingénieux ouvrage qui a permis d'emmagasiner ou, pour mieux dire, de capitaliser les eaux capricieuses de ce torrent qui allaient trop souvent s'éparpillant sans profit, car nous sommes ici au point le plus élevé du bassin de la Loire, et la ville était souvent à sec. La route court tout le long des flancs d'une montagne qu'elle coupe à peu près aux deux tiers de sa hauteur. La partie de la montagne qui domine le voyageur est l'aridité même, rien que rochers et maigre terre où poussent à grand'peine quelques touffes de triste bruyère; mais au-dessous de la route, la fertilité, qui se montre d'abord timidement, va en augmentant toujours davantage à mesure que l'on approche du ravin, et sur le versant opposé de ravissantes prairies en pente, où paissent des troupeaux rapetissés par la distance, font contraste à cette stérilité. En contemplant du haut de l'altière, mais morne éminence où l'on est placé, ce tableau charmant, on se prend à envier le sort de ces heureux troupeaux qui paissent dans ces profondeurs, et l'on se dit que dans la nature, comme dans le monde, le bonheur est dans la vallée et les lieux bas couverts d'ombres. Quel thème mieux approprié au génie de Jean-Jacques que celui que nous indiquons, et que n'aurait pas manqué de lui fournir ce paysage, s'il l'avait vu? Tout à coup, au moment où l'on va toucher la crête de la montagne, le spectacle d'un poste de guerre des anciens jours surgit devant vos yeux avec le relief puissant de sa porte encore intacte et de sa forteresse ruinée, bâtie sur un rocher qui sert de diadème à cette élévation. C'est le village bien nommé de Rochetaillée, village tout féodal et qui n'a pas à craindre de perdre son caractère, car il ne fait qu'un avec son rocher, qui lui impose sa forme et ses limites, et ne lui permet ni de monter plus haut, ni de descendre plus bas. Au sommet du rocher, le château ; sur une éminence inférieure et formant plateau, l'église ; autour de ses flancs, des sentiers de courte étendue, mais montueux à l'excès : ce sont les rues du village. *Ostium non hostibus*, ce n'est pas là une porte qui s'ouvre aux ennemis, lit-on encore à l'entrée de ce village fait à souhait pour la guerre ; rarement devise dut être mieux justifiée. Au-dessous de Rochetaillée, on descend à la gorge qui mène à la cascade du Furens, et l'on suit avec délices un paysage d'une sauvagerie complète, où l'on s'attarde sans se lasser. Tant qu'il reste une heure de jour au ciel et un souffle de chaleur dans l'air, on veut contempler cette montagne fauve aux tournants brusques et bien dessinés, chargée de pins aux aiguilles d'un vert sombre ; on veut jouir de cette solitude rafraîchissante dont ne parviennent à troubler le silence ni la cascade du Furens à la faible voix, ni le bruit des habitations placées sous vos pieds dans les profondeurs du ravin. Certes, s'il avait fait ce voyage, Jean-Jacques Rousseau n'aurait pas eu à se désenchanter de l'*Astrée*, car il aurait dû reconnaître que les bergers de d'Urfé ne purent jamais trouver de théâtre plus propre à leurs méditations amoureuses que ces gorges charmantes, que Polémas et Clidamant ne purent jamais posséder de forteresse mieux assise que Rochetaillée, et que le druide Adamas ne connut jamais de lieu de retraite plus favorable aux soliloques d'une âme pieuse que cette solitude de la cascade du Furens.

III

MONTBRISON. — LE TOMBEAU DE GUY IV. — LA DIANA.

La colline où s'élève Montbrison était sous les vieux Gaulois consacrée à la déesse des songes, et le plus joli monument de la ville, par une de ces altérations de mots dues à cette heureuse ignorance populaire qui a produit parfois des noms si poétiques, s'appelle la *Diana*. Il n'a tenu qu'à moi, pendant mon séjour à Montbrison, de croire que ces antiques et toujours jeunes déesses avaient voulu me faire les honneurs de leur ville, car j'y ai été favorisé d'une succession de clairs de lune admirables dont je n'avais pas vu les pareils depuis vingt-cinq ans; j'en ai joui comme si j'étais encore à cet âge où j'aurais pu me figurer que c'était pour moi qu'ils brillaient. Enfin je les revois, ces clairs de lune du printemps et de l'automne de mes régions d'Aquitaine, ces clairs de lune à la si douce splendeur, dont la lumière, comme heureuse de traverser un air plus pur, pénètre tout atome de ce cristal impalpable, fluide et vivant qui nous enveloppe! Ce n'est pas la mélancolie rêveuse et élégiaque des clairs de lune des régions du

Nord; ce n'est pas la vigueur lumineuse aux fortes ombres des belles nuits d'Italie, toute pareille à une beauté du Titien ou de Véronèse ressortant avec éclat des flots d'un riche velours noir : c'est quelque chose de limpide, de transparent, de gai et de jeune, de moins fait pour la rêverie que pour la réalité du bonheur, de moins fait pour le repos songeur que pour l'activité du plaisir. Ce n'est pas de ces clairs de lune que Lorenzo aurait pu dire à Jessica : « Regarde comme le clair de lune s'est assoupi sur ce banc de gazon », car ils sont au contraire fort éveillés, et payent même cette vivacité par une certaine absence de mollesse et de langueur. Ils sont trop francs peut-être aussi, trop sans mystères, trop complaisants à répandre sur tous objets une pâleur intéressante : une si douce lumière transformerait tout Ragotin en un sympathique Pierrot blafard, et le visage de Maritorne elle-même en acquerrait la *morbidesse* d'une figure d'Hébert. Du long boulevard planté d'arbres qui entoure la ville, ils ont fait un beau parc seigneurial, aux allées profondes et aux nobles massifs, où les réverbères à gaz brillent comme les lustres d'une fête qui serait présidée par Diane elle-même ; car la vieille déesse est ici tellement présente, que chaque soir, en me promenant de longues heures sur ce boulevard où je suis seul à me rafraîchir de sa lumière, l'invocation du petit Medoro, cherchant le roi sarrasin, son ami, parmi les guerriers morts, s'échappe de mes lèvres comme une prière involontaire :

> O santa dea che dagli antiqui nostri
> Debitamente sei detta triforme,
> Ch' in cielo, in terra, et nell' inferni mostri
> L'alta bellezza tua sotto più forme,
> E nelle selve, di fere e di monstri
> Vai cacciatrice seguitando l'orme,
> Nostrami ove 'l mio re giaccia fra tanti,
> Che vivendo imito tuoi studi santi.

Cette stance de l'Arioste n'a pas voulu me sortir de l'esprit pendant tout le temps de mon séjour à Montbrison ; l'image de cette ville restera maintenant pour toujours dans ma mémoire associée à cette prière de Médor et enveloppée de la douce lumière de ce clair de lune persistant.

La physionomie de Montbrison est très-particulière, et nous voudrions en bien marquer la nuance. Ce n'est pas celle d'une ville antique, car elle est d'origine fort moderne ; ce n'est pas celle d'une ville autrefois vivante et maintenant morte, car même à l'époque de sa plus grande splendeur elle ne dut jamais être beaucoup plus bruyante qu'aujourd'hui ; c'est celle d'une ville qui a doucement vieilli, et qui s'est retirée de bonne heure des affaires de l'histoire. Telle a été, en effet, la destinée de Montbrison : entrée tard dans la carrière, cette ville en est sortie tôt. Montbrison est entièrement une création de la féodalité, et encore de la féodalité de la seconde époque, car elle ne vint au monde que lorsque les comtes issus de la maison fameuse des dauphins du Viennois eurent succédé d'une manière stable aux dominations plus ou moins passagères qui gouvernèrent la province pendant la longue période d'anarchie qui va de la dissolution de l'empire carlovingien à l'établissement assuré de la dynastie capétienne, comtes de Lyon, comtes de Gévaudan, etc. Jusqu'alors, ainsi que nous l'avons déjà dit, Feurs avait été la capitale du Forez ; mais, lorsque commencèrent les temps de guerres féodales, les désavantages de la situation de cette ville, comme siége du pouvoir militaire, se firent sentir aux maîtres de la province, et ils s'appliquèrent à chercher un lieu de meilleure défense. Ils crurent d'abord l'avoir trouvé à Sury-le-Comtal, gentille petite ville que l'on aperçoit en allant de Saint-Étienne à Montbrison, assise au pied d'une colline coquette, couronnée de la pittoresque carcasse d'un vieux prieuré : le surnom de cette ville garde d'une manière durable le souvenir du séjour passager qu'y firent les comtes forésiens. Enfin, au xiie siècle, les maîtres du Forez, sans abandonner Sury, firent choix plus particulièrement de Montbrison, et alors naquit cette ville, qui prit son extension complète au xiiie siècle. Son éclat dura deux cents ans ; après quoi, ayant été enclavée, par suite du mariage du duc Louis II avec l'héritière du Forez, dans les États des ducs de Bourbon, elle perdit son autonomie propre, et passa dans une condition de demi-dépendance dont ne put que médiocrement la consoler le titre de capitale du Forez, que lui donna, vers le milieu du xve siècle, le duc Charles Ier de Bourbon. C'était lorsqu'elle n'en portait pas le titre qu'elle avait été réellement capitale ; mais dans les choses de l'histoire combien de fois le titre arrive lorsque la puissance n'est déjà plus ! Ce titre de capitale, déjà fort illusoire à l'époque où il lui fut officiellement donné, le devint bien davantage quatre-vingts ans plus tard, lorsque le Forez fut étroitement rattaché à la couronne par la confiscation des domaines des ducs de Bourbon, conséquence de la défection du connétable. Montbrison ne fut plus dès lors qu'une ville de province, mais, se souvenant de son origine, il se montra toujours fort attaché aux choses du passé ; car rien ne rattache davantage au passé que d'être obligé de se tourner vers lui pour y trouver ses jours de puissance, et ce fut là le cas de cette ville. Aux deux périodes les plus importantes de notre histoire moderne, Montbrison témoigna vaillamment de son esprit conservateur. Pendant les guerres religieuses, cette ville fut ligueuse à toute outrance, et ligueuse même passé la dernière heure et lorsqu'il n'y avait plus de ligue ; toutes les cités rebelles s'étaient rendues successivement à Henri IV ; Mayenne en avait fini depuis longtemps avec ses tergiversations tortueuses et sa diplomatie à triple jeu ; Mercœur lui-même avait déjà entamé des pourparlers avec le roi, que Montbrison tenait encore sous le jeune Nemours avec une obstination digne d'une cause plus sensée. Un fait intéressant pour notre histoire littéraire se rattache à cette défense enragée de Montbrison, car nous verrons qu'il y faut très-vraisemblablement chercher la cause première qui donna naissance à l'*Astrée*. Sous la révolution, Montbrison se montra aussi royaliste qu'il avait été ligueur au xvie siècle, et lutta contre la Terreur avec autant d'énergie qu'il avait lutté contre le premier roi Bourbon ; mais cette énergie lui fut fatale, l'huissier Javogue n'ayant pas précisément le même cœur que Henri IV. Cette robuste origine première et cet attachement constant aux traditions établies ont marqué Montbrison de leurs empreintes : par ses monuments, c'est une ville féodale de la plus belle époque ; par sa physionomie, c'est une ville de l'ancien régime monarchique dans ce qu'il eut de meilleur et de plus aimable. Ce caractère très-prononcé est encore beaucoup plus sensible lorsqu'on arrive directement d'une ville appartenant tout entière au mouvement contemporain, comme Saint-Étienne par exemple ; alors le contraste entre ces deux genres de population s'accentue à merveille, et l'on éprouve un sentiment de repos à se trouver au milieu de braves gens dont la bonhomie de ton et la simplicité d'habitudes compensent quelque peu de lenteur dans les mouvements et quelque gaucherie dans les façons. Il est si bon, par le temps où nous vivons, d'habiter parmi des gens qui ne sont jamais pressés ; on est au moins rassuré par là contre toute témérité agressive et toute ridicule présomption. L'*Astrée*, dont les personnages agissent avec une lenteur si marquée et n'osent jamais prendre une résolution qu'après des hésitations prolongées, donne précisément ce même sentiment de sécurité et de repos ; et de nos jours cet esprit traditionnel de Montbrison, fait de douceur d'habitudes et de piété envers le passé, a trouvé son expression dans la poésie à demi-familière, à demi-mystique de M. de Laprade.

Les monuments de Montbrison, ai-je dit déjà, nous font remonter directement à l'époque d'adolescence et de jeunesse de cette ville, sous la domination de ces comtes issus des dauphins du Viennois qui dura près de trois siècles. De tous ces princes, un seul nous importe aujourd'hui, Guy IV, parce qu'il est le seul dont le souvenir reste debout. Il est vrai que ce souvenir est considérable, car ce n'est rien moins que la belle collégiale de Notre-Dame, et son tombeau, ou du moins ce que les huguenots et les jacobins en ont épargné, se voit encore au chevet de l'église, sur l'un des côtés du chœur. Nous l'avons déjà rencontré, sans le nommer, dans nos excursions précédentes ; ce comte de Forez dont nous avons mentionné la domination passagère en énumérant les maîtres successifs du Nivernais, c'est lui. Quoiqu'il soit mort très jeune, il eut le temps d'être marié trois fois, avec une héritière de Bourbon, avec une héritière d'Auvergne, et enfin avec Mathilde, héritière de la maison quasi royale de Courtenay et veuve d'un usurpateur féodal heureux, Hervé de Donzy, comte de Nevers, qui, dans ces temps d'incessantes guerres de clochers, l'avait acquise, comme son domaine, à la pointe d'une épée vaillante et sans scrupules. C'est par ce dernier mariage que Guy se trouva comte de Nevers, titre qu'il ne transmit pas à ses descendants. Guy fut contemporain de la naissance de la nationalité française, et nous trouvons son nom associé pour sa petite part à cette heure mémorable qui fut saluée par les populations d'alors avec un trépignement de joie dont peuvent à peine donner une idée les acclamations les plus bruyantes qui depuis aient jamais salué parmi nous l'avénement des régimes les plus populaires. Guy s'était mis en route pour venir combattre sous la bannière de Philippe-Auguste, lorsque ce grand roi fut assailli par la formidable coalition de Ferrand, comte de Flandre, du comte de Boulogne et de l'empereur Othon IV; mais le roi lui fit rebrousser chemin, « ayant été averti, dit l'historien du Forez, que l'oncle dudit Ferrand, nommé par le vulgaire *le Bougre d'Avignon*, remontait par la Provence avec de grosses troupes qui devaient fondre sur le Lyonnais et le Forez, et de là passer dans d'autres pays pour aller joindre celles de Ferrand [1]. » S'il ne prit pas directement part à la journée de Bouvines, il la facilita en arrêtant sur son propre domaine ces forces qui allaient grossir la coalition. Le *Bougre* fut défait et amené prisonnier à Paris, où se trouvait déjà en captivité son neveu Ferrand, et où il put entendre et prendre sa part des quolibets ironiques dont le peuple saluait le comte de Flandre chaque fois qu'il l'apercevait : « Le roi vous a ferré, comte Ferrand. » Guy prit également part à l'autre très-grand événement de cette époque, la croisade contre les Albigeois, événement sanglant et lamentable, mais sur lequel, même aujourd'hui, un jugement droit ne se sent pas libre de prononcer condamnation, car il servait la même cause que nous venons de voir triompher à Bouvines. Si nous avons salué à Bouvines l'aurore de la nationalité française, il nous faut bien reconnaître, malgré les larmes, dans ce meurtre exécuté avec une si atroce énergie de la charmante civilisation du Midi, le premier pas décisif et vigoureux vers la formation de l'unité française. Guy n'assista pas en personne à cette

---

1. Antoine de la Mure, *Histoire des comtes de Forez et des ducs de Bourbon*, édition de M. de Chantelauze.

sanglante croisade, qui eut cela de très-caractéristique, que tous les seigneurs du pays de France y contribuèrent par leurs troupes, mais en s'excusant autant qu'ils purent d'y coopérer par eux-mêmes, ou en profitant de la plus légère circonstance pour s'en retourner chez eux ; ce qui est à peu près comme s'ils avaient dit : « Bonne cause, vilains moyens ; j'approuve l'entreprise, mais j'aime autant que ce soient d'autres que moi qui l'exécutent. » Ce sentiment nous paraît expliquer en partie ces désertions si rapides et si souvent répétées des chefs croisés, que nous entendons le fanatique chroniqueur Pierre de Vaulx-Cernay nous dénoncer avec indignation, et la quasi-solitude où nous voyons que fut réduit plusieurs fois Simon de Montfort. Quel que soit le motif qui l'ait retenu dans son domaine, Guy se contenta d'envoyer ses hommes, qu'il confia à son cousin, Humbert VI, comte de Beaujolais, issu comme lui des dauphins du Viennois : ce furent ces troupes forésiennes qui prirent Castelsarrasin.

Le tombeau de Guy IV semble avoir été d'une extrême magnificence. Six figures ou caryatides soutenaient la table de ce monument, placé dans le milieu du chœur. Mutilé par les huguenots du trop fameux baron des Adrets, lorsqu'ils entrèrent dans la ville, réparé en partie après les guerres religieuses, il est sorti de la révolution réduit à la table de pierre sur laquelle est étendue la statue funèbre du comte. Cette statue est sans mutilations apparentes ; seulement, comme elle a été réparée plusieurs fois, il est assez difficile de distinguer, surtout sous la couche de badigeon blanc qui la recouvre, jusqu'à quel point elle a pu être altérée. Toutefois l'œuvre est encore assez belle, même dans l'état où nous la voyons, pour nous permettre de reconnaître qu'elle ne fut pas indigne de la seconde moitié de ce grand XIII° siècle, auquel elle appartient; elle offre en outre plusieurs particularités intéressantes.

Le comte est étendu, dans toute la roideur de la mort; le visage, qui est d'un homme très-jeune encore, — Guy avait trente-huit ans lorsqu'il mourut, — présente des traits de la plus grande beauté, et ces traits, par une singularité remarquable qui est à noter et à retenir, sont exactement ceux de Philibert le Beau de Savoie, tels que nous les montre le monument de Brou à Bourg. Guy et Philibert sont séparés par un intervalle de deux siècles et demi; mais comme nous savons que dés cette époque il y avait eu des mariages entre la maison de Savoie et la maison du Dauphiné, il est plus que probable que c'est à l'action d'un même sang qu'il faut attribuer cette ressemblance entre les deux princes. L'effigie de Guy, — comme celle de beaucoup de seigneurs de cette époque, — est revêtue, non de l'armure de guerre, mais d'une simple tunique d'étoffe, collante au corps, descendant à peine jusqu'aux genoux et se plissant à la jupe en petits tuyaux, vêtement assez analogue en somme à l'uniforme d'un de nos officiers d'infanterie. Cette tunique est serrée à la taille par un ceinturon auquel est accrochée l'épée du mort, fermée étroitement dans sa gaine et descendant tout le long de la cuisse; gaine et ceinturon sont semés de la manière la plus familière et la plus amusante d'innombrables petits poissons, qui sont là pour représenter le blason parlant du comte, mais qui ressemblent plus à de petites carpes qu'à des dauphins. Aux deux côtés de Guy, deux anges sont agenouillés : l'un soulève un reste de guirlande; l'autre soulevait un encensoir, aujourd'hui séparé de sa main. Ces anges, qui dans les deux siècles suivants vont devenir un des ornements ordinaires des monuments funèbres, mais qui sont beaucoup moins communs dans les tombeaux de cette époque, ont ici plus qu'une valeur d'ornement, ils ont charge de rappeler la piété de Guy, de son vivant grand donateur et fondateur d'établissements religieux, tels que l'abbaye de Valbenoîte, près de Saint-Étienne, et cette collégiale même de Notre-Dame. Enfin l'œuvre, prise dans son ensemble, est remarquable par sa conformité avec la condition du mort qu'elle précise avec honnêteté, sans exagération d'orgueil et sans pointe de vanité princière; le rang du comte dans l'échelle de la souveraineté féodale s'y révèle avec exactitude : c'est la statue d'un vassal puissant et non celle d'un suzerain véritable, d'un chef militaire et politique du premier rang plutôt que celle d'un prince. Avant de nous éloigner de cette statue de Guy, n'oublions pas de jeter un regard sur un autre tombeau de la fin du XIIIe siècle qui lui fait face. Ce monument, plus digne d'être remarqué qu'il ne semble l'avoir été jusqu'à présent, est celui d'un vieux légiste ecclésiastique, Pierre ou Jean de Verneto. Il est d'une exécution simple, mais habile dans sa modestie, qui dit bien que l'homme dont il présente l'image fut un des studieux, non un des puissants de ce monde, et d'une expression pieuse où règne cette douceur souriante que l'imagination aime à prêter aux honnêtes morts et qui s'y rencontre quelquefois.

C'est en 1223 que, sur l'invitation de son oncle et tuteur, Renaud de Forez, archevêque de Lyon, Guy jeta les fondements de cette église de Notre-Dame de l'Espérance où il fut enseveli, et dont il confia le gouvernement à un collège de chanoines; mais l'œuvre mit plus de deux siècles à se compléter, ce qui peut expliquer comment ce bel édifice offre beaucoup plutôt les caractères du gothique des époques qui suivirent que ceux de l'époque où il fut fondé. Si j'essaye de formuler l'impression qu'elle m'a laissée, je trouve qu'à tort ou à raison, c'est la même que laissent les belles églises du style plantagenet, c'est-à-dire une impression d'ampleur lumineuse, d'aisance noble et de majesté princière. Dans un voyage en Forez où nombre de détails propres à cette province ont été bien saisis et bien rendus, publié par un jeune écrivain connu dans la presse parisienne [1], je rencontre une impression tout opposée. « Du pavé à la voûte, c'est comme un élan irrésistible, une sorte de *furia* lyrique. » J'en demande bien pardon au jeune écrivain, mais il me semble qu'il s'est trompé sur la nature de cette hardiesse qu'il dénonce très-justement. L'effet très-grand que cette église produit sur le spectateur est le résultat de deux causes, l'espèce de liberté que les nefs doivent au vaste espace qu'elles enserrent, et l'absence de transsept qui leur permet de se prolonger sans interruption jusqu'à l'extrémité de l'édifice comme des avenues royales. Si ce n'est pas la plus sublime, c'est *la moins étouffée* des églises, caractère que n'atteignent pas toujours les édifices même de dimensions pareilles : de l'air, de la lumière, de l'espace à flots. La hauteur, il est vrai, est en proportion de cette largeur ; mais cette hauteur reste plus purement matérielle, et ce n'est pas en elle qu'il faut chercher le secret de l'effet moral produit. Ces colonnes montent vers la voûte avec vaillance plutôt qu'avec amour, et cette vaillance est confiante, assurée en elle-même, sans impétuosité téméraire ni élancement. Pour me résumer en un seul mot, cette église ne vole pas, elle *se dilate*. Il semble voir un immense cétacé, de formes pures et de proportions harmonieuses dans leur énormité, qui, gonflant ses flancs et soulevant sa poitrine, respire avec une régularité

---

1. *Voyage au pays de l'Astrée*, par Mario Proth, livre d'une lecture agréable, et qui le serait bien davantage encore si l'auteur n'en avait pas employé les deux tiers en polémiques acharnées contre les jésuites et les universitaires, qui probablement ne lui ont rien fait.

aussi puissante que bien rhythmée. Quant à l'extérieur de l'église, sans être à dédaigner, il est loin d'être en rapport avec l'admirable beauté de cet intérieur. Le portail a été construit au milieu du xve siècle seulement, par le duc Charles Ier de Bourbon ; il est généralement loué pour la finesse et la sobriété de son architecture, c'est la partie de l'édifice qui nous en plaît cependant le moins ; il est simple sans être grand et sobre sans être sévère, ne charme pas l'œil, et laisse l'imagination dans le plus tranquille repos.

Par derrière la collégiale s'élève un ravissant petit édifice qui communiquait autrefois avec elle par un cloître aujourd'hui détruit : c'est l'ancienne salle capitulaire, ou, salle du décanat, devenue *la Diana* par une de ces altérations populaires qui donnent si souvent aux choses un nom poétique, en transformant celui que leur avait donné leur destination. Cette salle capitulaire a vu d'autres réunions que celles des chanoines, car la noblesse du Forez y tenait ses assemblées sous la présidence de ses comtes ; et de fait c'est ce dernier usage qui a donné à l'édifice, sinon son architecture première, au moins sa décoration et le caractère avec lequel il est arrivé jusqu'à nous. Ce bijou architectural est très-particulièrement aristocratique. La façade, à la fois mignonne et forte comme une belle fille de la noblesse rustique et provinciale, tranche par sa décoration d'une originalité robuste avec la délicate décoration gothique habituelle ; rien de fleuri, ni de fouillé, quelques ornements, mais pleins et parlants. Au centre, une rosace environnée de jolies lucarnes qui lui font cortége comme une étoile environnée de petits satellites ; au-dessous de la rosace, les armoiries des comtes de Forez avec leur poisson bizarre ; au-dessous des lucarnes, quelques figurines humaines très en relief, et tout au sommet de l'édifice, comme suprême couronnement, deux grands lévriers bien allongés dans une attitude de repos, de l'effet le plus inattendu et le plus charmant, décoration qui, comme vous le voyez, répond au nom de l'édifice. C'est bien *la Diana*, ces deux lévriers en font foi. Entrons maintenant dans la salle. C'est tout à fait le local approprié à des réunions de caste, dont les membres sont comptés, aussi nombreux qu'ils soient, et n'ont pas à craindre d'être augmentés par un hasard de curiosité d'un surcroît de visiteurs. Voûtée en ogive et cependant formant berceau comme une longue tonnelle, elle m'a rappelé la forme de ce temple rustique élevé par Céladon à sa déesse Astrée en rapprochant les cimes des arbrisseaux encore flexibles. La décoration de cette voûte, imaginée au commencement du xiv° siècle par le duc Jean Ier, est entièrement héraldique. La surface est divisée en quarante-huit bandes, et chacune de ces bandes est coupée à son tour en trente-six petits carrés. Ces quarante-huit bandes représentent les quarante-huit maisons appartenant à la noblesse du Forez, ou ayant des droits ou des intérêts majeurs dans la province, et le blason de chacune de ces maisons est répété trente-six fois par les carrés de la bande qui lui appartient. Sur la muraille, au point de départ de l'ogive, une longue bande de décorations se déroule tout le long de la salle comme une bordure peinte autour d'une tapisserie : ce sont, comme toujours, des figures héraldiques, des dauphins, — de vrais dauphins cette fois, et non plus de vulgaires poissons, ce qui suffirait pour indiquer que cette décoration est déjà bien loin du temps grossier où le blason des comtes forésiens prit naissance ; — des centaures encapuchonnés, des satyres, blason de la province même et non plus de ses maîtres. Une chose à remarquer dans cette bordure, c'est qu'elle n'a rien de gothique et qu'elle rappelle jusqu'à un certain point, par la manière dont elle est traitée, quelques-unes des décorations antiques; en tout cas, le système des arabesques de la renaissance est déjà là tout formé. Enfin au centre, au-dessus d'une belle cheminée gothique, les armes des comtes, des ducs de Bourbon et de la province de Forez sont distribuées entre plusieurs grands écussons. Si jamais salle de parlement fut aristocratique, c'est bien celle-là : la féodalité est encore là très-vivante et très-parlante.

« Il y a maintenant *bien* de ces maisons qui n'existent plus », me dit, pendant que mes yeux errent sur les blasons de la voûte, le concierge de *la Diana*, ami des traditions, comme il convient que le soit d'ailleurs le gardien d'un tel édifice; puis il conclut par cet axiome de l'économie sociale propre au peuple quand il est conservateur : « Ce qui est dommage, parce que d'une grande maison il y a plus à tirer que d'une petite. » Du temps de d'Urfé, nombre de ces familles n'existaient en effet déjà plus; depuis lors, les d'Urfé eux-mêmes ont disparu, et bien d'autres à leur suite. Cependant la plupart de ces noms éteints n'appartiennent pas à la noblesse proprement dite du Forez et du Lyonnais, car les familles forésiennes ne figurent qu'en nombre restreint sur la voûte de *la Diana*, où il faut chercher surtout les blasons des maisons de toute province et même de toute contrée alliées aux comtes de Forez. Les plus puissantes et les plus considérées des familles du Forez à l'époque où fut décorée *la Diana* y occupent seules un rang ; de ces vieux blasons forésiens particulièrement favorisés, un de ceux qui me semblent subsister encore aujourd'hui de la manière la plus certaine est celui de la maison de Damas. Il s'en est fallu de bien peu que la reliure ne suivît le livre, c'est-à-dire que ce joli édifice de *la Diana* ne suivît dans la mort et l'oubli ces dominations éteintes et ces noms effacés dont elle conserve les insignes. Je vois, par une note du livre publié en 1839 par M. Auguste Bernard sur les *d'Urfé*, qu'à cette date *la Diana* menaçait ruine, et même qu'elle appartenait à un particulier qui parlait de la démolir. Heureusement il s'est rencontré pour cet édifice un protecteur excentrique et puissant. C'est dans cette salle que, sous le dernier règne, M. de Persigny venait exposer chaque année ces théories du pouvoir césarien et de la monarchie démocratique qui lui étaient particulières ; son influence aida le bon vouloir des nombreux habitants de Montbrison qui regrettaient la dégradation d'un si intéressant édifice, et *la Diana*, restaurée par M. Viollet-le-Duc avec le soin et le goût qui sont propres à cet habile homme, et accaparée par les lettrés de la province qui ont voulu se former en société littéraire sous l'invocation de son nom, fut désormais à l'abri de la ruine et des brutalités du hasard.

IV

BOEN ET LE PAYSAGE DE L'ASTRÉE. — LES D'URFÉ.

L'*Astrée* a fait au Lignon une renommée poétique supérieure à celle qu'elle a conservée. Qui connaît en effet aujourd'hui l'*Astrée*, sauf quelques érudits ou quelques curieux, et qui ne connaît le Lignon? Outre son existence réelle, cette petite rivière a conquis une existence romanesque tellement nette et précise, que, même chez les esprits ignorants, elle demeure indissolublement associée au tableau d'une vie pastorale raffinée et fabuleuse. *Les bergers du Lignon!* qui n'a prononcé cent fois ces mots, et qui jamais s'est trompé sur le caractère qu'il devait y attacher, même quand il ignorait que ce cours d'eau a roulé le corps évanoui du beau Céladon? Le Lignon a donc pour toujours pris place dans cette géographie poétique qui n'est jamais complète et qui s'augmente de siècle en siècle avec chaque grand écrivain; mais il a eu encore une autre fortune : c'est que son existence réelle s'accorde à merveille avec son existence poétique, et ne fait éprouver aucune de ces déceptions que les voyageurs modernes se sont plaints souvent d'avoir éprouvées à la vue du Xanthe et du Simoïs au renom héroïque, ou de l'Ilyssus cher à Platon et à ses disciples. Je l'ai vu en plusieurs endroits, il répond de tous points aux charmants tableaux dont il fait la bordure dans le roman de d'Urfé. Aux environs de la Bâtie, j'ai pu me convaincre qu'il était par places assez profond pour que Céladon eût pu s'y noyer; à Boën, c'est une aimable rivière, coulant sur un lit de cailloux, qu'elle laisse transparaître sous la mince couche de cristal de ses eaux vives, limpides et rares, assez analogue à quelques autres rivières de ces régions, par exemple la Bèbre, qui passe à la Palisse. Elle court en rase plaine ou dans des vallons partout ouverts, en sorte que ses rives n'ont rien d'escarpé ni de sauvage, et se prêtent à souhait aux promenades de bergers peu pressés. Céladon et Hylas, Astrée et Diane, ont pu les parcourir sans fatigue, à petits pas, en discourant de métaphysique amoureuse et en prenant des temps de repos pour s'adresser les doux reproches de leurs cœurs. Le Lignon a enfin un autre mérite que je ne lui soupçonnais pas, celui d'être un véritable document historique et de renseigner avec une certaine probabilité sur l'origine d'une partie des populations de ces régions. Le Lignon, c'est, sous des formes très-variées, mais parfaitement reconnaissables, le nom de quantité de rivières de la Franche-Comté, l'Ognon, la Lignotte ou Linotte, la Lison. Le hasard a voulu qu'avant d'aller en Forez, je traversasse une partie de la Franche-Comté, et là un hasard plus grand encore me fait tomber sous les yeux un document que je ne cherchais pas et qui m'apprend qu'au moyen âge, l'Ognon s'appelait le Lignon, ainsi qu'il ressort d'une charte latine du xie siècle. Il n'y a pas seulement ressemblance entre ces noms, il y a identité absolue. Serait-ce donc en Franche-Comté qu'il faut chercher l'origine d'une partie des populations du Forez?

Il faut l'y chercher en effet, et le nom de la petite ville de Boën, où le chemin de fer nous transporte de Montbrison en une demi-heure environ, conserve encore le souvenir du peuple qui s'y établit ou plutôt qui y fut établi autrefois, Boën, c'est-à-dire la cité des Boïens. Puisque nous sommes dans le pays même de l'*Astrée*, laissons ses personnages nous servir de guides. Voici ce que l'un d'eux, le berger Thamyre, nous rappelle sur ces lointaines origines. « Sachez donc, grande nymphe, qu'encore que nous soyons, Calidon et moi, demeurants dans ce proche hameau de Montverdun, nous ne sommes pas toutefois de cette contrée ; nos pères et ceux d'où ils sont descendus sont de ces Boïens qui jadis sous le roi Bellovèse sortirent de la Gaule, et allèrent chercher de nouvelles habitations au delà des Alpes, et qui, après y avoir demeuré plusieurs siècles, furent enfin chassés par un peuple nommé romain hors des villes bâties et fondées par eux, et parce qu'il y en eut une partie qui, étant privés de leurs biens, s'en allèrent outre la forêt Hyrcinie, où les Boïens, leurs parents et amis, s'étaient établis du temps de Sigovèse, et d'autres choisirent plutôt de revenir en leur ancienne patrie, nos ancêtres revinrent en Gaule, et enfin par mariages se logèrent parmi les Ségusiens. » Ainsi ces Boïens du Forez sont des Gaulois dénationalisés depuis longtemps qui firent un jour retour en Gaule ; mais les choses ne se passèrent pas tout à fait aussi tranquillement que le rapporte le berger Thamyre, et lorsqu'ils revinrent dans leur ancienne patrie, le sang s'était assez mélangé et dénaturé durant cette longue absence pour qu'ils pussent y être considérés comme un peuple étranger. Chassés d'Italie après leur long établissement dans la Cisalpine, ce fut non pas en Gaule qu'ils se rendirent, mais en Germanie, près de leurs frères, dans la forêt hyrcinienne, comme le dit d'Urfé, puis, déplacés encore par la guerre, ils descendirent avec le peuple des Helvètes dans la Séquanaise, aujourd'hui la Franche-Comté, où ils s'établirent. C'est là que César les trouva et les vainquit dans sa première campagne, en compagnie de leurs amis les Helvètes; mais, tandis qu'il força ces derniers à retourner aux lieux d'où ils étaient partis, il laissa les Boïens en possession de leurs domaines, sur la demande des peuples éduens, qui, connaissant leur vaillance, voulurent les avoir pour gardiens militaires de leurs frontières. César déféra même tellement à ce vœu des Éduens, qu'il les gratifia de colonies boïennes sur celles de leurs frontières que les Boïens n'avoisinaient pas, c'est-à-dire que des régions du Jura il en transporta, *more romano*, une forte bande entre la Loire et l'Allier; c'est de cette colonie boïenne que les habitants de Boën et de ses environs sont descendus. Ce sont de vieux Gaulois devenus Germains, et des Germains redevenus Gaulois.

Je voudrais croire aux farfadets afin de pouvoir attribuer à leur malice la singulière mystification que me réservait Boën. « Lorsque vous irez en Forez, m'avait-on dit pendant que j'étais à Lyon, ne manquez pas de visiter Boën. La race féminine y est d'une beauté remarquable, et sa réputation à cet égard est telle qu'elle fait rechercher avec empressement les filles de Boën pour tous les usages qui réclament de la grâce et de l'élégance; peut-être aussi pour cette raison en trouverez-vous moins de belles qu'autrefois, car on a beaucoup tiré de cette riche mine. » Sur cette promesse, j'arrive à Boën plein de confiance; mais, lorsque j'en suis reparti, j'aurais été autorisé par mon expérience à déclarer que la mine était épuisée. O déception cruellement comique! jamais collection de laideurs aussi complète ne s'était étalée sous ma vue. J'ai beau monter et descendre la ville, m'avancer sur le seuil des portes, passer la tête dans l'intérieur des boutiques, coller mon front contre les vitres, partout je n'aperçois, pour parler comme Rabelais, que d'*horrificques vieilles*, les unes aux dos montueux comme des tertres mal formés, les autres aux jambes inégales, celles-ci chassieuses, celles-là roupieuses, toutes édentées par l'âge avec une conscience scrupuleuse. Pour en faire une à peu près présentable, il en aurait fallu prendre au moins cinq ou six, et encore aurait-on pu dire avec Régnier que la matière aurait manqué à l'ouvrage. Un Romain aurait regardé une telle aventure comme un présage sinistre et serait précipitamment rentré chez lui; je n'ai pas poussé aussi loin la superstition; cependant je n'ai pu m'empêcher de penser, en voyant tant de prototypes parfaits de la sibylle de Panzoust, que les anciens procès de sorcellerie étaient peut-être fondés en raison. Enfin, au moment où j'allais m'éloigner de Boën, je réussis à rencontrer trois ou quatre visages de jeunes filles qui, sans être d'une beauté exceptionnelle, sont accueillis par mes yeux avec une vivacité de joie qu'ils n'avaient jamais ressentie à ce degré. S'il m'est permis d'en juger par ces rares échantillons, la population de Boën conserve en effet encore son type gallo-germanique originel; voilà bien ce long et doux profil qui fait ressembler les jolies Allemandes à des brebis sentimentales, cet air de visage intéressant et cette grâce paisible qui ont fait faire à l'imagination des poëtes tant de rêves de clair de lune. En les voyant, ma mémoire m'a spontanément présenté certaines figures de jeunes filles dans des cartons qu'Overbeck a exécutés à Rome pour la maison de campagne de sa fille adoptive. C'est exactement le même type et le même genre de grâce; or, Overbeck, étant Bavarois, était Boïen d'origine comme mes jeunes Forésiennes.

Heureusement la nature avait à m'offrir une ample

compensation pour cette mésaventure; le plus beau paysage qu'il y ait en Forez se rencontre précisément à mi-route entre Montbrison et Boën : une vaste plaine fraîche et verte, et, aux deux flancs de cette plaine, deux collines isolées qui se font face. Sur la plus rapprochée, un village s'étage à mi-hauteur au-dessus des restes d'un château, qui sont considérables, et dont la maçonnerie décrit tant de circuits qu'il semble voir les ruines d'une miniature de quelque Ecbatane aux sept enceintes ; l'autre se couronne à son sommet d'une ancienne église abbatiale dont la carcasse extérieure, encore intacte, trompant l'imagination en même temps que les yeux, dissimule que cet édifice apparent n'est que le tombeau d'un souvenir. Ainsi placées l'une en face de l'autre, les deux collines ont l'air de deux rivales en présence qui font assaut de beauté et déploient toutes leurs ressources pour attirer chacune à son profit exclusif l'attention du contemplateur, qui va en effet de l'une à l'autre en regrettant toujours celle qu'il quitte. Le village aux ruines féodales de la première colline, c'est Marcilly; l'abbaye de la seconde, c'est Montverdun, lieux bien célèbres dans le roman de l'*Astrée*. Cela ressemble, pour l'ampleur, le pittoresque à effet et le caractère décoratif, à ces paysages si admirablement *arrangés* du Guaspre, qui ont si souvent l'air de décors composés pour un drame pastoral à l'italienne, l'*Il Pastor fido* de Guarini par exemple. Et de fait c'est cela même, car ce paysage c'est le vrai paysage de l'*Astrée*, celui en qui se résument et se condensent avec le plus de grâce et de force tous les traits épars qui sont propres à la nature du Forez. Si heureusement sont ici rapprochés ces traits divers, qu'on croirait volontiers à la présence d'un habile artiste. Que ce tableau est bien composé ! que les parties en sont bien balancées et que les contrastes en sont harmonieux ! L'habile artiste s'est rencontré en effet, non pour créer matériellement ce beau théâtre, mais pour le sentir, pour le révéler, et lui donner les scènes qu'il appelle naturellement : cet habile artiste, c'est d'Urfé. D'Urfé est aujourd'hui sinon oublié, au moins bien délaissé ; mais, pour savoir s'il fut un homme de génie, je n'ai qu'à jeter les yeux sur ce paysage. Ce ne fut jamais une imagination vulgaire que celle qui surprit à ce point l'âme de ces lieux. Cette longue plaine découverte de toutes parts sans autres accidents que les collines qui la ferment, on la reconnaît sans l'avoir jamais vue, tant l'*Astrée*, sans jamais la décrire avec détail, nous en donne bien le sentiment ; c'est cette même plaine où les bergers et les bergères de d'Urfé s'essaiment par groupes amoureux, d'où ils se voient venir de si loin les uns les autres, où ils vivent pour ainsi dire à découvert, impuissants qu'ils seraient à y trouver une cachette qui dérobât leurs actions aux regards. Ces collines isolées, si particulières au Forez, qui s'élancent excentriquement d'un sol aplani, sans exhaussement graduel du terrain, comme de gracieuses boursouflures sur une surface unie, semblent faites à souhait pour se couronner à leur sommet d'une pierre de sacrifices ou d'une chapelle druidique. Toute l'*Astrée* est là, ramassée sous le regard dans ce village de Marcilly, situé à mi-côte, avec une pittoresque élégance, comme il convient à un village qu'habitent des bergers si raffinés, dans cette plaine qui se déroule lente comme les promenades, les conversations et les aveux de ces bergers, et dans cette colline de Montverdun, d'où le regard des dieux les surveille. Ce beau paysage nous conduit assez directement au logis du père même de l'*Astrée*, le château de La Bâtie ; mais pendant que nous nous y rendons, mettons le temps à profit pour dire au lecteur quelques mots de cette famille des d'Urfé, la plus illustre qu'il y ait eu en Forez.

Étaient-ils Boïens plus directement que par cette lointaine origine que nous avons déjà signalée, et qui leur était commune avec bien d'autres habitants de cette région? Ils semblent s'être plu à le croire, car une généalogie, écrite par Anne d'Urfé, le frère aîné d'Honoré, ou du moins rédigée par ses ordres, les fait descendre d'un certain *Wulphe* (le loup), noble Bavarois, qui vivait vers le milieu du viii° siècle, et Honoré, sans affirmer formellement cette origine, l'adopte assez clairement. C'est ce nom sauvage de Wulphe qui, orthographié par moitié conformément à la façon latine, en supprimant le *W*, et par moitié conformément à la prononciation germanique, en marquant d'un accent l'*e* de la fin, et transformé ainsi en *Ulphé*, aurait produit ce nom de d'Urfé, aussi joli que de tournure peu commune. A ce fondateur douteux se rattache une légende bien d'accord avec son nom, car c'est tout à fait une légende de loup. Une des vassales de ce Wulphe mit au monde six enfants d'une *ventrée;* Hirmantride, la châtelaine, qui vivait en un temps où l'on n'avait sur la science de l'embryogénie que des opinions fort élémentaires, s'avisant de penser que cette fécondité ne pouvait être le fait d'un seul, la reprocha durement à la pauvre femme. Elle fut cruellement punie de ce jugement téméraire, car un an après elle-même mit au monde douze enfants d'un seul coup. Perdant la tête et redoutant les reproches de son mari, Hirmantride rangea ces six couples de jumeaux dans un grand panier et le remit à un valet avec ordre d'aller le jeter à l'eau. En chemin, Wulphe rencontra le valet, et, lui ayant demandé où il allait et ce qu'il portait, celui-ci répondit qu'il allait noyer des louveteaux, sur quoi le seigneur, ayant voulu les voir, les reconnut d'emblée pour ses fils et les fit élever secrètement. De l'aîné de ces louveteaux vinrent toutes les générations des d'Urfé; quant aux onze autres, la légende ne dit pas dans quel bois ils allèrent gîter. En admettant cette lointaine origine, reste la question de savoir à quelle époque les d'Urfé se sont établis en Forez. En 1129, nous dit la même généalogie, qui nous présente un second Wulphe, toujours Bavarois de nation, mais élevé à la cour de Louis le Gros. Ce Wulphe fit campagne avec le roi contre le comte d'Auvergne, et, comme il s'en revenait au pays de France, il s'éprit de la fille de Guy Ier, comte de Forez, l'obtint en mariage et se fixa dans cette région, où il fit élever le château d'Urfé. Que ce nouveau fait soit apocryphe ou non, toujours est-il que le premier acte où apparaissent les seigneurs d'Urfé (1173) est singulièrement rapproché de la date présumée de cet établissement en Forez.

Peu importent après tout ces longs siècles, l'existence des races date réellement du jour où elles deviennent illustres, et s'éteint lorsqu'elles cessent de l'être ; or, si je résume les faits que j'ai sous les yeux, je trouve que l'existence de cette famille a été aussi courte que brillante. Elle n'a duré réellement que deux siècles et demi; s'est couronnée dans Honoré de tout ce qu'elle eut d'éclat et de noblesse, après quoi elle s'est éteinte deux générations plus tard d'un seul coup, et n'a prolongé son nom jusqu'aux approches de l'ère moderne que par des substitutions. Obscure et perdue dans les rangs de la féodalité sous les comtes de la maison du Viennois, on ne la voit activement commencer qu'à la fin du xive siècle avec Guichard, ami et conseiller de Louis II, duc de Bourbon, qui le nomma capitaine du Roannais et bailli du Forez. Tout régime politique nouveau qui s'établit crée des fortunes nouvelles; or, l'élévation des d'Urfé coïncide trop étroitement avec l'avénement au comté de Forez des ducs de Bourbon, et apparaît trop subitement dans la personne de Guichard pour ne pas faire penser qu'elle fut due à la faveur de ce nouvel état de choses.

A partir de ce moment, leur fortune ne cessa de grandir, et, leur importance dépassant bientôt les étroites limites du Forez, nous les trouvons sous Charles VII et Louis XI au nombre des très-gros seigneurs du royaume et parmi les officiers de la couronne. Le plus illustre, Pierre II, celui-là même qui changea définitivement le nom d'*Ulphé* en *Urfé*, vécut sous trois règnes, et reçut de chacun des faveurs toujours plus élevées. Il semble avoir été homme d'une habileté peu commune, car nous le voyons conseiller de tous les princes successivement et même à la fois, et de tous il réussit à tirer profit. Il est vrai que ce qui explique cette singularité, c'est que ces princes étaient ceux qui composèrent la ligue du bien public, le duc de Guienne, frère de Louis XI, Jean II de Bourbon, Charles le Téméraire, François II de Bretagne ; mais le comble de l'habileté, c'est qu'il réussit à se sortir des vengeances de Louis XI, et il l'avait mortellement offensé, car il avait été l'un des témoins et des participants à la fameuse entrevue de Péronne, et plus tard il avait consenti à être l'ambassadeur du duc de Guienne auprès de Charles, pour engager ce dernier à renouveler la guerre contre le roi. Bailli de Forez et chambellan de Jean II de Bourbon, chambellan et grand-écuyer de France sous Charles VIII, sénéchal de Beaucaire, capitaine de cinquante lances des ordonnances de France, gouverneur de Coussy en Vermandois, quasi grand-maître de l'artillerie sous Louis XII, tous ces titres disent assez à quelle hauteur il porta la fortune de sa maison. Enfin, pour comble, étant devenu veuf de sa première femme, Catherine de Polignac, il se remaria avec Antoinette de Beauvau, issue des Bourbons-Vendôme, en se passant, dit le généalogiste, du consentement du duc et de la duchesse de Bourbon, et comme le bonheur, lorsqu'il a le caprice de s'abattre sur une certaine tête, s'acharne sur elle avec autant d'obstination qu'on en attribue au malheur, la duchesse de Bourbon, qui était alors Anne de Beaujeu, n'en voulut pas plus de ce mariage à Pierre d'Urfé que son père Louis XI ne lui en avait voulu de ses défections. Il semblait que cette grandeur eût atteint son sommet ; les successeurs de Pierre trouvèrent moyen d'y ajouter encore. Lorsque les biens du connétable de Bourbon furent confisqués, la charge de bailli du Forez fut donnée par la couronne à Claude d'Urfé, le fils de Pierre, et depuis cette charge ne sortit plus de la famille. Claude fut honoré d'une façon toute particulière de l'affection de Henri II, qui l'employa aux missions les plus délicates et aux fonctions les mieux faites pour le désigner à la considération publique, car il l'envoya représenter la France au concile de Trente, et avant même qu'il fût de retour, il le nomma gouverneur du dauphin, qui l'aima à l'égal de son père et le fit surintendant de sa maison après son mariage avec Marie Stuart. C'est ce d'Urfé qui à son retour d'Italie reconstruisit le château de La Bâtie que nous allons visiter. Enfin le père d'Honoré, Jacques, imitant l'exemple de son aïeul que nous venons de voir se rapprocher par mariage de la maison de Bourbon, épousa une comtesse de Tende, issue de la maison de Savoie d'une part, et de l'autre de la maison de ces Lascaris qui avaient porté le titre d'empereurs de Trébizonde. Les empereurs de Trébizonde ! ce souvenir à demi romanesque s'associe à merveille, il en faut convenir, avec le caractère de l'*Astrée*, et fait à d'Urfé une auréole bien assortie à son génie [1].

On a souvent observé que, lorsque les races sont près de s'éteindre, elles réunissent sur un rejeton élu toutes les qualités éparses dans de longues générations, comme si, sentant s'approcher la mort, elles faisaient

---

[1]. Antoine de La Mure, *Généalogie de la maison d'Urfé*.

effort pour lui échapper en s'assurant l'immortalité par un dernier héritier, ou comme si, avant de quitter la terre, elles voulaient par une noble coquetterie laisser d'elles une image qui les fît admirer, regretter et envier. Cet effort suprême semble leur coûter tout ce qui leur reste des forces que la nature avait mises originairement à leur disposition, car, aussitôt après la production de cet élixir condensé d'elles-mêmes, on les voit s'étioler, languir et disparaître du soir au matin, c'est-à-dire en une ou deux générations. Les d'Urfé présentent un exemple remarquable de cette loi obscure. Le déclin commence pour eux immédiatement après l'apparition de l'individualité la plus brillante qu'ils aient produite ; que dis-je commence ? la mort est ici déjà, du vivant même d'Honoré, en la personne d'Anne, son frère aîné, et le représentant de la maison. Si nous devons tenir Honoré pour le miroir le plus fidèle des qualités de sa famille, nous découvrirons assez aisément les raisons de ce déclin, car son génie, plus lumineux que plein, plus fin et pénétrant que fort, nous dira que la race était faite pour s'user vite, manquant un peu de cette *animalité* qui seule assure la durée. Ce raffinement, cette délicatesse, ce triage exquis entre les sentiments humains, accuseront chez les ascendants d'Honoré une prédominance de l'élément nerveux et sensitif sur l'élément musculeux et énergique. Et de fait les d'Urfé, au moins depuis l'époque où on peut facilement suivre leurs actions, se présentent avec quelque chose de très-imaginatif et de très-bizarre.

Pierre II n'éleva peut-être si haut la fortune de sa maison que par les audaces d'un esprit aventureux à l'excès, car nous voyons qu'il fut capable des coups de tête les plus téméraires et des imprudences les plus romanesques, jusqu'à être obligé de sortir plusieurs fois du royaume, et cela dans le plein milieu

de sa faveur et dans l'âge le plus avancé. Il est vrai
qu'il semble avoir été aussi leste et souple que téméraire, aussi adroit qu'aventureux, et il se tira de tous
ses mauvais pas avec bonheur. Jeune, il se jeta
tête baissée dans la ligue du bien public. Nous avons
dit comment il n'y gagna qu'honneurs et profits, ayant
été comblé par tous les princes tour à tour. Plus tard,
ne se fiant pas trop au pardon de Louis XI, prudent au
moins peut-être en cela, il s'en alla combattre les
Turcs, et revint chevalier du Saint-Sépulcre. Longtemps après, lorsque la maturité aurait dû le calmer,
nous le voyons sous Louis XII enlever de vive force
des prisons de l'État un de ses amis condamné à la peine
capitale, lui l'un des grands-officiers de la couronne, et,
tombé dans la disgrâce du roi, s'en aller mettre sa vaillance au service du roi d'Espagne. Les d'Urfé possédèrent à peu près tous ce même courage romanesque; un
des neveux de Pierre, Oroze, compagnon de Bayard, est
resté célèbre par un combat, digne des poëmes de chevalerie, qu'il soutint contre don Alonze de Soto Mayor
et treize Espagnols. Ce courage qui ne doute de rien
s'accorde assez bien d'ordinaire avec un excès de généreuse confiance et de croyance naïve en l'honnêteté
d'autrui ; ce noble défaut ne fut pas étranger au caractère des d'Urfé, et maintes fois ils en furent victimes.
Le grand-père de Pierre II fut assassiné par les domes-
tiques de sa confiance, un autre d'Urfé fut assassiné par
un capitaine dont il avait fait la fortune. En ces temps
de guerres religieuses, ils restèrent catholiques zélés,
mais ils eurent une piété imaginative ; le château de La
Bâtie nous montrera combien Claude d'Urfé porta dans
la sienne de complication et de bizarrerie. A tous ces
signes, on reconnaît dans cette race la présence d'un
élément romanesque considérable ; il n'y aurait donc
rien d'étonnant à ce que l'imagination eût accompli ici

son rôle ordinaire, qui est d'exalter les forces de la vie et d'en sécher peu à peu la source. Ce qui est certain, c'est qu'on voit tout à coup s'abattre comme deux fléaux destructeurs sur cette famille l'impuissance charnelle et la dévotion. Le mariage d'Anne d'Urfé, frère d'Honoré, avec sa parente la belle Diane de Châteaumorand, fut un des scandales mondains de la fin du XVIe siècle. La dame, qui paraît avoir été d'un caractère aussi peu endurant que bizarre, obtint divorce en cour de Rome pour cause d'impuissance et de froideur naturelle de son mari, et Anne entra dans les ordres. Son frère Honoré, qui était depuis longtemps amoureux de sa belle-sœur, l'épousa avec dispense du pape; mais, pas plus que son aîné, il ne trouva le bonheur dans ce mariage, et, rebuté d'une couche que sa femme transformait en chenil (parmi d'autres excentricités, elle aimait à s'entourer de lévriers qui ne la quittaient même pas au lit), il se sépara d'elle au bout de quelques années et mourut sans postérité. Un troisième frère, Antoine, évêque de Saint-Flour, fut tué les armes à la main pendant les guerres de la ligue. Le titre héréditaire des d'Urfé passa à un quatrième frère, Jacques [1], et ce seigneur, qui vécut plus que centenaire, eut le temps de voir s'éteindre sa famille après l'avoir vue refleurir comme par miracle, car le phénomène des flambeaux dont la flamme ne monte jamais plus haut que lorsqu'elle est près de s'éteindre se présente maintes fois à ces fins de races, et la nature semble aimer à masquer d'une fertilité trompeuse une imminente stérilité. Son fils Emmanuel eut six garçons, un seul se trouva propre au mariage, et il mourut sans enfants; les autres entrèrent dans les ordres, où ils furent tous remarquables par leur piété

---

1. Jacques était le second des frères par ordre de primogéniture, et Honoré n'était que le cinquième.

fervente. L'aîné, Louis, mourut évêque de Limoges, où il laissa un souvenir de vertus dont il subsistait encore une ombre légère à l'époque où celui qui écrit ces lignes était enfant. Ainsi cette famille disparut en bloc et d'un seul coup, au moment même où l'on pouvait croire à une longue perpétuation, avant la fin du xviie siècle. Une des sœurs fit passer par mariage les titres des d'Urfé dans une branche des Larochefoucauld, et c'est ainsi qu'on voit ce nom figurer encore quelquefois dans notre histoire du xviiie siècle jusqu'à la révolution française.

A son premier voyage à Paris, Casanova, continuant les débuts de cette carrière d'incomparable aventurier qu'il avait si adroitement commencée à Venise en disant longtemps la bonne aventure au sénateur Bragadini par le moyen des chiffres disposés en pyramides, et qu'il devait terminer si heureusement comme bibliothécaire du duc de Waldstein, fit rencontre d'une certaine marquise d'Urfé, grande enthousiaste de sciences occultes, et s'associa avec elle pour fabriquer des *homunculi*; il nous a raconté avec sa naïveté d'Italien sans vergogne combien cette fabrication lui fut utile, et à quel point elle fut ruineuse pour son associée. On voit encore un d'Urfé prendre part à la guerre d'Amérique, puis se lancer à corps perdu dans la révolution, et finir par s'empoisonner en prison comme son ami Condorcet; mais l'un et l'autre n'eurent des d'Urfé que les titres. La marquise de Casanova, de son nom de famille Jeanne Camus de Pontcarré, eut pour mari un Larochefoucauld, et son petit-fils, ce révolutionnaire même que nous venons de citer à sa suite, s'appelait du Chastellet. Lorsque la révolution française voulut mettre sous le séquestre les biens de ce dernier héritier, il se trouva qu'il n'en restait à peu près rien. En moins d'un siècle, tout avait disparu de cette famille, qui avait été si puissante et si riche, corps, titres ét biens. Voilà les tours de roue de la fortune dans un monde où tout prend fin, ayant pris commencement, moralité vieille comme le monde, mais qui ne laisse pas que de nous rendre rêveurs chaque fois que nous sommes témoins de quelqu'une de ces évolutions de la destinée, c'est-à-dire à peu près tous les jours.

V

LE CHATEAU DE LA BATIE.

Lorsque Claude d'Urfé revint d'Italie en 1548 pour être gouverneur des enfants de France, il en rapporta deux enthousiasmes, l'enthousiasme païen des arts de la renaissance et l'enthousiasme mystique des doctrines eucharistiques de ce concile de Trente auprès duquel il avait représenté notre monarchie ; le château de La Bâtie, propriété héréditaire de sa famille, reconstruit par ses soins sous cette double inspiration, garde de l'un et de l'autre de ces sentiments un souvenir précieux et durable.

Ce n'est pas ici qu'il faut chercher le berceau féodal des d'Urfé [1]; le château de La Bâtie n'est pas un manoir, c'est une maison de plaisance, et il eut toujours ce caractère, même avant qu'il eût été reconstruit dans le goût italien par Claude. Situé en plaine, il a l'air comme perdu dans l'intérieur des terres, bien qu'il ne soit qu'à quelques pas d'un gros village gaiment étagé sur une pente

---

[1]. Ce berceau féodal était le château d'Urfé, près de Saint Just en Chevalet ; les ruines en sont célèbres.

assez rapide. A l'époque de sa splendeur, alors qu'il était protégé contre l'indiscrétion des regards par des bois de haute futaie non encore entamés par la hache, alors que l'enclos, isolé par le Lignon, qui lui sert de ceinture et de frontière, était planté de beaux jardins peuplés de statues de marbre, et que dans le voisinage le couvent de cordeliers construit par Pierre d'Urfé et Catherine de Polignac, sa femme, s'élevait encore avec ses mausolées de marbre, ce dut être une résidence délicieuse. Ce nid seigneurial, caché entre ses remparts de verdure, était fait à souhait pour l'incubation des rêveries nobles, car tout ce qui peut les fomenter et les entretenir était ici réuni : douceur de la solitude, magnificence des arts, voisinage protecteur de la religion, austères enseignements des tombeaux, il n'y manquait rien en vérité, si ce n'est un air un peu moins humide et moins apte à donner la fièvre à ceux qui le respirent; mais quoi! il faut bien que l'once d'amertume se retrouve en toute livre de parfums. Aujourd'hui le couvent de Pierre II a disparu avec les tombeaux qu'il renfermait, ces beaux jardins ont été effacés, et cependant c'est un lieu qui parle moins de ruine et de mort que de délaissement et d'oubli. Le génie des rêveries l'habite toujours, mais ces rêveries sont celles de la mélancolie et de l'absence, non plus celles de l'étude et de la méditation. En quelques instants, on y est enveloppé de ces douceurs qui émanent de la vieillesse des choses, de ces exquises émotions que le passé est habile à faire naître lorsqu'il est encore tout près de nous; c'est le sentiment délicieusement triste que notre contemporain Hébert a exprimé avec tant de délicatesse dans le tableau qu'il a composé avec ce banc de pierre désert envahi par les plantes grimpantes où naguère venait s'asseoir un couple d'amants. « Il n'y a personne au logis depuis un certain temps déjà », semble vous dire à votre arrivée

Château de la Bastie. — Vue intérieure.

le sphinx qui garde la rampe de la cour d'honneur. Ce n'est pas non plus le sentiment de la dévastation et de la mort, c'est celui du délaissement qui vous saisit lorsqu'une fois monté, vous vous trouvez engagé dans cette suite d'appartements démeublés, dépenaillés, que décorent encore quelques restes de splendeurs : ici une porte adorablement ornée d'arabesques de la renaissance et de figurines italiennes, là un plafond à caissons, ailleurs une cheminée surmontée de sculptures ; vous ne seriez point trop étonné si, ouvrant une dernière porte, vous découvriez dans la chambre la plus reculée quelque vieux Caleb Balderstone incliné devant deux tisons à demi éteints, et ruminant dans sa solitude les souvenirs confus d'un passé lointain. Derrière le château, le fossé creusé au pied de la façade opposée à celle de la cour d'honneur s'est rempli de cette végétation chagrine et au vert maussade qui s'engendre des eaux croupissantes et des boues froides ; mais ces herbes sont venues lentement, une à une, comme si le temps leur avait manqué pour un plus complet envahissement, comme si elles s'avançaient timidement, incertaines de leur sécurité. Autrement abondante et vigoureuse est cette végétation quand elle se sent en quelque sorte sûre de la solitude, et qu'elle n'a pas à craindre le réveil d'une vigilance assoupie, ni le retour d'un maître absent. En toute réalité, ces lieux ont pris l'image de leur fortune actuelle, ils portent la physionomie du délaissement, non celle de l'abandon sans retour, ils sont sans protecteurs, non sans maîtres. Hier ils appartenaient à M. le duc de Cadore, aujourd'hui à un riche banquier de Saint-Étienne, M. Verdelin, et ils semblent toujours espérer qu'une bienveillance éclairée saura reconnaître leur beauté sous l'étiolement qui l'efface, et les relèvera de la consomption qui lentement les mine.

Ces lieux sont faits à l'image de leur fortune actuelle,

dis-je, et j'ajouterai qu'ils sont le symbole parlant de la fortune qu'a subie la renommée du plus illustre de ceux qui habitèrent cette noble demeure. Comme eux, l'auteur de l'*Astrée* souffre de l'indifférence, et sa célébrité, autrefois si grande, s'étiole dans la solitude des bibliothèques. Son génie conserve encore une demi-existence, son œuvre, qui enchanta tant de générations de grands et beaux esprits, a prolongé encore jusqu'à nous les dernières clartés de son crépuscule; de même que ce château de La Bâtie n'est pas encore tombé à l'état de monument historique pur et simple, Honoré d'Urfé est encore mieux qu'un nom à placer à sa date dans la nomenclature d'une histoire littéraire, ou à inscrire à son numéro d'ordre dans un dictionnaire biographique; mais rares sont aujourd'hui les curieux qui hasardent une excursion au travers de ses pages abondantes. Le temps manque, le siècle a d'autres soucis que ceux de a délicatesse des sentiments, et ce beau miroir d'amour et d'honnêteté, où si peu ont la fantaisie de venir se regarder, se ternit dans l'ombre. Pendant que j'étais à La Bâtie, j'ai vu poser les premières assises d'une féculerie que le propriétaire actuel se propose d'établir en ces lieux, et décharger dans les caves placées sous la merveilleuse chapelle du château, les provisions de pommes de terre destinées à alimenter ladite féculerie. Le hasard a vraiment des traits de génie que tout l'esprit du monde ne rencontrerait pas; cette féculerie, qui s'élève contre la demeure du père de l'*Astrée* comme une ironie agressive et peu voilée, n'est-ce pas toute notre époque en miniature? Certainement on n'a pas eu l'intention de faire une épigramme, mais on l'aurait cherchée qu'on n'aurait pu la faire meilleure, et j'ajouterai plus délicate et plus gracieuse. N'est-ce pas comme si le génie du présent disait au génie de ces lieux : » Voilà l'objet de nos modernes préoccupations, nous sommes obligés de tout utiliser, et c'est pourquoi nous nous voyons contraints d'établir une vile usine à vos côtés ; mais nous savons quel respect vous est dû, et nous avons eu soin que notre fabrication ne fût pas sans quelque analogie avec vos goûts et vos préférences. Oh! certes nous n'aurions pas osé établir ici de grossières ou puantes manufactures, mais une féculerie n'a rien qui puisse vous choquer. » Courtoise attention! les produits du génie d'Honoré d'Urfé ne sont pas en effet sans rapports avec ce genre de produits matériels. S'il est vrai que les livres nourrissent l'esprit et s'ils peuvent être comparés, selon leur nature, aux divers aliments qui nourrissent le corps, qu'est-ce que les pages de l'*Astrée* sinon de succulentes et substantielles fécules morales admirablement propres à réconforter l'esprit sans le charger et l'alourdir?

Nous nous arrêterons peu au château lui-même. Dans son état actuel, il se compose du corps de logis principal flanqué de deux longues ailes ; c'est assez dire qu'il est à peu près intact, sinon comme habitation, au moins comme édifice. L'intérieur n'existe plus, mais l'architecture extérieure reste dans toute son originalité première, et n'a subi ni dégradations considérables ni stupides reconstructions. Plusieurs des dispositions rappellent celles des palais italiens, et sont dues en effet à l'admiration de Claude d'Urfé pour les magnificences de cette contrée. Ainsi, en place d'escalier, on monte de la cour au premier étage du château par une rampe d'une inclinaison si bien ménagée pour les facilités de l'ascension, que les carrosses la gravissaient autrefois. Cette rampe aboutit à une galerie ouverte et spacieuse, du genre de celles qu'on appelle en Italie *loggie*, qui traverse dans toute son étendue une des ailes du château. L'aile opposée, qui est réservée tout entière aux dépendances et services, est percée à une hauteur assez considérable du sol, de petites ouvertures cintrées, étroites et gracieuses, auxquelles on arrive par de petits escaliers de pierre, hauts et roides, ayant juste la largeur de ces ouvertures. Elles offrent accès à un cellier ou office admirablement éclairé et voûté qui donne la sensation de la grande salle d'honneur d'un palais souterrain ; c'était en effet autrefois la salle des gardes. C'est tout, et notre description se trouverait complète avec ces quelques lignes, si par heureuse fortune la dévastation n'avait pas épargné deux des parties de ce château, les plus petites, mais les plus curieuses, la chapelle et la salle des bains, qui sont au nombre des raretés de la France, et constituent une page encore toute vivante de notre histoire morale au xvi° siècle.

Il est assez malaisé de faire comprendre la subtilité compliquée des pensées qui semblent avoir présidé à la disposition de cette partie du château ; essayons cependant. La première chose qui frappe, c'est que la place de cette chapelle est des plus singulières. Elle forme une des extrémités du corps de logis principal, et se trouve immédiatement contiguë à la salle des bains, de telle sorte que, pour y entrer et en sortir, il faut traverser cette dernière pièce. Il est bien vrai qu'au beau temps des d'Urfé cette chapelle s'ouvrait sur la cour ; mais la place n'en reste pas moins fort bizarre, et cette bizarrerie ressort encore davantage par le contraste des décorations des deux pièces. Jamais les deux esprits qui, d'abord mêlés et amis, puis séparés et ennemis, composent toute l'histoire morale du xvi° siècle, la renaissance païenne et le christianisme théologique et disputeur, ne se sont trouvés plus étroitement en contact. Cette salle des bains est charmante ; disposée en forme de grotte, le pavé, les parois, la voûte, sont composés d'une marqueterie de petits cailloux et de fins graviers arrangés avec une négligence apparente ; au milieu de la muraille principale cette grotte se creuse en forme de niche, et aux côtés de cette niche des figures de naïades et de tritons formés de ces mêmes petits cailloux sortent de leur gaine de terre comme les divinités protectrices du lieu. Cela est d'une coquetterie et d'une élégance rustiques qui font penser à ces antres sacrés où les bergers de *Daphnis et Chloé* allaient, dans les derniers jours du paganisme, faire leurs dévotions aux nymphes locales ou appeler sur leurs amours la protection du dieu Pan. Quatre grandes statues de marbre représentant les quatre saisons ajoutaient autrefois la richesse du grand art à la simplicité recherchée de cette décoration; de ces statues, il ne reste que celle de l'Automne, représenté sous la forme d'un homme d'âge mûr, de corps maigre et musculeux, assis dans une attitude fière et presque agressive, foulant d'un pied dédaigneux les fruits qui s'échappent de sa corne d'abondance. Cette statue, par parenthèse, se présente avec un caractère quelque peu énigmatique; est-elle bien réellement du xvie siècle? Il y a quelque quarante ans, un archéologue de la localité crut devoir l'attribuer à Coysevox; on lui fit remarquer avec une justesse apparente qu'elle avait été décrite du temps même d'Anne d'Urfé par le franciscain Fodéré dans la relation historique qu'il a donnée des couvents de son ordre. Toutefois cette raison ne me semble pas sans réplique, et l'erreur de cet archéologue me paraît fort excusable, car cette statue porte tous les caractères de l'art français du xviie siècle. Rien ne prouve que cette statue soit la même que celle qui existait du temps d'Anne d'Urfé, car dans l'espace d'un siècle il peut arriver bien des aventures même à des effigies immobiles. Nous savons par exemple que, lorsqu'il était enfant, Louis, dernier des d'Urfé par droit d'aînesse et mort évêque de Limoges, avait été pris d'une dévotion tellement ardente que, nouveau Polyeucte, il s'en allait traitant comme des idoles les statues du château et des jardins. Qui nous dit que cette statue de l'Automne n'a pas été faite en remplacement d'une plus ancienne qui aurait été victime du zèle de Louis d'Urfé ou de quelque autre accident? Enfin n'oublions pas dans cette décoration, d'un caractère emblématique, la grille de la fenêtre, ouvrage d'un travail exquis qui figure les frais et sobres aspects d'une jeune vigne au printemps, avec ses tendres pousses, ses vrilles fantasques et ses feuilles naissantes.

Avant même de franchir le seuil de la chapelle, nous pouvons assez bien commencer à comprendre dans cette salle des bains, la philosophie morale qui fut particulière à Claude d'Urfé. L'homme est composé de deux substances, un corps et une âme, dont chacune requiert ses médecins et son hygiène propre. La nature est le médecin du corps, Dieu est le médecin de l'âme; le moyen d'hygiène du corps est le bain, le moyen d'hygiène de l'âme est la prière et le sacrifice. Voilà pourquoi la salle des bains est contiguë à la chapelle, c'est qu'elle est le lieu de purification du corps, comme la chapelle est le lieu de purification de l'âme. La salle des bains est le vrai vestibule de la chapelle, que dis-je? c'est aussi une chapelle, quoique d'un ordre inférieur, car nul ne saurait porter à Dieu une âme digne de lui, si cette âme est la prisonnière languissante d'un cachot souillé au lieu d'être la radieuse habitante d'un joyeux logis. Le respect que la morale nous enjoint d'avoir pour notre corps constitue un véritable culte; aussi, bien que nous ne soyons plus païens, devons-nous honorer la bonne nature dont les forces réparatrices effacent les souillures matérielles du péché et expulsent les germes ennemis qui pourraient altérer la vigueur native de notre âme. Ce n'est donc pas par fantaisie que cette salle présente l'aspect d'un petit sanctuaire païen; on a voulu qu'elle eût ce caractère. Voyez plutôt : est-ce que la décoration de cette salle ne raconte pas les miracles permanents par lesquels la nature entretient en nos corps la santé ? Que veulent dire ces deux allégories en rocaille représentant, l'une un jeune arbrisseau qui se transforme en homme, l'autre un vieillard qui se retient à la terre par de robustes racines, sinon que l'hygiène, qui fait épanouir la jeunesse avec un luxe de beauté et une splendeur de pureté qu'elle ne connaîtrait pas sans ce respect de la nature, prolonge les jours du vieillard et le conserve à la terre bien après le terme ordinaire de la vie ? Et ces statues des saisons, qui marquaient allégoriquement les quatre périodes de la vie de l'homme, que voulaient-elles dire, sinon que la nature accompagne l'homme à travers toutes les étapes de son pèlerinage, et que c'est elle qui lui fournit également des attraits pour le plaisir, des forces pour l'activité et des langueurs pour le repos ? Et les grilles charmantes qui représentent les jeunes pousses de la vigne, à quoi font-elles allusion, sinon au miracle de révivification que le vin accomplit en nous, miracle que la théologie païenne exprima en faisant de Bacchus un symbole de résurrection ?

Nous avons dit comment le corps se purifie et s'entretient, voyons maintenant comment l'âme se blanchit et se nourrit. La chapelle est une glorification sous vingt formes différentes de la doctrine de la transsubstantiation formulée par le concile de Trente, et une glorification presque matérielle à force d'être précise, à force de vouloir démontrer, de faire toucher la réalité du mystère. On voit que Claude d'Urfé n'avait pas perdu son temps au concile, et qu'il avait suivi ses discussions en auditeur recueilli. Comme le corps se nourrit de la substance de la nature, l'âme se nourrit de la substance de Dieu, et c'est là ce que dit l'inscription latine quelque peu bizarre qui se déroule autour de la chapelle : *Majorem hac dilectione nemo habet amoris enim impetus enascens dedit socium convesci igitur o Christe gloria regnans in præmium tibi hanc mensam hoc sacrificium viventes ac mortui ens in œdulium moriens in P.*, inscription qui doit se traduire probablement ainsi : « Nul ne possède une volupté plus grande que celle-là, car l'élan de l'amour à sa naissance nous donna par elle un compagnon à absorber en nous ; c'est pourquoi, ô Christ, régnant dans la gloire, les vivants et les morts t'ont consacré en offrande cette table et ce sacrifice, à toi vivant dans l'hostie, mourant te donnant en prix[1]. » Par cette nutrition de l'âme, il faut entendre

---

[1]. Nous avons essayé de donner une traduction de ce logogriphe sans croire y avoir réussi. Depuis la publication de ces pages dans la *Revue des deux mondes*, il nous est arrivé plusieurs lettres qui, sans expliquer complètement l'énigme, nous indiquent cependant les sources probables d'où elle a été tirée. Le père Gagarin, de la Société de Jésus, nous fait remarquer justement que cette inscription se trouve composée en grande partie des mots d'une strophe de l'hymne de saint Thomas d'Aquin pour la fête du Saint-Sacrement :

> Se nascens dedit socium,
> Convescens in œdulium,
> Se moriens in pretium,
> Se regnans dat in premium.

Tous les mots de cette strophe se trouvent, en effet, dans l'inscription ; mais pourquoi cependant ces inversions bizarres ? Un autre correspondant, M. de Rivière, nous signale un passage de l'évangile de saint Jean, chapitre XV, qui a servi à composer la première ligne :

> Majorem hac dilectionem nemo habet.

Quant à la fin de l'inscription, ce même correspondant nous propose ingénieusement de compléter ainsi le texte :

« *Igitur, ô Christe, gloria tibi hanc mensam, hoc sacrificium instituenti, quo viventes ac mortui adjuvantur ou salvantur.* »

Le texte ainsi complété est fort acceptable et présente un sens fort

non pas un symbole théologique exprimant les rapports du créateur et de la créature, mais une réalité qui, d'origine métaphysique comme l'âme même, a passé, comme elle aussi, dans la nature, un fait décrété à la naissance des choses par le premier mouvement de l'amour créateur, et qui a reçu son accomplissement dans le temps par le plus auguste des sacrifices dont le sacrement de l'eucharistie est non-seulement la commémoration pieuse, mais le renouvellement incessant. La décoration entière de cette chapelle, peintures, sculptures, marqueteries, raconte le développement de ce fait à travers le temps, comment il a été prédit et figuré par l'histoire de l'ancienne loi, et enfin institué par la divine victime elle-même. Au-dessus de l'autel, un superbe ouvrage en marqueterie représente la cène; sur la face principale de la table de marbre de ce même autel, un charmant bas-relief représente le premier sacrifice de Noé après le déluge. A la voûte de la chapelle, voici la manne qui tombe en flocons épais sur les Israélites affamés; à la voûte de l'oratoire, séparé de la chapelle par une boiserie sculptée, voici Moïse faisant jaillir l'eau du rocher, — l'eau et la manne, double symbole des deux espèces du sacrement de l'eucharistie. Sur ses murailles, des fresques de style sévère et de bonne exécution rappellent les faits figuratifs du grand mystère chrétien, le sacrifice d'Isaac, Melchisédech présentant les pains de propitiation, le sacrifice mosaïque de l'agneau, Samson déchirant le lion dans lequel il

---

clair ; mais ce texte est malgré tout arbitraire, car il n'est pas celui de la chapelle, auxquels nous sommes bien forcés de nous tenir. Nous nous sommes donc contentés de corriger simplement la dernière ligne de la traduction que nous avions d'abord proposée, en en rapportant le texte à ces deux vers de l'hymne de saint Thomas :

Se moriens in pretium,
Se regnans dat in præmium.

trouvera le lendemain le rayon de miel nourrissant, Élie nourri par l'ange, le repas pascal. Avais-je tort de dire que cette chapelle était une page encore toute vivante de l'histoire du xvie siècle ? La doctrine eucharistique est là écrite dans sa rigueur la plus littérale.

A cette précision rigide, qui n'a voulu laisser aucune prise à l'esprit de dispute, aucun sens vague dont la subtilité de l'hérésie pût s'emparer, on reconnaît l'acharnement et l'ardeur des luttes théologiques de l'époque. Toutes les précautions ont été calculées pour qu'aucune équivoque ne fût possible et que le spectateur ne pût prendre le change ; le mystère qu'on adore et qui s'accomplit ici, disent ces peintures, ces sculptures, ces marqueteries, est tel que nous le représentons, et non pas tel que le proposent les hérétiques, qui le détruisent sous le prétexte de le simplifier. Ce n'est pas à cette seule rigidité littérale des doctrines qu'on sent dans cette chapelle la préoccupation de l'hérésie, car ces réfutations imagées ne sont pas toutes purement théologiques, et dans plus d'une on peut remarquer une expression de haine ou de menace. N'est-ce pas ces sentiments qu'il faut lire dans les bas-reliefs sculptés sur les deux faces latérales de l'autel, et dont l'un représente David coupant la tête à Goliath, et l'autre Pharaon enseveli avec son armée dans la mer Rouge ? Les impies périront comme Goliath, ils seront engloutis comme Pharaon, et par le même moyen, la force du divin mystère. Lorsque David marcha contre Goliath, ne portait-il pas avec lui pour ses frères la mesure de froment et les dix pains, présent de son père Isaï ? Ainsi triompheront ceux qui marchent au combat avec les armes de l'eucharistie. Lorsque les Israélites sortirent d'Égypte, n'échappèrent-ils pas sous la protection de la pâque qu'ils venaient de célébrer ? Ainsi échapperont au danger les croyants qui porteront en eux le corps et le sang du Christ. Très-probablement aussi la fresque qui représente Samson déchirant le lion enveloppe quelque chose de ces menaces subtiles et voilées. Samson déchira de ses mains un lion qui s'élançait pour le dévorer, et le lendemain, repassant à l'endroit où il avait abandonné les lambeaux de la bête, il vit que les abeilles y avaient déposé un rayon de miel succulent. Ainsi l'hérésie s'est élancée sur l'Église ; mais elle sera déchirée comme le lion, et lorsqu'on recherchera son corps, on trouvera dans ses entrailles le miel de l'eucharistie triomphante. C'est l'âme du concile de Trente en images non-seulement dans ses doctrines, mais encore dans ses passions.

« L'esprit humain est comme un paysan ivre à cheval ; quand on le redresse d'un côté, il retombe de l'autre, » disait Luther, l'auteur premier de ces longues disputes ; la chapelle de La Bâtie est une justification assez singulière de cette sentence. On ne peut s'empêcher de remarquer qu'à force d'être précisé, le mystère finit par perdre tout caractère mystique, surnaturel et miraculeux, et par se matérialiser, pour ainsi dire. D'autre part, l'insistance extrême avec laquelle les artistes l'ont rattaché à l'antique sacrifice de chair et de sang lui enlève son caractère d'éternité et le transforme en un fait historique traditionnel qui est allé se développant et s'épurant à travers les âges. Ajoutez un certain effet très-positivement matériel qui est produit par la multiplicité des images de substances propres à la nutrition ; il y a là tant de pains de propitiation, tant d'agneaux pascals, tant de rayons de miel, tant de manne et d'eau de rocher, que l'essor de l'imagination en est cloué à la terre, et qu'elle est conduite à assimiler la loi mystérieuse aux lois des fonctions les plus naturellement conservatrices de la vie. Claude d'Urfé cachait-il par hasard un rationalisme d'un genre particulier sous l'orthodoxie stricte dont témoigne cette chapelle? Nous avons déjà dit que la contiguïté de la salle des bains laisse supposer que Claude considérait la religion comme l'hygiène de l'âme, opinion qui n'a rien d'hétérodoxe, pourvu qu'elle soit complétée par quelque chose de plus grand. Autre remarque que ne manquera pas de faire un visiteur attentif et subtil : au centre de la voûte est dessiné un triangle, et dans ce triangle sont inscrites les lettres initiales d'une devise à la louange de Dieu : D. M. O. S. (*Deo maximo, optimo, sempiterno*). Est-ce par l'effet d'un simple hasard que la disposition de ces initiales donne le mot *mos*, coutume? Faut-il croire que l'orthodoxie de Claude d'Urfé reposait sur cette glorification de la tradition que nous venons de signaler? Cela s'accorderait assez, il en faut convenir, avec cette insistance à rattacher le mystère à la chaîne des faits matériels et historiques qui peuvent en être considérés comme les figures. Je me hâte d'ajouter que ce n'est là qu'une conjecture toute personnelle, et que je ne la présente qu'à ce titre, le devoir d'un observateur philosophique étant de ne rien taire de ce qu'il voit ou croit apercevoir. Tout ce que j'ai voulu par la série de remarques qui précèdent, c'est montrer combien il est malaisé à l'esprit humain de se tenir ferme à un point donné, puisque, au moment même où le créateur de cette chapelle cherche à préciser le dogme de l'eucharistie avec une rigueur qui ne laisse aucune prise à l'hérésie, l'insistance de ses moyens de défense le pousse légèrement en dehors du cercle de sévère orthodoxie où il a voulu se renfermer.

Cette orthodoxie reste cependant très-entière : la foi de Claude d'Urfé ne peut être mise en soupçon, mais elle a besoin d'être expliquée. De germes d'hétérodoxie, il n'y en a ici d'aucune sorte, même en admettant, comme ayant appartenu au maître du logis, ces deux opinions, dont l'une est certaine et l'autre conjecturale, la religion est l'hygiène de l'âme, la coutume rend les choses sacrées, car ces deux opinions n'ont rien que n'admette le catholicisme, où cette hygiène de l'âme a été précisément réglementée avec un soin infini, et dont la tradition constitue une des bases les plus solides et les plus sûres ; seulement ces opinions sont communes également au catholicisme et à la simple philosophie morale. Une alliance discrète et éclairée entre la doctrine traditionnelle de l'église et le courant philosophique de la renaissance, tel me paraît avoir été le secret de Claude d'Urfé ; ce fut celui de bien d'autres illustres esprits du xvi° siècle, même au sein de l'Église. On se figure souvent fort légèrement aujourd'hui que, dans ces luttes du xvi° siècle, le catholicisme représentait l'élément ennemi de la raison, c'est tout le contraire qui est la vérité. L'élément vraiment mystique, par conséquent antirationaliste, fut le protestantisme : c'est là ce que sentirent à merveille tant d'esprits éclairés de cette époque, qui restèrent catholiques précisément par philosophie, comme notre sage et prudent Montaigne. Je crois fort que Claude d'Urfé fut du nombre de ces esprits ; mais alors, demanderez-vous peut-être, pourquoi cette rigidité théologique et cette animosité contre l'hérésie ? Précisément parce que l'hérésie se présentait comme le contraire de ses opinions rationnelles. A celui qui considérait la religion comme l'hygiène de l'âme, le protestantisme, qui apportait avec lui la guerre, par conséquent la maladie, devait paraître le contraire même de la religion ; à celui qui regardait la tradition comme chose sacrée, le protestantisme, qui l'interrompait et la niait, apparaissait nécessairement comme une profanation sacrilége.

Il n'y a pas que les doctrines du concile de Trente dans cette chapelle ; l'Italie de la renaissance y a mis tout le luxe de ses arts et toute l'habileté de ses artistes, car cette décoration fut l'œuvre d'Italiens appelés par Claude d'Urfé ou venus avec lui. Deux d'entre eux seulement ont signé leur œuvre ; l'auteur du tableau en marqueterie représentant la cène qui forme la porte du tabernacle s'appelait le frère Damien de Bergame, convers de l'ordre des frères prêcheurs, l'auteur des marqueteries de l'oratoire se nommait François Roland de Vérone ; nous regrettons d'ignorer les noms du sculpteur des charmants bas-reliefs de l'autel et du peintre des fresques. Le système général de cette décoration ne laisse pas que d'être quelque peu étrange dans sa magnificence ; elle se compose de carrés dont les ornements se correspondent sur le pavé, sur la voûte, sur la boiserie sculptée qui sépare la chapelle proprement dite de l'oratoire. Il est inutile d'essayer de décrire ce luxe de marqueteries et de sculptures au milieu desquelles apparaissent cent fois répétées les initiales de Claude d'Urfé et de sa femme Jeanne de Balzac ainsi disposées, ƆIC, disposition que nous notons parce qu'elle donne à ce simple chiffre une valeur d'ornement exceptionnelle ; disons seulement que cette décoration riche et vigoureusement délicate est après tout, quoi qu'on en ait voulu dire, plus logiquement conçue et ordonnée que capricieusement variée. A chaque instant, l'œil est sollicité par l'attrait d'un détail nouveau, mais ce détail après examen se trouve le même que celui qu'on vient de quitter, cette variété n'est qu'une illusion produite par une habile alternance entre les sujets des divers compartiments. Ce qu'il y a ici de très-exceptionnel, c'est ce que l'Italie présente avec tant de magnificence, la richesse des matières employées, les marbres de choix, les bois précieux, le concours des arts divers appelés à se faire valoir les uns les autres et à produire une harmonie pleine d'éclat. Le pavé de cette chapelle mérite une mention particulière à cause du grand nom dont il réveille le souvenir ; il est en carreaux de briques vernissées et peintes, dont les figures légères entourées d'ornements déliés rappellent le système des décorations de Raphaël aux loges du Vatican, et celles des thermes de Titus qui servirent peut-être de modèle au grand artiste.

En outre de sa valeur d'art, en outre de son importance morale comme expression des doctrines théologiques du xvi° siècle, cette chapelle possède encore un intérêt littéraire qui achève d'en faire un document historique de premier ordre. Jusqu'à l'automne dernier, j'avais été persuadé avec tout le monde que c'était à l'influence de la littérature régnante en Italie et en Espagne à la fin du xvi° siècle, aux drames pastoraux du Tasse et de Guarini, à la *Diane* de Montemayor, qu'Honoré d'Urfé devait la forme particulière de son imagination ; l'excursion au château de La Bâtie m'a révélé qu'il la devait à des influences plus directes et plus vivantes. Le drame et le roman pastoral ne lui ont fourni que des cadres ; quant au tour de son imagination, aux associations des choses qu'elle préfère, aux combinaisons qu'elle recherche, c'est à cette salle des bains et à cette chapelle qu'il faut en demander le secret. Chacun de nous sait combien son être moral doit aux bizarres et fines impressions de l'enfance ; mais de toutes nos facultés aucune ne leur doit autant que notre imagination. Enfant, Honoré d'Urfé a été baigné dans cette salle mythologique, et là plus d'une fois sans doute pendant qu'il barbotait dans sa cuve de marbre comme un jeune triton, il a fait rejaillir l'eau aux visages des nymphes en riant aux éclats avec l'heureux entrain de l'innocence ; il a suivi de ses petits doigts les figures des mosaïques de cailloux comme il suivait les lettres de son alphabet, il a caressé et tapoté familièrement les allégories et les dieux. On l'a fait prier dans la chapelle, et là ses jeunes regards se sont promenés avec une curiosité chercheuse sur les images peintes et sculptées qui la remplissent. Une surtout a dû particulièrement occuper ses yeux, le sacrifice de Noé, sculpté sur la face de l'autel, devant lequel on le faisait agenouiller, et l'idée de bêtes offertes en sacrifice, d'holocaustes de chair et de sang, s'est associée à l'idée de culte dans sa tendre imagination. Puis toutes ces figures qui rattachent le mystère chrétien aux histoires de l'ancienne loi le poussaient doucement sans doute vers une antiquité religieuse toute patriarcale, toute rustique, où les prêtres étaient pâtres, où les victimes étaient tirées d'entre les bêtes des troupeaux chéris, où les campagnes rendaient des oracles divins. Les images de ce double spectacle s'associaient et se confondaient sans effort, car il était aussi près des unes que des autres, et dans ses jeunes rêves le sacrifice du bœuf et de l'agneau fut sans doute plus d'une fois présidé par les nymphes, tandis que la grotte de la salle des bains servit plus d'une fois de temple aux patriarches et aux prophètes de la chapelle. Voilà le secret de l'imagination de d'Urfé, de ses grottes qui sont des sanctuaires, de ses berceaux de verdure qui sont des temples, de ses bergers pieux comme des ermites, de ses nymphes et de ses vestales, de son druidisme à la doctrine pure comme le christianisme et à la liturgie innocemment sanglante comme l'antique religion patriarcale. Son druide Adamas, en sortant de cette chapelle, a traversé la grotte des bains, voilà pourquoi il est si familier avec les secrets des riantes allégories, pourquoi sa parole est aussi abondante en images heureuses, pourquoi il connaît si bien le langage des nymphes et des grâces; le berger Céladon, au sortir de cette grotte, où il a bercé ses rêveries amoureuses, est entré dans la chapelle, voilà pourquoi son

son amour possède toute la ferveur de la religion, et pourquoi l'être aimé inspire à son cœur la timidité et la crainte que la divinité inspire aux fidèles. Tels des tableaux de l'*Astrée* sont de véritables calques de ces lieux-ci. Lorsque le chevalier Alcidon raconte comment, errant une nuit dans les campagnes de Provence, il a vu les dieux des eaux tenant conseil dans la Sorgue, la décoration de la grotte des bains revient aussitôt au souvenir, et lorsque les eubages, vêtus de blanc, présidés par le druide Adamas, procèdent à l'immolation des victimes, on revoit le bas-relief de la chapelle qui représente le sacrifice de Noé.

Sphingem habe domi, garde ton secret chez toi, dit une inscription placée au-dessous du sphinx qui garde la rampe de la cour d'honneur : le secret que gardent ces lieux, nous croyons l'avoir découvert et expliqué, c'est l'alliance tacite de l'esprit de la renaissance et de la religion traditionnelle ; s'ils en connurent d'autres, le temps les a effacés et emportés, mais celui-là suffit amplement pour faire de ce château une page d'histoire qu'aucun document écrit ne saurait égaler. C'est ce que nous avons vu de plus complet en ce genre parmi les anciennes résidences particulières après le château de Bussy-Rabutin. Ce que le château de Bussy est pour l'histoire du xvii° siècle, le château de La Bâtie l'est pour l'histoire du xvi°. Aussi voulons-nous émettre de nouveau à son sujet le vœu que nous avions énoncé jadis à propos du château de Bussy : c'est qu'il soit créé une classe mixte de monuments historiques qui, tout en respectant les droits de la propriété particulière, protége contre la brutalité ou l'ignorance ce qui est en définitive la propriété de tous. De telles pages ne peuvent être abandonnées à la merci du hasard, et, lorsque le passé a réussi à se conserver vivant à un pareil degré, le devoir du présent est de le transmettre intact à l'avenir.

VI

L'ASTRÉE.

L'*Astrée* a été écrite en beaucoup de lieux, au château de Virieu en Bresse, à la cour de Savoie, mais le paysage qu'elle décrit est celui de La Bâtie et des environs, les personnages qu'elle met en scène eurent pour la plupart leurs originaux dans les familles de cette région du Forez, les aventures qu'elle raconte se déroulèrent pour la plupart sur ces rives du petit Lignon ; le souvenir de ce livre reste donc associé aussi étroitement que possible à cette demeure, puisque c'est d'ici qu'en sortit l'inspiration première.

Comme il est un peu d'habitude aujourd'hui de parler de l'*Astrée* avec un demi-dédain, je commence par condenser nettement en trois mots ce que je vais en dire : l'*Astrée* est un beau livre, un livre de haute portée, presque un grand livre, et en bonne foi il serait invraisemblable qu'il en fût autrement. Fades églogues, bucoliques artificielles, mièvreries sentimentales, voilà qui est bientôt dit ; cependant il nous semble que, pour avertir et retenir le jugement, il suffirait de se rappeler la fortune de cet ouvrage. C'est une des plus prodigieuses qu'il y ait jamais eu ; le succès même d'*Orphée aux enfers* de M. Offenbach n'a rien eu de plus universel. La vogue en fut si grande, qu'elle entraîna l'imitation directe des personnages mis en scène ; on sait l'histoire de cette société de seigneurs et dames d'Allemagne qui s'était formée en académie champêtre à l'instar des bergers de d'Urfé, et j'ai à peine besoin de rappeler que l'hôtel de Rambouillet, sanctuaire de beau langage et de nobles mœurs, fut chez nous une académie d'un genre analogue. Notons en outre que ce succès fut obtenu sur un des publics les plus lettrés, les plus raffinés, les plus autorisés à être dédaigneux qu'il y ait eu au monde, car il était tout fraîchement sorti de ce XVI° siècle si bien fait par l'abondance et la force de ses œuvres pour former des connaisseurs difficiles, et c'était ce public même qui à ce moment faisait la fortune du *Don Quichotte* en Espagne, applaudissait les dernières œuvres de Shakespeare en Angleterre, avait vu mourir le Tasse en Italie, et allait demain acclamer Corneille en France. L'engouement passa, la célébrité persista ; pendant deux siècles, l'*Astrée* ne perdit rien de son renom. Les esprits les plus divers et les plus opposés ont également aimé ce roman : Pélisson et Huet, l'évêque d'Avranches, en étaient enthousiastes (l'exemplaire dont je me sers pour composer ces pages est, par parenthèse, un de ceux qui ont appartenu au docte évêque) ; La Fontaine et Mme de Sévigné en raffolaient ; Racine, sans en trop rien dire, l'a lue avec amour et profit, car sa diction ressemble par plus d'un point à celle de l'*Astrée*, surtout par une certaine molle fluidité et une certaine continuité de douceur ; Marivaux l'a lue et en a profité plus certainement encore que Racine, car il se pourrait bien que ce fût là qu'il eût pris quelques-uns des secrets de sa subtile analyse et surtout ces mascarades et travestissements de conditions qu'il aime à mettre en scène. Enfin Jean-Jacques Rousseau l'admirait tellement qu'il avouait l'avoir relue une fois chaque année pendant une grande partie de sa vie ; or, comme l'influence de Jean-Jacques sur les destinées de notre moderne littérature d'imagination a été prépondérante, il s'ensuit que le succès de l'*Astrée* s'est indirectement prolongé jusqu'à nos jours, et que Mme Sand par exemple, sans trop s'en douter probablement, dérive quelque peu de d'Urfé. Ce ne peut être une œuvre sans valeur sérieuse, le bon sens le dit assez, que celle qui sut plaire à un pareil public de grands et beaux esprits, de si diverses conditions et séparés par de si longs intervalles de temps.

L'origine du livre va nous en révéler d'abord la portée la plus directe. Dans toutes ces régions du Lyonnais et du Forez, du Velay et de l'Auvergne, la ligue n'eut pas de défenseurs plus énergiques que les d'Urfé ; mais de tous le plus ardent fut Honoré. Son frère aîné, Anne, s'était depuis longtemps remis en l'obéissance du roi, qu'Honoré tenait encore sous les drapeaux du jeune Nemours ; il fut un des acteurs principaux dans la résistance désespérée de Montbrison, une des dernières places qui se soient rendues à Henri IV. Lorsqu'il fallut enfin déposer les armes, Honoré eut à réfléchir assez tristement sur les conséquences de son énergie. Après l'ardeur qu'il avait dépensée au service de la ligue, il lui était difficile de rentrer en grâce auprès de Henri IV; il n'essaya pas de conquérir la faveur royale, et se retira à la cour du duc de Savoie, dont il était par sa mère assez proche parent, ainsi que nous l'avons expliqué en résumant l'histoire de la famille. Quelques années plus tard, son frère Jacques, étant devenu le représentant de la maison d'Urfé, le mit en possession d'une partie des biens qu'ils tenaient du fait de leur mère dans la Bresse, alors province du duc de Savoie ; mais voilà que peu après la Bresse devint province française, et qu'Honoré se trouva, bon gré mal gré, sujet de Henri IV. Il est assez vraisemblable, bien que rien ne l'établisse d'une manière certaine, que cette circonstance eut une influence décisive sur sa conduite ultérieure, et qu'il songea dès lors sérieusement à effacer les souvenirs du passé. Le moyen qu'il employa fut aussi ingénieux que noble; il rassembla et fondit au feu d'une imagination sensée, sereine et douce les souvenirs des lieux où il avait passé son enfance et sa jeunesse, les combina avec les histoires des vicissitudes de destinée que la fortune de la guerre et la tyrannie des passions avaient fait éprouver à tant de gens de sa connaissance, à commencer par lui-même, réunit le tout autour d'une héroïne au nom royalement emblématique, et le dédia à Henri IV. Jamais livre n'alla plus directement à son adresse. L'*Astrée* fut comme la première églogue de Virgile étendue en trois mille pages en l'honneur du règne réparateur de Henri IV. Assis sous les hêtres de son château de Bresse, Honoré se prit à décrire, par le moyen d'une société rustique imaginaire, les douceurs de la paix, le bonheur de la vie cachée, les mélancolies des exilés, les erreurs de l'amour malavisé, les repentirs des ardeurs téméraires, le règne d'Astrée enfin, déesse de clémence et de justice. Sur mille tons divers, ses bergers, ses nymphes et ses druides répétèrent et varièrent le fameux vers du poète :

O Melibœe, Deus nobis hæc otia fecit;

ils dirent combien Astrée est aimable et combien il est amer d'en vivre séparé, combien sa défaveur est fatale, mais comment cependant par constance d'amour son âme divine peut toujours être fléchie.

Astrée, c'est la monarchie de Henri IV, Céladon, c'est

Honoré d'Urfé lui-même, les bergers qui entourent les deux amants, ce sont ses alliés, ses proches, ses amis, ses égaux de rang et de condition. Céladon, par désespoir d'avoir offensé Astrée, s'est jeté dans le Lignon, comme d'Urfé, par regret d'avoir offensé la monarchie, s'est exilé ; sauvé miraculeusement, il n'ose pas plus que d'Urfé solliciter son pardon, il rumine ses tristes rêveries dans des grottes sauvages, comme d'Urfé les siennes dans ses montagnes de Savoie, et quand il veut rentrer en grâce, il lui faut se rapprocher sous des travestissements comme d'Urfé sous le déguisement emblématique de son roman. Oh ! la lente et la longue, mais la délicate allégorie où l'âme élevée d'un gentilhomme s'exprime avec la diction irréprochable d'un lettré accompli ! Et cependant, tandis que Céladon d'Urfé se morfond ainsi au sein d'une tristesse timide, ses amis et ses frères chantent les joies de leur condition ; ce n'est pas qu'eux aussi ils n'aient eu bien des peines, mais ils ne se les rappellent maintenant que pour s'en faire une joie en les racontant ; jour après jour, Céladon voit se dénouer des difficultés cruelles, se fermer des plaies cuisantes, lui seul reste empêtré dans ses obstacles et en proie à son mal. Si l'historien célèbre du Consulat et de l'Empire a pu dire justement du *Génie du christianisme* de Chateaubriand qu'il restait attaché à l'œuvre religieuse du premier consul comme une frise sculptée à un monument, on peut bien plus justement encore dire que l'*Astrée* est indissolublement unie au règne réparateur de Henri IV, dont elle est l'apologie allégorique. En dehors de sa valeur littéraire, et à quelque rang que veuille le placer un goût injuste, ce livre possède une importance historique de premier ordre qui défie tous les dédains, et que lui reconnaîtront à jamais tous les chercheurs intelligents des choses passées. D'Urfé n'y a pas exprimé seulement ses désirs et ses regrets, il y a peint en charmantes couleurs l'état moral de ses contemporains. Là revivent les dispositions et les vœux de la noblesse provinciale française au sortir du sanglant XVI° siècle. Ces bergers de l'*Astrée* qu'on a tant plaisantés sont en effet bergers plus qu'on ne le croit, car ce sont les gentilshommes campagnards de France revenus de la gloire et des magnificences des cours. Ils marquent cette soif du repos, ce dégoût de la lutte et des horreurs de la guerre, qui s'emparèrent alors de tout ce qui était modéré d'ambition et humain de cœur. Foin du métier de courtisan, disent-ils, et qu'il vaut bien mieux être berger, traire avec Sully ces deux mamelles de la France, pâturage et labourage, et planter des mûriers avec Olivier de Serres !

Nul livre n'était mieux fait pour servir la politique de Henri IV, car nul n'était mieux conçu pour déconseiller les cœurs des fureurs de la guerre civile ; mais ce qu'il y a de très-particulièrement piquant ici, c'est qu'il servait Henri IV par le moyen même de l'esprit qui lui avait été, qui lui était encore si contraire. Plus tard, sous Louis XIII, il vint un moment où le duc de Rohan, désespérant de la fortune de son parti et comprenant que le temps de l'ordre monarchique était arrivé, mit la main des protestants de France dans la main de Richelieu ; on peut dire d'Honoré d'Urfé que faisant le même raisonnement pour son parti, il mettait par l'*Astrée* la main des vieux ligueurs dans la main de Henri IV, et faisait sa soumission dans le langage même des ennemis du roi. Quel est en effet l'esprit du livre ? C'est celui même qui régnait alors dans les régions où il fut écrit. Bien que forésien de paysage et de souvenirs, il est savoisien et bressan d'inspiration et de talent, j'entends, bien entendu, savoisien du temps de saint François de Sales et bressan du temps de Camus, évêque de Belley. Avec sa sagacité imaginative si souvent admirable, Michelet, dans un chapitre trop écourté de son histoire de France, a rapproché naguère saint François de Sales et d'Urfé ; mais le rapprochement est beaucoup plus étroit qu'il ne l'a cru : il n'y a pas seulement analogie, il y a presque identité d'inspiration et de nature de talent entre l'*Introduction à la vie dévote* et l'*Astrée*. Le roman de d'Urfé est au fond un véritable manuel, ou, comme on aurait dit autrefois, un trésor de spiritualité politique à l'usage des courtisans, gentilshommes et gens de parti, comme l'*Introduction à la vie dévote* est un trésor de spiritualité religieuse à l'usage des mondaines. « Croyez, Philotée, dit saint François de Sales, qu'une âme vigoureuse et constante peut vivre au monde sans recevoir aucune humeur mondaine. » — « Croyez, gentilshommes mes frères, dit Honoré d'Urfé, qu'une âme vigoureuse et constante peut vivre libre et indépendante sans révolte ni insubordination. » Tous deux présentent et recommandent l'amour comme principe, la constance comme moyen et l'ordre comme but. Les mêmes vertus qui font de Céladon l'amant parfait font le citoyen parfaitement honnête. Silence désormais à ces âmes altières qui ne veulent être libres que par la révolte, indépendantes que par l'orgueil, qui ne croient pouvoir faire preuve d'énergie qu'à force de férocité ! la plus véritable liberté est la volontaire obéissance, la plus sûre indépendance est celle qui résulte de la loyale soumission, la plus complète énergie est celle de la fidélité gardée avec une inébranlable constance. Céladon, Céladon, voilà quel est en tout et toujours le type de la perfection désirable. N'est-il pas en effet plus désirable d'être un Céladon à la ferme modestie et à la vertueuse fidélité que d'être un Polémas à la férocité orgueilleuse ou un Hylas à l'immorale inconstance ? L'amour est le fondement des États, comme il est celui des familles, car nous avons vu par la sanglante expérience du siècle d'où nous échappons que le contraire de l'amour, qui est la haine, est la ruine des peuples : c'est donc à l'amour qu'il faut revenir en employant pour nous y ramener autant de constance que nous avons mis d'obstination à nous en tenir écartés, car l'amour est le principe et la fin des choses, il engendre la justice, qui engendre la paix, qui engendre l'ordre, d'où naît le bonheur, lequel se résout en amour, et ainsi par constance à son principe l'âme se ramène à ce même principe, et parcourt un cercle ineffable où l'amour est la récompense des efforts aimants opérés par obéissance au moteur amour. Voilà la portée morale de l'*Astrée*, rarement on prêcha la paix sociale avec plus de finesse et de douceur.

Les contemporains écoutèrent avec ravissement, comprirent à peu près et furent à demi convertis; cette demi-conversion suffit à changer les mœurs. On le vit bien plus tard au refroidissement graduel des passions de guerre civile, qui est si sensible d'année en année entre le règne de Henri IV et la majorité de Louis XIV. Quelle différence de chaleur entre les luttes de la ligue et celles de la minorité de Louis XIII, et entre ces dernières et la fronde! Une coïncidence très-curieuse à observer, c'est qu'à partir de l'apparition de l'*Astrée* l'anarchie se présenta sans principes moraux, comme pour justifier sans réserve la réprobation que lui infligeait la doctrine à demi-platonicienne, à demi-mystique de d'Urfé. La ligue avait eu au milieu de ses violences sauvages des principes moraux qui lui avaient servi d'excuse; mais qu'est-ce que les troubles de la minorité de Louis XIII, sinon une anarchie capricieuse et décousue? Cette absence absolue de principes fut très-sensible lorsque, dans les années qui suivirent la mort d'Henri IV, on vit Polémas et Lygdamon, Clidamant et Alcidon reprendre les armes, qui à Sedan, qui à Poitiers, qui à Angers, qui en Dauphiné ou en Saintonge, coups de tête téméraires aboutissant à une série d'avortements par l'absence de parti-pris, le défaut de concert et l'inconstance naturelle là où ne règne pas une forte passion : elle fut bien plus sensible plus tard encore sous la fronde, anarchie composée d'égoïsmes cherchant à se duper les uns les autres, et conduits par les seuls mobiles de l'intérêt. L'*Astrée* ne fut pas étrangère à ce résultat, car le succès, qui en fut de près d'un demi-siècle, eut cette qualité de lenteur qui fait les influences souveraines, et ce succès fut renouvelé et ravivé jusqu'à la mort de d'Urfé, arrivée en 1625, par les publications des parties ultérieures, qui parurent à longs intervalles de la première, l'une en 1616, l'autre en 1619. La partie de 1619 est curieuse par sa dédicace à Louis XIII, qui dans ces années qui suivirent la mort de Concini semblait vouloir prendre possession de lui-même. Dans cette dédicace, d'Urfé se plaît à remarquer que le nom de *Loys* s'écrit comme le mot *lois*, calembour significatif qui, rapproché du titre d'*Astrée*, suffirait à donner la clé du livre et à dévoiler la pensée de l'auteur. Cette pensée est bien toujours la même qu'il laissait transparaître dans la première partie, le règne nécessaire d'Astrée, c'est-à-dire de la justice appuyée sur les lois. Ici d'Urfé parle à voix basse presque comme Richelieu va parler tout à l'heure à haute voix. Le règne d'Astrée a pu être arrêté, il peut être entravé encore, il ne peut être empêché ; Céladon finira par se rapprocher de sa déesse, le berger n'en est pas à se rebuter pour quelques lenteurs de plus ou de moins. De fait l'*Astrée*, tant par son long succès que par la substance de sa doctrine et surtout par la manière rusée dont d'Urfé la présenta, fut un des plus admirables instruments de l'établissement de l'ordre monarchique.

Un instrument d'ordre monarchique! certes ce n'était pas précisément ainsi que l'entendaient ses contemporains, car plus d'un seigneur et plus d'une héroine parmi ceux et celles qui s'en laissèrent charmer n'avaient aucune répugnance à la guerre civile et à la révolte. Aussi est-il probable que, si d'Urfé leur eût prêché l'obéissance aussi ouvertement qu'il leur prêchait l'amour et la vie honnête, son livre n'aurait jamais obtenu un aussi long succès sur cet ombrageux et altier public; mais l'auteur savait son monde, et c'est par l'amour qu'il les conquit à l'ordre. Tout fut gagné quand il eut réussi à leur prouver que la fidélité est une grâce, la constance une bravoure, et que la politesse exclut violence et orgueil. S'ils ne tenaient pas à être sujets fidèles, ils tenaient passionnément à être gracieux, braves et polis, et, en voulant n'être qu'aimables, ils apprirent à être soumis. Une vertu les fit glisser dans une autre; et si tout à l'heure Louis XIV va trouver dans sa noblesse tant de serviteurs respectueux et dévoués, il les devra en partie au doux traquenard où d'Urfé sut si adroitement prendre les cœurs. D'ailleurs, lorsque le règne d'un livre est aussi long, il a le temps de changer les dispositions morales d'une société; c'est ce qui arriva pour l'*Astrée* : au bout de trente ans, le roman avait acquis l'autorité d'une doctrine d'orthodoxie sociale, et cette orthodoxie avait créé son église, qui s'appela l'hôtel de Rambouillet, avait engendré ses docteurs de la loi, ses scribes commentateurs, ses prophétesses enthousiastes. Il n'y a pas de livre chez aucune nation qui démontre d'une manière plus certaine l'influence de la littérature sur les mœurs, car il n'y en a pas dont on suive aussi bien à découvert l'action et l'influence.

Cette doctrine de l'amour, dont d'Urfé donna leçon à ses contemporains, est très-particulière et n'a pas été encore, que nous sachions, démêlée selon son importance. L'*Astrée* est un livre infiniment curieux en ce qu'il est la jonction de deux grands courants de doctrines, l'un descendant et à sa fin, l'autre montant et encore près de sa source. Là se trouvent condensés trois siècles de culture platonicienne combinés avec cinquante ans de ce mysticisme né au xvi° siècle, dans le sein du catholicisme, de l'appel à la réforme de la vie intérieure : c'est un livre que l'on peut dire à la fois platonicien et quiétiste; sorti de la source lointaine de Pétrarque, il s'achemine vers les *Torrents* de Mme Guyon. Ici encore la ressemblance avec saint François de Sales est tellement étroite que je suis porté à me demander si le grand druide Adamas, à la parole abondante et ornée, n'a pas été peint à l'image de l'aimable évêque de Genève lui-même. Toutefois, il faut ici faire une réserve qui a son importance : dans ce mélange de platonisme et de mysticisme, la part du platonisme est la plus forte; somme toute, et une fois toutes nuances notées (il y entre même quelque peu d'astrologie judiciaire), l'*Astrée* est un livre platonicien. L'amour est le tout de l'âme, car les âmes ont été faites à la ressemblance de Dieu, dont l'essence est l'amour; l'amour est donc le principe de toute activité, de toute science et de toute vertu. La religion n'est qu'amour, puisqu'elle se rapporte à Dieu, et même lorsqu'il s'adresse à un être de chair et de sang, l'amour est encore une religion, tant il rapproche l'âme de sa perfection. En vérité, celui qui sait parfaitement aimer sait toute chose bonne et belle, ose toute chose bonne et belle, et se détourne du contraire par la vertu même de son amour. Contemplez Céladon : ce n'est qu'un berger mélancolique et timide ; mais parce qu'il est parfaitement amoureux, tous les dons de l'intelligence et toutes les vertus du cœur lui viennent par surcroît. Il courbe en berceau les branches d'arbres pour élever à sa divinité un temple frais comme son cœur, il taille le bois et la pierre pour que ses yeux de chair puissent aussi contempler cette image qui leur est refusée et que son âme seule contemple, il dresse des autels, établit un culte, rédige un rituel d'amoureuse liturgie; le voilà pour l'amour d'Astrée artiste, poëte et prêtre. L'amour qui peut produire de tels miracles est le seul véritable, mais combien il est rare! L'amour est un, et c'est pourquoi toutes les âmes vont vers lui d'une pente naturelle, comme les fleuves vers la mer; mais, comme elles furent créées diverses, il s'en faut bien que leur cours soit toujours égal et direct. Jetées dans ce monde opaque, ignorantes du patron céleste sur lequel elles furent formées, et sans moyens certains de le reconnaître, elles vont à l'aventure, cherchant leur semblable, croient souvent la rencontrer et s'y attachent passionnément, mais cessent bientôt d'aimer lorsque leur erreur leur devient sensible, ou bien la rencontrent en réalité, mais ne sont pas aimées cependant, parce que le patron divin qu'elles recherchent par divine sympathie se trouve en elles trop imparfaitement taillé pour que l'âme sœur le reconnaisse d'emblée. De là toutes ces variétés imparfaites de l'amour qui donnent quelquefois le change pendant un certain temps, mais dont aucune ne connaît la durée et qui laissent toutes subsister l'égoïsme des amants. L'amour véritable se reconnaît à deux signes authentiques, la constance et l'oubli de soi. Lorsque l'âme a trouvé sa semblable, la révélation d'aucune erreur n'étant possible, l'amour ne peut prendre fin, et l'âme s'absorbe et se confond en cette semblable au point de ne pouvoir démêler sa vie propre de la sienne. Voulez-vous savoir à quel point l'amour porte l'âme hors d'elle-même, allez au pays de Forez consulter la fontaine de la Vérité d'amour. Lorsqu'un amant veut savoir s'il est aimé, il va se mirer dans la fontaine; s'il est aimé, la première image qu'il y voit n'est pas la sienne, mais celle de la personne qu'il aime; ce qui s'explique, puisque l'âme de l'amant est changée par l'amour en l'âme de celle qu'il aime. Ainsi Clidamant, en se regardant dans la fontaine, y voit Silvie, parce que son âme est changée en Silvie, et n'est plus en lui par conséquent, mais il ne s'y voit pas parce que Silvie n'est pas changée en Clidamant. L'amour véritable est celui de Céladon pour Astrée, parce que sa soumission profonde indique que le don de soi et l'oubli de soi sont aussi complets que possible ; il veut ce que veut Astrée, parce qu'il n'a de vie que par elle, et ne se dispense pas d'aimer à cause de ses rigueurs pas plus que le chrétien ne se dispense d'implorer Dieu parce qu'il éprouve sa sévérité, ou qu'il ne sent pas en lui la grâce divine. L'amour n'est donc qu'obéissance et abandon de soi, et nous voilà tout doucement poussés vers la doctrine quiétiste de l'absorption de l'âme en la substance de l'être aimé.

En somme, l'amour parfait tel que d'Urfé le représente en Céladon ressemble singulièrement à une dévotion ; aussi n'est-on point surpris d'apprendre que parmi les si nombreuses actions qu'exerça son influence, une des plus immédiates fut la création du roman dévot. Les bouquets de fleurs mêlées que lia en bottes si énormes le bon Camus, évêque de Belley, pour l'agrément des âmes dévotes, ont été cueillis dans les prés des bergers de l'*Astrée* bien plutôt que dans ces jardins du Saint-Esprit d'où saint François de Sales tira la matière de ses bouquets spirituels, composés à l'instar de la bouquetière Glycera. Nous avons sur ce point le témoignage formel de l'évêque Camus ; il nous apprend que ce fut sur le conseil même d'Honoré d'Urfé qu'il ouvrit les écluses de cette abondance que trois cents volumes ne suffirent pas à tarir.

Quant à toutes ces variétés, soit moins parfaites, soit même défectueuses de l'amour, avec quelle vigueur et quelle souplesse à la fois d'Urfé a su les saisir et les peindre, imitant avec une adresse souvent incomparable le tour propre à chacune d'elles, subtil avec l'amour de Sylvandre, noblement platonicien avec l'amour de Tircis, orageux et violent avec l'amour de Damon et de Madonthe, véhément et énergique avec l'amour italien de Chryséide et d'Arimant, brutalement sensuel et presque bestial avec l'amour de Valentinian et d'Eudoxie, gai et spirituellement cynique avec les amours volages et inconstants d'Hylas! Il y a dans ce livre, qu'on lit si peu aujourd'hui, telles histoires qui sont de purs chefs-d'œuvre, et valent les romans les plus renommés des époques qui ont suivi, celle de Damon et de Madonthe par exemple, ou celle de Chryséide et d'Arimant. La réputation de mignardise et de bel esprit quintessencié qu'on a faite à d'Urfé est aussi légère qu'injuste, il suffit pour s'en convaincre de lire quelques-unes de ses nouvelles. Quel romancier a jamais été plus énergique que d'Urfé lorsqu'il peignit la ténébreuse figure de Lériane, et qui mit jamais mieux en relief les noirs artifices du monde? Quelle plume réaliste a jamais osé un personnage plus brutal que l'eunuque Héracle? Quel maître en l'art de conter a su jamais conduire un récit avec plus de plaisante humeur et d'ironique enjouement qu'il ne s'en trouve dans l'histoire d'Hylas! Très-divers et très-énergique à l'occasion dans la peinture des caractères, d'Urfé n'est pas davantage quintessencié et précieux dans son style. C'est un style d'une bonne venue et d'un courant toujours égal, limpide, un peu lent, sans doute, mais sans tortuosités ni obscurités, sans recherches laborieuses d'expression ni raffinement mièvre. Il n'y a pas de livre plus clair et plus coulant, et ce mérite de clarté est d'autant plus grand que le sujet porte sur les choses les plus obscures et les plus fuyantes qu'il y ait au monde, à savoir les secrets mouvements de l'âme dans la passion profonde et fine entre toutes, celle de l'amour. D'Urfé dit simplement des choses fort subtiles, et souvent, pendant mes lectures de l'*Astrée*, il m'a rappelé ces accoucheurs adroits qui devinent la position de l'enfant, vont le chercher avec une agilité de doigts admirable, et le tirent au jour avec une délicatesse de toucher qui n'offense pas ses faibles membres.

Que de choses nous aurions à dire encore, si nous pouvions examiner plus longuement et plus minutieusement ce livre! Qu'il nous suffise d'en avoir montré l'esprit et l'importance historique, et résumons-nous d'un mot en disant que, si notre littérature des derniers siècles nous a transmis des livres d'une composition plus parfaite, elle ne nous en a transmis aucun qui ait joué un rôle plus considérable, et auquel se rattache une rénovation sociale et littéraire plus complète.

EN LYONNAIS

I

LA COLLINE DE FOURVIÈRES. — LE PAYSAGE DE LYON. — LE TOMBEAU DU MARÉCHAL DE CASTELLANE.

Ma première visite à Lyon a été pour Fourvières ; aussi bien était-ce commencer par le commencement. Lyon naquit sur cette colline, qui lui a donné son nom, *Lucii Dunum*, et c'est ce premier Lyon qui à son tour a donné à la colline son nom moderne. Ici s'élevait en effet un magnifique forum, édifié sous Trajan, forum qui dura jusqu'à la fin du vm^e siècle, mais qui, perdant avec le temps, la ruine et l'abandon, son éclat et sa gloire, finit piteusement, après s'être appelé du plus grand nom de l'empire, par s'appeler le *forum vetus*, *fore viel*, d'où par corruption Fourvières. C'est d'ici que Lyon est descendu pour s'étendre entre la Saône et le Rhône, et sur les rives des deux fleuves, à peu près comme la Rome moderne est descendue de ses collines pour s'étendre sur la plaine du Champ de Mars ; mais c'est à ce seul détail que se borne la ressemblance. Autant Rome a conservé de marques de son antique grandeur, aussi peu Lyon a retenu de souvenirs de sa célébrité. Quelques vestiges d'aqueducs encore visibles sur la terrasse de l'observatoire Gay, — au quartier Saint-Irénée, une crypte où furent déposés à l'origine les corps de saint Pothin et de ses compagnons en apostolat et en martyre, voilà tout ce qui reste aujourd'hui debout de l'antique cité et de la primitive église de Lyon. Quant aux débris gisant sur le sol ou déterrés par la pioche, ils se composent presque invariablement de monuments et d'inscriptions funèbres, en sorte que le legs de cette ville défunte est formé bien plutôt des souvenirs de ses morts que des témoignages de sa vie. Et cependant, en dépit de la ruine et du temps, ce premier Lyon, aujourd'hui réduit à l'état de souvenir, n'en conserve pas moins ses droits de préséance sur le Lyon moderne, grâce à l'église dédiée à Notre-Dame, qui s'élève sur l'emplacement du forum ancien, et qui est le but d'un constant pèlerinage dont aucun de nos lecteurs n'ignore certainement la popularité. Ce que le Capitole était pour l'ancienne Rome, le sanctuaire de Fourvières l'est encore à quelques égards pour Lyon ; c'est le *palladium* de la cité, *palladium* religieux et civique à la fois, car à l'origine cette dévotion à Notre-Dame dut évidemment une partie de sa ferveur au souvenir d'un passé dont les mémoires étaient pleines, et lorsqu'aujourd'hui le Lyonnais monte pieusement la colline révérée, ses hommages, qu'il le sache ou non, s'adressent encore pour moitié à la cité disparue des aïeux. La reine de l'immuable éternité fait le lien entre les générations éphémères, et ramène chaque jour près de son berceau l'enfant grandi et vieilli pendant dix-huit siècles. C'est la ville ancienne qui est chargée de protéger la ville moderne, et ce fut là si bien le sentiment qui s'enveloppa dans cette dévotion à Notre-Dame, qu'aujourd'hui encore il existe à Fourvières une confrérie dont l'origine

Lyon. — Notre-Dame de Fourvières.

se perd dans la nuit des temps et dont le but est de prier pour la ville. Dans ce culte lyonnais, il entre donc beaucoup du respect pieux que les peuples de l'antiquité attachaient à leurs remparts et à leur citadelle ; il n'en est que plus vénérable et plus vraiment religieux.

L'histoire de Notre-Dame de Fourvières n'est ni bien longue, ni bien compliquée, et pourrait se résumer en deux mots : c'est celle d'un accroissement continu. Ce fut d'abord une simple chapelle adossée contre un portique resté debout de l'ancien *forum*, puis la chapelle devint une église, l'église devint une collégiale, la collégiale un lieu de pèlerinage célèbre dans tout le monde chrétien. Cette histoire a cependant son intérêt, car nombre de personnages illustres ont passé par ce lieu et lui ont laissé qui une parcelle de sa gloire, qui une obole de sa richesse, qui un atome de sa puissance. Le Saxon Thomas Beckett, archevêque de Cantorbéry, si fameux par sa lutte contre le Normand Henri II, est venu là pendant son exil, et, comme la construction de la principale nef de l'église coïncide avec la date de l'homicide dont il fut victime après son retour en Angleterre, cette nef fut placée sous l'invocation de son nom, que voulurent prendre aussi les chanoines de la collégiale. Un siècle plus tard, Fourvières reçut les visites fréquentes d'un homme qui ne le cédait pas en énergie à ce premier hôte, Innocent IV, errant aussi dans l'exil devant les armes victorieuses de Frédéric II, et venu à Lyon pour présider le concile qui porta le coup de mort à la maison de Souabe. Cependant, de tous ces visiteurs puissants, celui dont le passage fut le plus profitable à Fourvières, ce fut Louis XI, dont la dévotion à Notre-Dame est bien connue. « C'est dommage que si belle dame loge en si humble maison, » dit-il par un de ces mots équivoques dont il a si bien gardé le secret qu'on ne sait aujourd'hui encore si l'on doit y voir hypocrisie ou sincérité, et sur ce mot il donna du coup à Notre-Dame la suzeraineté de vingt-cinq villages. Lorsque arrivèrent les guerres de religion, Fourvières fut naturellement un des points de mire les plus visés par les huguenots de ces régions : le sanctuaire fut saccagé ; mais, populaire comme il l'était, il se releva promptement de ses ruines, et peu de temps après Henri III put y exécuter en habit de pénitent une de ces mascarades pieuses qu'il aimait tant à faire alterner avec d'autres mascarades renouvelées des *Métamorphoses* d'Ovide, rendant ainsi, par une application adroite et effrontée du mot de Jésus au pharisien, à la tradition et à la renaissance ce qui appartenait à l'une de christianisme et à l'autre de paganisme. Anne d'Autriche y est venue demander la cessation de sa stérilité, vœu glorieusement exaucé plus tard par la naissance de Louis XIV, un des miracles de Notre-Dame qui ait été le plus heureux pour la France ; et presque dans le même temps Louis XIII y demanda la guérison d'une maladie grave qui l'avait retenu à Lyon au retour de son expédition en Savoie. Vint enfin la révolution française, mais l'église de Fourvières lui échappa encore mieux qu'elle n'avait échappé aux guerres religieuses : il se trouva une âme pieuse pour l'acquérir à peu de frais en la payant en assignats d'une somme assez ronde, ce qui put s'appeler payer la république de sa propre monnaie ; on attendit ainsi le retour de l'ordre, et, lorsqu'il eut reparu avec le consulat, le cardinal Fesch, oncle de Bonaparte et archevêque de Lyon, l'acheta en monnaie de bon aloi et la rendit au culte. Justement alors le pape Pie VII, qui venait de tant faire pour réconcilier la France avec elle-même en acceptant le concordat, s'en retournait en Italie après le sacre de Napoléon ; il s'arrêta à Lyon, et consacra le sanctuaire, qui fut ainsi rouvert avec une solennité et un éclat qu'on n'aurait guère pu prévoir dans les années précédentes. L'histoire de Fourvières se termine réellement avec la visite de ce pontife, qui jusqu'à la fin de ses jours conserva pour Lyon une affection toute particulière dont nous irons tout à l'heure admirer une des marques, la célèbre *Ascension* du Pérugin, un des dons les plus splendides que jamais ville ait reçu d'un prince.

La beauté de l'église de Fourvières est loin d'en égaler la célébrité. Réparée et reconstruite à diverses époques, c'est aujourd'hui un édifice de formes romanes, aux proportions mal prises, aux dispositions irrégulières, au porche trop élevé, surmonté d'un clocher à trois étages s'arrondissant en dôme à son extrémité, et couronné d'une statue de la Vierge par M. Fabisch, dont il est impossible de distinguer le mérite à la distance où cette œuvre est du sol. Rien dans l'architecture n'est donc fait pour retenir l'attention ; mais il n'en est pas tout à fait ainsi du spectacle que cette église présente à l'intérieur. En entrant, l'œil est tout d'abord ébloui par l'éclat des lumières qui s'échappent de centaines de petits cierges longs, à la forme svelte et effilée, qui brûlent dans de larges soucoupes de tôle ou de fer-blanc dans lesquelles ils répandent par torrents leur cire fondue, s'inclinent les uns sur les autres en mêlant leurs lumières, ou tombent en s'éteignant à demi consumés. La mignonnesse de ces innombrables petits cierges, dons des fidèles, la blancheur immaculée de la cire, la pureté parfaite de la lumière, sont d'un effet singulièrement riant à l'œil. Quelque chose d'enjoué, d'enfantin, de touchant et de chaste se remue dans l'âme devant ce spectacle de clartés sans tache, symbole subtil du mystère de candeur virginale qu'on vient adorer en ce lieu. Lorsque l'œil s'est suffisamment rassasié de ce spectacle innocemment gai, il remarque le singulier va-et-vient des visiteurs et des fidèles. Je n'ai pas vu Fourvières dans ses grands jours de pèlerinages et de fêtes; mais le mouvement dont il est le théâtre dans les jours les plus ordinaires a vraiment de quoi frapper. A toute heure, l'église est pleine; notez que la montée de Fourvières est des plus fatigantes, et que c'est tout un petit voyage que d'atteindre au sommet. Ce qui augmente l'étonnement, c'est qu'on ne se rend pas bien compte de la manière dont tant de fidèles se trouvent réunis. Pendant les quinze jours que j'ai passés à Lyon, j'ai fait plusieurs fois, et par les chemins les plus opposés, l'ascension de Fourvières, je n'ai jamais rencontré personne se rendant à l'église. Sur le chemin réservé aux voitures, je n'ai rencontré que des troupeaux de vaches et de moutons, et encore descendaient-ils la colline au lieu de la monter. Personne sur le sentier sinueux, planté d'arbres, par lequel les promeneurs s'y rendent d'ordinaire, si ce n'est quelques ecclésiastiques lisant leur bréviaire ou quelques vieux Lyonnais reposant leurs rhumatismes sur un banc de pierre en face de quelqu'une des stations du calvaire qui, de distance en distance, mesurent le chemin. Reste enfin l'étroit et interminable escalier qui part du bas de la colline et débouche sur la terrasse de Fourvières; je l'ai monté et descendu plusieurs fois, et toujours seul. Par où arrivent donc tant de fidèles, et faut-il croire qu'ils sont transportés au sommet de la colline par un miracle analogue à celui qui transporta jadis la petite maison de Nazareth à Lorette? D'où qu'ils viennent d'ailleurs, ils prient avec un recueillement où l'on retrouve bien l'image de la dévotion à la française, et à certains égards l'image de quelques-unes des meilleures qualités de notre nation. C'est un recueillement sans effort qui ne cherche pas à s'absorber dans l'oubli de ce qui l'entoure, et cependant ne s'en laisse pas distraire. L'église est pleine à la fois de bruit et de silence; les visiteurs vont, viennent, se renouvellent : l'œil du fidèle ne les cherche ni ne s'en détourne. Chacun prie pour son compte sans que son voisin lui soit à curiosité ou à trouble, avec cette tenue correcte et cette simplicité ennemie de toute affectation qui distinguent les bons échantillons de la nature française. Mes visites à Fourvières auraient suffi pour me convaincre que la piété ne requiert pas de conditions plus spéciales que celles de tout autre exercice de l'âme, et que le recueillement n'exige pas un plus grand isolement du monde extérieur que le sommeil ou la pensée. Prier ou penser au milieu de la foule et du bruit n'est difficile que pour ceux qui n'ont l'habitude ni de prier ni de penser; si le vacarme de la journée ne peut rien enlever de sa profondeur et de son intensité à une méditation de savant ou de lettré, pourquoi enlèverait-il à la prière d'une âme religieuse quelque chose de sa ferveur et de sa sincérité ?

L'église n'a d'autres ornements que les *ex-voto* et les témoignages de reconnaissance des fidèles exaucés, mais en revanche c'est par centaines qu'il faut les compter; les chapelles en sont remplies, les murailles en sont tapissées, les piliers en sont recouverts depuis la base jusqu'au faîte. Je vois d'ici nombre d'incrédules sourire; pour moi, je n'en ai ni envie, ni désir, et cela pour beaucoup de raisons dont quelques-unes regardent la simple philosophie. Parmi les incrédules qui sourient, il y en a sans doute plus d'un qui tient pour article de foi ce trop douteux axiome qui sert de base à la société dont nous faisons la difficile et incertaine expérience : le nombre fait la sagesse. Eh bien ! mais voilà, j'imagine, une sérieuse application de cet axiome. Des milliers et des milliers de personnes viennent m'affirmer qu'elles ont été exaucées ou guéries après s'être adressées à la Vierge. S'il n'y en avait que quelques-unes, je pourrais rejeter ces témoignages, mais ils sont si nombreux que je suis obligé de les tenir pour vrais, du moment qu'il est entendu que je dois accepter comme expression de la vérité le suffrage du nombre. Au contraire, s'ils ne sont pas vrais, en quoi le nombre m'offrira-t-il ailleurs plus de garanties, et que vaut le suffrage des multitudes?

Tout près de l'église s'élève sur une terrasse un léger pavillon connu sous le nom de l'observatoire Gay, où l'on se rend pour contempler dans toute son étendue le panorama de Lyon et de la campagne voisine. Les touristes manquent d'autant moins de rendre visite à ce pavillon qu'il leur est recommandé, en termes d'un enenthousiasme frénétique, par certain écriteau qu'ils rencontrent à la montée et qui est bien le modèle le plus accompli de la réclame à l'américaine qui se puisse rêver. « Montez, montez à l'observatoire Gay, dit cet écriteau. Vue splendide; c'est plus beau que l'Italie, la Suisse et la Savoie. » Suit une citation du *Guide* de M. Joanne, couronnée par cette phrase sublime, où se trahit tout entière la noble confiance des âmes modernes en leur probité réciproque : *réclame absolument gratuite et non payée.* Voilà qui est fait pour donner une singulière idée de la presse à laquelle l'auteur de l'écriteau a pu avoir affaire, ou de l'opinion que doit nécessairement s'être formée de la nature des écrivains cet enjoué *cicerone* en chambre. La vue est belle en effet, et l'on serait tout disposé à la trouver telle, si l'exagération agaçante de cette réclame n'engageait pas à lui trouver quelques imperfections. Voici l'énorme ville tout entière ramassée sous le regard; à droite, Saint-Georges élève sa flèche mince et pointue, pareille à un javelot qui, lancé d'une main hardie et débile à la fois, partirait avec rapidité et s'arrêterait dans son premier essor; à gauche, Saint-Nizier présente son clocher

Lyon. — Vue générale.

brodé à jour comme les tours d'une cathédrale espagnole; en face, la cathédrale de Saint-Jean adorablement enfumée détache avec un relief admirable sa masse entière qui, rapetissée par la distance, paraît sous sa couleur noire la boîte richement gaufrée et sculptée de l'écrin d'une géante. L'horizon est imposant et majestueux; voici les montagnes du Lyonnais et du Forez, derrière lesquelles se montrent les pointes des monts d'Auvergne; là-bas les Alpes et le mont Blanc étincelant de neiges. Toutefois ce panorama n'est pas sans défauts; par exemple il laisse mal distinguer ce qui est la principale originalité de la ville, cette situation entre les deux fleuves qui fait de Lyon une sorte d'île; et puis, si l'on voit le tableau, on n'en voit pas le cadre, car cet horizon de lointaines montagnes, qui emporte la vue à des distances énormes au lieu de l'arrêter dans un cercle infranchissable et l'éloigne de Lyon au lieu de l'en tenir rapprochée, ne saurait être pris en aucune façon pour le cadre de la ville. D'ordinaire c'est de haut seulement que les cadres des villes se laissent saisir et juger; c'est en bas au contraire qu'il faut rester pour juger de la beauté et de la noblesse de celui de Lyon, dont cette colline même de Fourvières forme une partie. Or, comme on peut fort bien passer à Lyon sans l'apercevoir, et que c'est à une sorte de hasard que nous devons de l'avoir découvert nous-même, nous allons informer le futur voyageur de l'itinéraire qu'il devra suivre, s'il veut se procurer un plaisir qu'il ne peut trouver d'ordinaire que dans les toiles du Poussin, ou dans le pays par excellence du paysage historique, c'est-à-dire l'Italie. Pour cela, il n'aura qu'à partir d'un des points quelconques du Rhône, le pont Morand par exemple, et à se faire conduire au château de La Pape, puis, coupant droit à travers champs, qu'il se dirige sur l'île Barbe et rentre à Lyon en suivant la rive de la

Saône; s'il choisit un beau jour d'automne pour cette excursion et qu'il ait soin de faire coïncider sa rentrée avec le coucher du soleil, je lui promets un spectacle dont il gardera longtemps le souvenir.

La route est peu belle de Lyon au château de La Pape, car le long et ennuyeux faubourg Saint-Clair forme presque la moitié de la distance, et l'autre moitié se fait par un chemin montueux à l'excès, encaissé entre des escarpements poussiéreux et des terres d'un aspect aride. Heureusement le voyage est aussi court qu'il est monotone; un peu plus d'une demi-heure et nous débouchons, par une assez belle avenue, sur la terrasse du château de La Pape. Ce château, qui conserve le nom d'un de ses plus anciens possesseurs, le jurisconsulte grenoblois Guy Pape, un des bons serviteurs de Louis XI, n'est plus aujourd'hui qu'une gentille habitation moderne [1]; mais le site sur lequel il s'élève est historique et rappelle l'un des plus tragiques souvenirs de la France nouvelle. C'est ici que sous la terreur Dubois Crancé avait établi son camp, se plaçant ainsi à cheval entre les deux fleuves; maître du Rhône, que cette situation domine, fermant par là le chemin de la Franche-Comté et de la Savoie, et assez près de la Saône pour observer tous les mouvements qui pourraient venir des régions de Forez et d'Auvergne : c'est de là que pendant deux longs mois il tint les Lyonnais assiégés, les bombardant et les incendiant sans vaincre leur obstination et leur courage. Quiconque est maître de cette situation, ai-je dit, est maître du cours du Rhône; en effet, le fleuve coule immédiatement au-dessous, et l'on y descend en quelques minutes par un parc incliné planté sur le penchant de l'éminence que couronne le château.

---

1. Le propriétaire actuel du château de La Pape est M. Germain, directeur du Crédit foncier de Lyon.

L'aspect qu'il offre ici est original et curieux. Ce fleuve si nerveux et si vif, rencontrant un obstacle dans la nature du sol, s'arrête comme affaissé et débilité, se divise ou plutôt s'embrouille dans les terres comme s'il hésitait sur son chemin, et, impuissant à creuser régulièrement son lit, forme des commencements d'îles et des essais de marécages, présentant ainsi sur une très-petite échelle le spectacle du même phénomène qui a donné naissance à la Camargue. Le contraste de cette impuissance avec la rapidité que continue à conserver la partie du fleuve qui est restée libre attriste le paysage d'une nuance morose ; car, s'il n'y a rien au monde de plus gai ou de plus altier que l'eau courant en liberté, il n'y a rien de plus morne ou qui représente mieux l'humilité que l'eau stagnante, impuissante à se frayer sa route, ou seulement ralentie dans sa course : les éléments comme les hommes connaissent les avantages de l'indépendance et ressentent les effets de la servitude. Du reste, ce paysage est déjà sévère par lui-même, comme presque tous ceux du Lyonnais, un des pays de France où les horizons ont le plus d'étendue. Une des conditions les plus essentielles de la sévérité des paysages est en effet l'étendue de l'horizon ; or ici il est immense, et dans les beaux jours on voit distinctement les étangs de la Bresse briller au loin comme de grands miroirs qui seraient posés à plat sur le sol.

Au sortir du château de La Pape, nous coupons à travers la campagne par des chemins bordés de platanes maigres et mal venus, qui ne rappellent en rien les beaux platanes que j'admirais naguère dans le Bourbonnais, et nous nous rendons à l'île Barbe par la rive droite de la Saône.

<small>Et alors ils passèrent auprès du grand tombeau d'Ilée.</small>

C'est un vers d'Homère dans le récit du voyage de Priam

au camp d'Achille pour redemander le cadavre d'Hector qui m'est revenu assez naturellement à la mémoire en rencontrant sur ma route le tombeau que le maréchal de Castellane s'est élevé de son vivant presque en face du joli Mont-d'Or aux trois mamelons. Ce n'était certes pas trop de ce souvenir classique pour saluer ce mausolée où le vieux soldat s'est fait inhumer d'une manière si conforme à son rang. Parmi les excentricités bien connues du maréchal, la plus célèbre était certainement cet amour excessif de l'étiquette militaire qui obligeait ses officiers à une tenue de tous les instants, et qui lui faisait revêtir à lui-même pour les plus légères cérémonies son costume officiel avec tous ses insignes ; il n'a renoncé qu'une fois à cette étiquette militaire, et cela au sein de la mort, et encore n'y a-t-il renoncé qu'en la maintenant par une noble adresse qui la fait ressortir en l'effaçant. Hâtons-nous de le dire, ce monument est des moins communs, ce qui prouve assurément que le maréchal, qui en a eu l'inspiration première et qui en a déterminé l'ordonnance, cachait sous son excentricité une originalité véritable. Qui le croirait ? il a mieux trouvé que n'aurait rencontré aucun artiste ; cela est sorti d'une idée nette, franche, entièrement neuve, sans le plus petit souvenir des monuments de même genre des siècles précédents, et non-seulement l'œuvre est nouvelle par la conception de sa forme et de ses dispositions, mais chose plus singulière, elle est moderne par son caractère, et donne pleine satisfaction à l'esprit démocratique du temps actuel.

Le monument a la forme d'une belle chapelle ouverte, dont l'accès est défendu par une grille qui permet d'observer tous les détails sans qu'il soit besoin d'y pénétrer. Cette chapelle, entièrement blanche et toute gaie du soleil qu'elle reçoit à flots, est ornée sobrement de décorations dans le goût de la renaissance, surtout dans le goût si pur et si fin de la chapelle du château d'Amboise, que semble avoir pris pour modèle l'auteur de ces moulures, jeune sergent de l'armée française, dont je regrette de ne me rappeler ni le nom, ni le régiment. Au centre, une dalle de marbre posée à plat, faisant partie du pavé, présente en lettres incrustées d'un cuivre brillant ces simples mots : *Ci gît un soldat*. Aux deux côtés de la dalle s'élèvent deux grandes statues : l'une est celle d'un petit fantassin français légèrement appuyé sur son fusil obliquement incliné, l'autre celle d'un dragon roide et droit avec son sabre au port d'armes ; placés comme ils le sont, ils ont l'air de monter la garde de l'éternité à la porte sépulcrale du maréchal, et c'est en effet là l'idée qui a inspiré cette décoration originale. Je ne suis même pas très-sûr que cette idée n'ait pas reçu une exécution mieux que métaphorique, car il me semble bien me souvenir que, par une clause de son testament, le maréchal avait voulu que le premier cavalier et le premier fantassin de sa division dont la mort coïnciderait avec la sienne fussent ensevelis, l'un à sa tête et l'autre à ses pieds. Si cette clause vraiment noble et digne d'un chef militaire a été exécutée, c'est en toute réalité que les deux soldats montent dans la mort la garde auprès de leur maréchal. On le voit, c'est bien plutôt un monument élevé en l'honneur de l'armée française qu'en l'honneur du chef militaire qui l'a fait construire ; le maréchal s'y efface volontairement devant le simple troupier de son commandement : pour lui, rien qu'une dalle de marbre avec une simple mention qui, taisant un vieux nom et une dignité qui n'a pas de supérieure, ne lui accorde d'autre titre militaire que celui des plus humbles et des plus petits ; pour le troupier au contraire, le luxe de l'art et une touchante camaraderie au sein de la mort. Qui se serait jamais attendu de la part du maréchal de Castellane à un si volontaire effacement de la personnalité? Ce tombeau s'élève, dis-je, en face d'un des plus beaux paysages des environs de Lyon, sur une route construite par les soldats mêmes du maréchal ; en sorte que ce sont les propres auteurs de cet ouvrage qui se sont chargés d'en conserver le souvenir par la plus durable des prises de possession.

Le soir où je parcourus cette route, il faisait un soleil superbe, sous lequel elle resplendissait d'une blancheur lumineuse qui contrastait vigoureusement avec le vert joyeux des montagnes. Tout dans la nature avait pris un air de bonheur, même les choses de mine chagrine ou d'aspect austère. D'en haut, je regarde la petite île Barbe ; avec ses bords noyés par le flot, sa vieille église, son château fort et ses rochers, qui pour être de petite taille n'en sont pas moins aussi ardus et aussi âpres que s'ils étaient gigantesques ; elle me donne l'impression d'une jeune paysanne méridionale, échevelée, vêtue à la diable, s'abandonnant à la joie de vivre avec une véhémence sauvage et interrompant par intervalles ses bondissements pour aller plonger ses pieds dans la Saône. Je descends dans l'île ; Charlemagne s'est assis, dit-on, sur ces rochers pour regarder défiler son armée sur les rives de la Saône. Plus tard ils ont supporté un château fort ; avec le temps, le château fort s'est transformé en modeste caserne, et je vois nos jeunes troupiers qui les montent ou les descendent pour aller prendre la provision d'eau nécessaire au puits creusé à leur pied par le grand empereur, ou pour la rapporter. Cependant tous ces souvenirs authentiques ou légendaires me préoccupent peu ; le temps est si beau que la nature étouffe l'histoire et la fait oublier : aussi, m'avançant jusqu'à la pointe extrême de l'île, je préfère aller regarder le soleil se coucher dans la Saône. Le paysage qui se présente ici devant nous est un paysage par excellence classique, c'est-à-dire aux proportions larges et régulières ; la belle Saône coule à l'aise sur un lit fait à ses dimensions, toute pareille à une beauté orientale qui voyage doucement sur un palanquin ou un lit de repos porté à bras. Les rives, en exacte proportion avec l'ampleur du fleuve, sont arrêtées, à l'est par les faubourgs de Lyon, à l'ouest par une suite de collines qui se continuent jusque par delà Fourvières, juste au point voulu pour donner à l'étendue des dimensions majestueuses. Le calme heureux qui s'était emparé ce soir-là de toute la nature et qui la tenait comme voluptueusement engourdie dans un repos tiède et moite s'harmonisait avec ce caractère classique aussi parfaitement que la santé complète s'harmonise avec la pleine beauté. Une lumière à la fois riche et tendre, où dominait une nuance de violet du ton le plus fin et le plus vif, enveloppait le ciel à l'horizon, et teignait de sa couleur les lointaines montagnes, qui avaient l'air de s'être revêtues à leurs cimes d'une vaste robe d'évêque. Il ne faudrait chercher dans les provinces septentrionales voisines rien de pareil à cette splendeur, car c'est ici le point précis où la lumière du midi naît ou expire selon la région d'où l'on vient : naît si l'on descend du nord, expire si l'on remonte du midi. Mon retour à Lyon fut une vraie féerie, où ce caractère méridional alla s'accentuant toujours davantage. Cette rangée de collines aux formes pleines et douces, aux dimensions moyennes, si rapprochées qu'elles forment à leurs cimes comme une sorte de plateau continu où mon œil monte chercher sans effort un bouquet d'arbres transfiguré par la lumière mourante, crée en moi une hallucination délicieuse. Suis-je à Lyon, sur les rives de la Saône, ou bien à Rome, sur les rives du Tibre, en face de l'Aventin, ou à Florence, en face des collines qui bornent l'Arno ?

C'est le paysage italien, au moins pour la partie la plus essentielle, la structure ; tellement le paysage italien, que les édifices bâtis sur les flancs ou aux sommets des collines y composent exactement les mêmes tableaux que les édifices italiens construits d'une manière analogue. On me montre sur une hauteur un édifice d'une masse imposante, c'est un collége ecclésiastique ; j'avais cru voir un palais à la façon de Florence et de Gênes. En arrivant à Fourvières, j'aperçois une sorte de monument de forme circulaire incliné sur le penchant de la colline d'un effet très-heureux, une fabrique toute trouvée pour un paysage à la Poussin : c'est une usine abandonnée, si mes souvenirs sont exacts ; j'avais cru voir un théâtre antique en ruines. La végétation seule est gauloise, et encore ce caractère disparait-il sous les magies du soir et les illusions de l'ombre croissante. Pendant que je longe la Saône plongé dans l'enchantement de ce spectacle, le souvenir de Cléopatre abordant aux villes d'Orient dans sa barque aux royales parures me revient obstinément en mémoire. C'est qu'en effet il est impossible de concevoir un paysage fait mieux à souhait pour encadrer l'arrivée d'une grande reine, un fleuve plus majestueux pour porter à flots lents et calmes une flottille princière, un miroir plus vaste et plus uni pour refléter les gaies couleurs des bannières et des guirlandes, des rives plus aisées pour y dérouler la double haie des cavaliers et des gardes, un amphithéâtre naturel mieux préparé que ces charmantes collines pour y étager les essaims bourdonnants de la multitude à l'avide curiosité.

II

LE NOUVEAU LYON. — LES SCULPTEURS LYONNAIS. —
LA STATUE DU MARÉCHAL SUCHET.

Combien rarement les hommes savent et veulent profiter des dons qui leur sont faits! l'histoire de Lyon en est une preuve. La nature et les circonstances ont donné à Lyon tout ce qui est nécessaire pour en faire une ville superbe, un cadre d'une rare beauté, une situation originale et commode entre deux grands fleuves, la qualité de seconde ville de France, le titre de la primatie des Gaules, une richesse énorme, fruit d'une industrie et d'un commerce séculairement célèbres, et cependant avec tous ses avantages Lyon jusqu'à ces dernières années n'avait réussi qu'à gagner le renom d'une des villes les plus laides et les plus mornes qu'il y eût au monde. Écoutez parler ceux qui ont visité Lyon il y a seulement vingt-cinq ans; l'impression qu'ils en ont conservée est invariablement morose. Une grande ville négligée avec une certaine correction bourgeoise dans sa négligence, une certaine affectation de médiocrité et comme un compromis malheureux entre l'incurie des villes du midi et la tenue des villes du nord, des rues mal tracées et d'aspect maussade, peu de goût dans les édifices particuliers, nul souci de l'élégance en aucune matière, voilà quel est généralement le tableau qu'ils retrouvent dans leurs souvenirs. Celui qu'ils tracent des mœurs et des habitudes est à l'avenant. Selon eux, la vie y était cachée, non sans quelque dissimulation qui parfois méritait le nom d'hypocrisie. Une stricte décence extérieure était de rigueur, et il régnait entre les citoyens une sorte d'émulation à se renfermer dans une apparente modestie. Nulle part l'amour du paraître, si fort chez les méridionaux et si bien décrit par d'Aubigné dans son *Baron de Fœneste,* ne sembla avoir moins de prise sur les cœurs. Aucun riche ne vivait selon sa fortune, comme s'il eût craint d'en révéler l'état aux regards de l'envie. Nul besoin de luxe, on ne comptait pas trente voitures particulières dans Lyon il y a vingt ans; le vice lui-même, qui partout et toujours a aimé l'extravagance et l'éclat, s'enveloppait de ténébreuse discrétion ; bref, tout le faste du Lyonnais se concentrait à l'intérieur dans les dépenses de la table, qu'il aimait à avoir non somptueuse et brillante, mais abondante, choisie et soignée.

A quelle cause faut-il attribuer cette absence de toute grâce et cette insouciance de toute parure dans une ville faite à souhait pour désirer et acquérir ce qui est le charme de la vie? Il y en a plusieurs, mais toutes peuvent, je crois, se ramener à une seule, l'empire exclusif de l'esprit de commerce. Le Lyonnais en général n'est pas un pays aristocratique, et à Lyon particulièrement cette influence a été à peu près nulle. En sa qualité de seconde ville de France et de siége primatial des Gaules, Lyon a reçu des visites de souverains et de princes, logé des conciles, contemplé des fêtes magnifiques; mais le lendemain de ces grands jours elle redevenait, comme la veille, ville de boutiques

Lyon. — Une vue du quai.

et de travail. La grandeur y a passé et repassé, elle n'y a jamais fait que des haltes; Lyon n'a jamais été un véritable centre de noblesse. Les familles nobles de la province n'ont eu qu'une influence médiocre et passagère sur les affaires de cette ville, et n'en ont eu aucune sur sa vie. Or, il faut bien le dire, en tout pays, la véritable initiation aux arts de l'élégance et au goût de la beauté est venue surtout de l'aristocratie; aucune autre des grandes puissances de l'histoire, ni la royauté, ni le clergé, ne peut se comparer à elle sous ce rapport. Le très-grand avantage des œuvres de l'aristocratie sur les œuvres de la royauté et du clergé, c'est, tout en cherchant la beauté et la grâce, de garder des proportions individuelles en quelque sorte, de créer ainsi un idéal de perfection qui se propose à l'imitation de ceux qui réunissent ou peuvent espérer de réunir les moyens de le réaliser, et de donner à tous sans exception des leçons de goût et de correction. Les très-grandes œuvres par leur caractère trop général, et par conséquent impersonnel, décourageant soit l'imitation, soit l'émulation, restent beaucoup plus stériles : jamais particulier ne se proposera d'imiter le Louvre ou Notre-Dame; au contraire, il peut suffire d'une vingtaine d'hôtels seigneuriaux pour modifier ou même pour créer l'architecture de toute une ville. Même chose pour tous les arts de l'élégance et de la vie sociale; les leçons que l'aristocratie donne aux populations soumises à son influence étant données de fort près, en dépit de la différence des conditions, et ayant autant d'occasions de se renouveler qu'il y a dans la vie de chaque jour de nécessités diverses, pénètrent directement dans le vif des mœurs et y touchent but à tout coup. En outre, ces leçons ont l'avantage d'être disséminées, c'est-à-dire données à la fois en cent endroits différents, chaque famille d'une aristocratie étant un centre particulier agissant indépendamment des autres. A tout pays où l'influence de l'aristocratie ne s'est pas fait sentir, il manquera toujours quelque chose sous le rapport du sentiment et du goût de la beauté, et c'est là beaucoup l'histoire de Lyon. Si l'influence de l'aristocratie y a été faible et presque nulle, celle du clergé y a été au contraire forte et longue ; mais nulle part le clergé n'a été, ce qui se comprend fort aisément d'ailleurs, un initiateur aux arts qui font l'agrément de la vie, et la liberté populaire des mœurs, qu'il a partout favorisée, s'est toujours exercée aux dépens de la véritable élégance et de la véritable politesse. Toute population soumise à une aristocratie corrige et amende sa nature plébéienne, toute population soumise à un clergé la conserve au contraire sans altération, car, si elle subit une domination morale plus haute, elle subit au contraire une contrainte sociale infiniment moindre. Le commerce étant donc resté seul maître véritable de la ville, il n'y a pas à s'étonner qu'il l'ait faite à l'image de ses comptoirs et de ses magasins, et je crois fort que cette même absence de charme qu'on observait dans l'ancien Lyon pourrait s'observer dans toute ville où l'esprit de négoce a régné exclusivement.

Ce n'est pas en vain cependant que nous vivons dans un temps de progrès : aussi Lyon a-t-il voulu prouver qu'il marchait avec le siècle autrement encore que par le club de la rue Grolée et les enterrements civils. Pour être resté en retard, le rajeunissement n'en a été que plus complet, et Lyon a mérité qu'on lui fasse en toute justice l'application de la parabole des ouvriers de la onzième heure, car ceux qui en parlaient naguère comme nous l'avons rapporté plus haut ne le reconnaîtraient certainement plus aujourd'hui. Nous sommes parfois trop disposés à médire de notre époque ; elle travaille trop vite, cela n'est que trop vrai, et préfère souvent l'apparence à la réalité ; néanmoins, il lui sera beaucoup pardonné parce qu'elle a beaucoup travaillé, et de ce fait Lyon est une preuve. En quelques années, une ville entièrement nouvelle a été construite, avec l'accompagnement nécessaire de squares, de places et de parcs qu'exige une cité moderne. Toute la partie principale, celle qui forme comme une île entre la Saône et le Rhône, a été percée de trois rues magnifiques allant de la place Bellecour à la place des Terreaux ; de grandes et hautes maisons, presque toutes destinées à servir de magasins, et percées en conséquence d'innombrables fenêtres judicieusement disposées pour laisser passer la lumière à flots, ont remplacé les moroses comptoirs et les sombres boutiques d'autrefois. De nouveaux édifices ont été élevés, qui non-seulement ne jurent pas avec les vieux monuments de Lyon enclavés dans la ville rajeunie, mais peuvent soutenir jusqu'à un certain point la concurrence avec eux : un remarquable palais des Arts, un palais de la Bourse très-soigné, très-orné, sérieusement beau en dépit de certaine disparate entre ses deux façades. C'est sous l'administration, qui paraît avoir été habile et ferme, de M. Vaïsse, que cette résurrection lyonnaise fut accomplie, et l'on me raconte à cette occasion une anecdote assez piquante. Un journaliste ingénieux, passant en revue les divers moyens par lesquels les Lyonnais pouvaient prouver leur reconnaissance à leur préfet, proposa d'élever deux statues sur la plus belle de leurs places, d'un côté celle de M. Vaïsse, et de l'autre celle de Munatius Plancus. C'était décerner au préfet le titre de second fondateur de Lyon ; la flatterie était d'un assez fort calibre, — eh bien ! lorsqu'on parcourt le nouveau Lyon, on est presque tenté de ne pas la trouver énorme.

La plupart de ces belles maisons de construction récente sont très-richement ornées selon la tradition lyonnaise, car il y a une tradition lyonnaise en cette matière qui diffère beaucoup de celles de nos autres provinces. Il ne faut pas chercher ici les délicats ornements, ni les arabesques déliées ; de tout temps, le Lyonnais semble avoir préféré l'ornementation forte et quelque peu lourde. Ce sont d'épaisses guirlandes, de larges nœuds de feuillage, des fleurs robustes au calice grand ouvert ; il est inutile de demander si la figure humaine, qui est de tous les genres d'ornements celui qui exige le plus de relief, y est employée avec profusion. Ce goût n'est pas des plus purs, il faut bien l'avouer, mais il est si général que c'est à peine si l'on pourrait lui découvrir une exception, et il semble avoir été à peu près toujours le même à toutes les époques, fait d'autant plus singulier que le Lyonnais est une des provinces qui ont produit le plus d'habiles artistes, notamment dans la sculpture, à laquelle les arts d'ornement se rapportent bien plus étroitement qu'ils ne se rapportent à l'architecture. Peut-être ce goût a-t-il sa raison d'être dans le mode de construction traditionnellement adopté en Lyonnais, une haute maison à large façade appelant plus naturellement les ornements pleins et ne détachant en force que les ornements délicats.

Quant à la décoration générale de la ville, — places, édifices, fontaines, statues, — elle est très-belle, et les Lyonnais peuvent en être fiers à juste titre, car elle est entièrement l'œuvre de leurs enfants, et ils n'ont eu besoin pour la créer d'avoir recours à aucun artiste étranger. Je ne sais pas jusqu'à quel point Lyon a toujours été bonne mère ; en tout cas, elle a trouvé les meilleurs des fils. C'est un fait très-curieux, presque touchant à force d'être répété, et qu'on ne pourrait retrouver à ce degré dans aucune autre ville de France : Lyon, tant l'ancien que le nouveau, n'a dû sa parure qu'à des artistes issus de son sein, et ces artistes ont traité leur

ville avec une déférence et un respect accomplis ; à elle,
leurs meilleures inspirations et leur plus consciencieuse
habileté, pas une marque de négligence dans les dons
qu'ils lui ont faits ; quelle que soit la valeur du don,
on peut toujours être sûr que l'artiste y a mis tout ce
que sa nature lui permettait d'y mettre, et souvent même
qu'il s'y est élevé au-dessus de lui-même : si dans cette
masse d'œuvres il y en a quelqu'une qui soit trop décidément médiocre, soyez sûr qu'elle est le fait d'un
étranger.

C'est ici, en effet, une terre d'artistes, mais de tous
les arts la sculpture est celui qui y a fleuri avec le
succès le plus constant. Que de noms célèbres dignes
d'être répétés, Coysevox, Coustou, Lemot, et parmi les
contemporains que de noms dignes d'être retenus, Bonnet, Fabisch, Bonnassieux! La sculpture semble être la
forme de l'art qui se rapporte par excellence au génie
lyonnais, et il faut bien véritablement qu'il en soit ainsi,
car, même lorsque l'homme est médiocre, ses œuvres
soutiennent le jugement et répondent exactement à
toutes les exigences de son art. Le sculpteur Chinard,
par exemple, vous est sans doute profondément inconnu : eh bien ! Chinard, qui florissait sous le Consulat et l'Empire, a laissé des œuvres qu'on ne regarde
pas sans plaisir. Le musée de Lyon en possède quelques-unes ; ce sont des allégories mythologiques à
la manière du xviii° siècle expirant, ce même genre
que son contemporain Prud'hon a transporté dans la
peinture ; la mode en est surannée sans doute, mais
le style en est correct, et les proportions en sont en
rapport exact avec les sujets. Ce même Chinard a laissé
quantité de bustes qui ont aujourd'hui une valeur historique, entre autres celui de Louis Bonaparte, roi de
Hollande, et surtout celui de l'impératrice Joséphine
que l'on a pu voir en 1867 à l'exposition de la Malmai-

son, et dont on peut garantir la ressemblance, car il présente par avance le même type de beauté que Prud'hon a fixé quelques années plus tard dans un des plus beaux dessins qui soient sortis de son crayon : or, ces bustes de Chinard sont ce que des bustes doivent être, fidèles sans exagération de réalité et corrects sans mensonge d'idéalisation. J'appuie exprès sur cet exemple de Chinard — précisément parce qu'étant petit il montre d'autant mieux ce que je veux prouver. Il est sculpteur médiocre peut-être, mais il est sculpteur, chose qu'on ne pourrait pas toujours dire d'hommes éminents. Combien d'artistes du plus grand talent, en effet, dont les œuvres ne répondent pas aux conditions de l'art qu'ils ont choisi ! Cela peut sembler un paradoxe apparent que de dire qu'il y a tel peintre ou tel sculpteur qui est plus grand artiste qu'il n'est grand peintre ou grand sculpteur ; cependant il en est ainsi en toute vérité, et cette même ville de Lyon va nous en fournir la preuve. Lyon a produit dans la peinture, notamment à notre époque, des hommes du mérite le plus élevé. Qui ne connaît les œuvres d'Hippolyte Flandrin et de Victor Orsel ? et qui oserait dire après les avoir admirées que les auteurs en sont aussi grands peintres qu'ils sont grands artistes ? Or, ce qu'on ne pourrait oser dire des peintres, on peut le dire en toute assurance des sculpteurs lyonnais ; du plus grand au plus petit, ils sont sculpteurs ; il faut donc bien qu'il y ait dans le génie lyonnais une aptitude plus particulière à la sculpture qu'à toute autre forme de l'art.

La justesse, la proportion, l'harmonie, le rapport exact entre l'œuvre créée et sa destination, l'art de ramener le sujet, quelque grandiose ou excentrique qu'il soit, aux lois et, si j'ose ainsi parler, à la discipline de l'art, voilà les qualités qui à toutes les époques ont distingué les sculpteurs lyonnais, et qui en font, selon

moi, les sculpteurs classiques français par excellence.
Peu de génie d'initiative, aucune de ces audaces aventureuses qui ne s'obtiennent que par une entorse faite aux lois normales de la sculpture, aucun esprit de système. Ce n'est pas eux qui essaieront d'une lutte forcenée avec la réalité, ou d'une idéalisation à outrance ; leur ambition à eux, fidèles, honnêtes et sensés artistes, c'est de satisfaire à toutes les règles de leur art jusqu'à la plus petite, et non pas de lutter ou de ruser avec elles. Il m'est arrivé autrefois d'écrire que la perfection de l'art du comédien était de se tenir à si juste distance de la réalité que le spectateur pût être ému de plaisir ou de douleur sans perdre pour cela le souvenir que ce qu'il voit n'est qu'un jeu ; on peut dire quelque chose d'analogue pour tous les arts. Si cela est vrai, nuls sculpteurs mieux que les Lyonnais n'ont su trouver et garder cette juste et si délicate distance : il me suffit de nommer Coysevox et Coustou pour faire comprendre et pour justifier ce que j'avance. Là où ils triomphent peut-être davantage encore, c'est dans le sentiment des proportions, qu'ils ont eu à un degré si rare qu'il en est exquis. Avec quelle adresse ils ont su maintes fois ramener tel sujet aux dimensions dont la sculpture doit se contenter, ou créer l'illusion de la grandeur sans sortir de ces dimensions ! J'entre par exemple dans l'église de Saint-Nizier, et j'y rencontre une charmante Vierge de Coysevox. Une statue de la Vierge comporte nécessairement l'idée de majesté, et l'idée de majesté s'accommode assez mal de proportions réduites ; or, la statue de Coysevox est de faibles dimensions, et cependant elle se dresse aussi gracieusement fière que si elle avait cinq pieds de haut. Pour obtenir cet effet de grandeur, il lui a suffi de faire tenir l'enfant à la Vierge en croisant les bras aussi près que possible du sommet de la poitrine, en sorte que l'enfant, soutenu seulement par les jambes, se dresse

droit hors des bras de sa mère, dont il domine la tête, et que la taille de la Vierge semble s'accroître ainsi de toute celle de son fils. Prenons maintenant un exemple contraire : j'entre à l'hôtel de ville, et sous le péristyle de ce bel édifice, si noblement marqué du sceau royal du xviie siècle, je rencontre deux gigantesques allégories du Rhône et de la Saône, œuvres de Coustou. *La Saône* est la plus belle des deux ; c'est une géante de proportions colossales, et cependant sa beauté et sa grâce n'ont rien d'énorme ; cette géante parle à nos sens aussi familièrement et sans plus les étonner que si elle était de la taille des femmes de la commune humanité. Je continue mes promenades, et j'arrive place Bellecour, où je me trouve en face d'une œuvre de date plus récente que les précédentes, la statue équestre de *Louis XIV* de Lemot, l'auteur de l'*Henri IV* du Pont-Neuf. L'œuvre est superbe, et j'ose dire que, de toutes les statues équestres que j'ai pu voir en France, elle est la seule qui me semble répondre d'une manière absolue à toutes les conditions de la sculpture monumentale. Jamais on n'a aussi fidèlement rendu la figure que notre imagination se forme de Louis XIV d'après les documents historiques, c'est-à-dire une personne d'une majesté élégante. Avec quelle aisance et quelle liberté se détache l'effigie du grand roi, de quelque côté qu'on la regarde ! Cette figure respire l'autorité ; elle commande sans geste, appelle sans parole, domine sans ordonner, par la seule fermeté de son attitude et la seule dignité de son maintien. Un tel personnage a droit naturellement à l'obéissance, et c'est ce que sent bien le cheval, que l'artiste a fait enfourcher par Louis XIV à la manière antique, c'est-à-dire sans l'emploi de la selle et des étriers, souvenir de la statue équestre de Marc-Aurèle au Capitole très-habilement appliqué ici pour faire ressortir avec plus de force l'idée d'une fermeté

Lyon. — Place Bellecour.

qui s'impose sans effort. Et maintenant par quel moyen l'artiste est-il arrivé à produire cet effet de souveraine majesté? Tout simplement par l'observation judicieuse de cette harmonie des proportions que nous signalions tout à l'heure, par un équilibre si bien établi entre les deux figures de son œuvre qu'elles ne peuvent se nuire l'une à l'autre. Cet équilibre dépendait tout entier du mouvement du cheval, et l'artiste avec un tact admirable a choisi celui qui non-seulement pouvait le plus naturellement conserver l'harmonie des proportions, mais celui qui s'accordait le mieux avec l'impression de majesté qu'il voulait rendre. Ce cheval ne se cabre ni ne se soulève, en sorte qu'il ne cache la figure du roi d'aucun côté et qu'il la laisse resplendir libre; il n'est cependant pas immobile, mais, esclave heureux, il se porte en avant d'un mouvement à la fois vif et mesuré, crispant avec une ardeur savante les pieds de derrière et dressant la tête avec une expression de fierté obéissante.

Les artistes lyonnais modernes ne sont pas indignes de leurs prédécesseurs. Parmi ces artistes, il en est trois qu'il faut nommer particulièrement, MM. Bonnet, Fabisch et Bonnassieux; je m'arrêterai de préférence aux deux derniers. M. Fabisch, si je ne me trompe, est enfant de l'Auvergne, mais on peut en toute sûreté le considérer comme Lyonnais. C'est dans cette ville qu'il a étudié, qu'il a grandi, qu'il a mûri son talent et poussé sa fortune; enfant de ses propres œuvres, il appartient étroitement à Lyon, et par la nature de son talent, et par ses fonctions actuelles de directeur de l'École des Beaux-Arts. Que de belles et charmantes œuvres il a semées de toutes parts, non-seulement dans sa ville d'adoption, mais dans tout le Lyonnais! Elles sont en nombre infini, et il n'y en a pas une qu'on puisse dire banale, car il n'y en a pas une qui ne révèle une recherche, un effort, un désir du nouveau, ou qui ne présente quelque heureuse trouvaille de nuance ou d'effet. Tout artiste est condamné à marcher dans des terres déjà labourées, — et labourées par quelles charrues illustres! M. Fabisch connaît cette dure condition, et les soins qu'il s'impose pour éviter de marcher dans les sillons de ses devanciers sont d'une délicatesse scrupuleuse au possible. Il eût été malheureux que de tels soins n'eussent pas été couronnés de succès; ils l'ont été. Il a dû faire par exemple une *Pietà* pour le superbe hôpital de Lyon, qui, contemplé du Rhône, prend de si grands airs de palais; grave sujet qu'une *Pietà* après toutes celles que nous ont laissées les grands artistes du xvie siècle ! Eh bien ! il a réussi à produire une œuvre d'une finesse douloureuse que l'on ne peut voir sans une sorte de cuisante émotion, une œuvre pleinement pathétique avec une vibration aiguë comme un des sept glaives du *Stabat*. Il y a dans toutes les figures de cet artiste une grâce étudiée d'où émane un charme subtil comme un arome, charme un peu faible parfois, mais toujours suave. Dans une chapelle voisine de cette *Pietà*, voici une sculpture représentant Jésus entre Marthe et Marie ; le sentiment en est exquis. Marthe s'avance devant le Sauveur avec le sourire cordial de l'honnête bonne volonté ; Marie est restée assise, tout entière occupée à sa naïve contemplation, elle n'est que silence et regard. Il est possible de créer une Marie plus ardente, plus mystique, plus soulevée par l'aspiration, plus aportée par le magnétisme de la grande âme qu'elle contemple, il est difficile d'en représenter une plus amoureusement passive. Et quelle figure bien comprise encore que celle de sa *Béatrix Portinari* que possède le musée de Lyon ! C'est bien cela ; une lumineuse idée platonicienne qui a pris un instant la forme d'une noble Florentine et qui, tout aussitôt atteinte par la tristesse de la terre, se hâte de retourner à sa céleste essence. Que les connaisseurs au goût difficile reprochent à cet artiste, tant qu'ils le voudront, trop peu de vigueur dans la conception et trop de timidité dans l'exécution ; nous ne lui demanderons pour notre part que ce qu'il peut donner et ce qu'il possède, des idées fines, des nuances charmantes, des délicatesses exquises, et tout cet ensemble de qualités rares et choisies que nous appelons de nos jours la distinction. Nous ne pouvons passer en revue toutes les œuvres de M. Fabisch, elles sont trop nombreuses pour cela, mais nous pouvons nous dispenser de cet examen, car aucune ne nous révélerait d'autres sentiments que ceux que nous venons de montrer.

De tous ces artistes lyonnais contemporains, le plus remarquable sans conteste est M. Bonnassieux : il suffit, pour s'en assurer, d'entrer dans le nouveau palais de la Bourse, qu'il a contribué pour sa part à décorer ; les œuvres de ses confrères s'effacent devant les siennes sans pouvoir soutenir la rivalité. Mieux que Flandrin, mieux que Victor Orsel, mieux que Jeanmot, M. Bonnassieux présente l'expression accomplie de ce mysticisme élevé qui a été l'âme des artistes lyonnais dans ce siècle-ci. C'est un talent d'une candeur absolue, tellement absolue que, si l'on cherche à bien le caractériser, on se voit obligé d'avoir recours à quelqu'une des épithètes des litanies de cette Vierge que son ciseau pieux a si souvent adorée de son travail fervent comme une prière, *vas castitatis, splendor munditiæ*. Il faut remonter bien haut dans l'histoire de l'art pour rencontrer quelque chose de semblable, car, si le génie est plus grand dans Ange de Fiésole et Memling, la candeur n'est pas plus lumineuse, et si le sculpteur lyonnais n'est pas leur égal comme artiste, il est leur égal comme âme et pieuse essence. Pourtant ne vous y trompez pas, sous cette candeur s'enveloppent avec mo-

destie une rare habileté et un savoir profond ; je n'en
veux d'autre preuve que cette adorable fontaine représentant le baptême de Jésus qu'il a élevée en face de
la cathédrale. Comme la beauté propre à l'adolescence
a été saintement transformée pour représenter dignement la figure de Jésus ! Comme ce corps est jeune et
pur ! Les chairs en sont plus fraîches que l'eau qui
va servir au baptême, plus fermes que les tissus d'un
fruit nouvellement formé et encore adhérent à sa
branche, la taille en est plus droite et plus flexible que
celle d'un roseau, le port en est plus élégant que celui
d'un jeune peuplier aux jours du printemps. C'est un
Jésus encore *innocent*, c'est-à-dire encore au début du
noviciat de la vie, car vivre est une corruption même
pour les âmes les plus vertueuses, et si nous ne sommes
pas souillés par nos actions, nous le sommes toujours
par les spectacles que ne peuvent éviter nos yeux. Ce
corps porte avec lui sa date, c'est bien celui qu'on doit
supposer à Jésus à l'époque de cette scène de purification initiatrice ; mais l'artiste a eu encore, cela est de
toute évidence, une sorte de raison théologique pour le
faire si jeune, c'est que l'essence propre à Jésus est la
pureté, et que la pureté ne peut s'exprimer physiquement que par la jeunesse. Mêmes mérites dans la figure
de saint Jean, qui, loin de présenter aucune âpreté, respire au contraire la tendresse et exprime une douce joie
d'être l'instrument d'une telle purification. Eh bien !
plus on considère ce ravissant ouvrage, plus on s'aperçoit d'une étude aussi heureuse que profonde de cette
école florentine que nulle autre école de sculpture n'a
dépassée pour la sveltesse des formes et l'élégance des
mouvements. On pense au *saint Jean* de Donatello, aux
figures de la *fontana delle tartarughe* à l'entrée du Ghetto,
aux jeunes gens que Michel-Ange a assis ou couchés aux
angles des fresques de la Sixtine ; ce n'est aucune de

ces figures, et cependant il y a là une subtile parenté qui atteste le savoir et l'étude de l'artiste. En outre de ce savoir, il y a chez M. Bonnassieux une véritable puissance. Il ne faudrait pas croire que ce soit un talent exclusivement enfermé dans les sujets gracieux ; cet auteur de tant de vierges charmantes est capable des entreprises qui réclament le plus de force ; il l'a prouvé dans cette colossale Notre-Dame de France, fondue avec les canons de Sébastopol, que nous venons, il y a quelques mois, d'admirer au Puy, œuvre difficile s'il en fût, et dont il s'est tiré avec un bonheur qui n'échoit jamais qu'aux artistes sûrs d'eux-mêmes. On me parle d'un tombeau qu'il a exécuté pour le cardinal Gousset avec des éloges que je n'hésite pas à croire mérités, car celui qu'il a consacré à M. Morlhon, évêque du Puy, au pied même de la statue de Notre-Dame de France, ne laisse rien à désirer pour la simplicité et l'expression.

M. Bonnassieux possède donc cette souplesse de nature sans laquelle il n'est pas de véritable artiste, car seule elle permet la variété et la fécondité. Ajoutez que ce savoir et cette souplesse n'ont recours à aucune habileté, à aucun artifice, même à ceux qui sont le plus légitimes, en sorte que l'exécution chez lui est aussi naïve que la conception. C'est plaisir par ce temps de charlatanisme de rencontrer un talent exempt à ce point de tout mensonge du procédé. Et cette sincérité le sert mieux que ne le servirait l'habileté la plus adroite. Allez par exemple au palais de la Bourse de Lyon admirer la ravissante horloge qu'il y a sculptée. Toutes les œuvres de ses confrères, ai-je dit déjà, s'effacent et disparaissent devant cette petite merveille, ce qui n'a rien d'extraordinaire, le propre d'une chose excellente étant de rejeter dans l'ombre celles qui le sont moins ; mais ce qui est singulier, c'est qu'on a le sentiment qu'il n'en serait pas ainsi pour cette horloge quand bien même on l'entourerait des plus grandes œuvres, et qu'elle conserverait son droit à un quart d'heure d'attention, même après que le visiteur se serait lassé d'admirer autour d'elle. Je demande à un juge dont personne ne récusera la compétence, éminent artiste lui-même, M. Guillaume, notre directeur de l'École des Beaux-Arts, la raison de cette singularité. « C'est, me répond-il, que cette horloge ne peut pas plus échapper à l'attention que le monument lui-même : l'artiste a appliqué tout bonnement, tout naïvement les lois de son art ; il s'est dit que son œuvre devait faire partie intégrante de la paroi à laquelle elle appartenait sans chercher à valoir égoïstement par elle-même ; pas le moindre coup de pouce, pas le moindre *rehaut*, aucun de ces artifices par lesquels les artistes essaient de donner plus de relief à leur œuvre, afin de la détacher de l'ensemble dont elle fait partie, de lui créer une sorte d'indépendance, et d'attirer ainsi sur elle plus sûrement l'œil du curieux, ambition toujours fatale, car elle détruit l'harmonie d'un ensemble, et souvent punie, car, si l'œuvre qui attire ainsi l'attention n'est pas excellente, elle perd le bénéfice de cette impersonnalité à laquelle l'obligeait la condition de faire partie d'un tout. »

Parmi les œuvres nombreuses dont M. Bonnassieux a embelli Lyon, j'ai choisi de préférence la fontaine de la place Saint-Jean et l'horloge du palais de la Bourse, parce qu'elles sont celles qui, tout en donnant l'impression la plus nouvelle, se prêtent le mieux à la traduction par la plume. Rien de plus facile à décrire en effet que la composition de cette dernière œuvre. Le sujet, nécessairement allégorique, n'est autre que l'image, vieille comme le monde, du temps à la fuite rapide, mais cette image, M. Bonnassieux a su la rajeunir de manière à en tirer tout un petit drame. L'allégorie se compose de trois personnages représentant les trois divisions de la durée sous leur forme la plus ramassée pour ainsi dire, et dans leur succession la plus contiguë, l'Heure passée, l'Heure présente, l'Heure à venir. La disposition de ces trois personnages est d'une simplicité en même temps que d'une habileté admirables : telle est la manière dont ils sont groupés qu'ils semblent tourner autour de l'horloge comme s'ils étaient emportés par le mouvement d'une roue à laquelle ils seraient fixés, imitant ainsi la course du temps autour de l'immobile éternité, ou plus simplement la succession des heures qu'ils représentent sur la circonférence du cadran. Il y a véritablement une sorte de vie tournoyante dans le mouvement dont ces figures sont emportées, tant il est vif et naturel, et tant on y retrouve bien cette double sensation d'angoisse et de bien-être que nous éprouvons lorsque par un moyen quelconque nous sommes tour à tour plongés dans la profondeur et ramenés vers la hauteur de l'espace. L'Heure présente se tient debout au sommet du cadran, ferme comme si elle avait pour elle l'éternité, excellente image de l'emploi que nous faisons de chacun de nos instants et de l'aveugle illusion à laquelle nous obéissons. Dure et à courte vue comme l'égoïsme, elle conspire contre elle-même, car la voici qui d'un côté tend une main amie à l'Heure qui va la supplanter, et qui de l'autre laisse tomber dans l'abîme l'Heure qu'elle-même a remplacée. Rien de plus ingénieusement pathétique ; l'Heure qui s'avance monte d'un pas fier et assuré comme celui de l'homme qui marche vers un succès certain ; mais quel désespoir dans l'Heure qui va sombrer au sein de l'abîme! Elle s'accroche crispée à la main de l'Heure présente, qui la lui refuse avec une impitoyable indifférence ; encore une minute, et la pesanteur, dont on sent l'action fatale, va l'entraîner dans le gouffre. Comme nous sommes ici au palais de la Bourse, on peut encore trouver à cette allégorie un sens plus restreint, mais plus en rapport avec la destination du monument, et qui a son pathétique aussi. Voyez-vous, dis-je à la bonne femme qui me faisait visiter le palais, lorsqu'on vous demandera la signification de cette horloge, vous répondrez qu'elle représente la loi nécessaire à laquelle obéit le crédit, qui se refuse naturellement à celui qui penche vers la ruine et s'offre non moins naturellement à celui qui s'avance vers la fortune. — On peut y voir encore, me répond-elle, l'image de la hausse et de la baisse. — Je l'assure que cette interprétation est excellente aussi, et je l'engage à la joindre à la mienne pour en constituer une philosophie complète sur cette matière, philosophie qu'elle pourra faire imprimer et céder aux visiteurs moyennant une légère redevance.

On ne s'explique guère que, possédant de tels artistes, Lyon ait eu besoin de s'adresser à d'autres pour le monument qu'elle a voulu consacrer à la mémoire du maréchal Suchet. On aura pensé sans doute que, MM. Fabisch et Bonnassieux ayant modelé plus de vierges et de saintes que de maréchaux de France, un tel sujet les sortirait par trop de leurs habitudes, et qu'il valait mieux s'adresser à un artiste qui eût une longue pratique de ces sortes de monuments. On s'est donc adressé à M. Dumont, à qui l'expérience ne saurait manquer en pareille matière, tant sont nombreuses les statues monumentales sorties de son atelier. L'œuvre, qui possède toutes les qualités de correction de cet artiste, présente une fort étroite ressemblance avec la statue du maréchal Davout qu'elle a précédée et dont elle peut être considérée comme le modèle, car l'attitude est à peu de chose près la même, et le geste très-bien trouvé par lequel Suchet porte la main sans appuyer sur la poignée de son épée a été identiquement reproduit dans la statue de Davout. Peut-être l'individualité du maréchal aurait-elle pu être accentuée davantage ; j'ai quelque peine à retrouver dans ce bronze les traits caractéristiques de la physionomie de Suchet, telle au moins que nous l'a fixée le pinceau d'Horace Vernet, c'est-à-dire une extrême bienveillance dans l'ensemble du visage, et par contraste une expression de dédain très-marquée aux coins de la bouche, qui est rentrée comme par un mouvement prémédité et voulu. Le désaccord est tel entre ces deux expressions du même visage qu'on dirait en effet que la seconde est le résultat d'un effort et qu'elle a été adoptée par une résolution de l'âme comme un préservatif salutaire pour intimider toute familiarité et éloigner d'une bonté naturelle trop facile les dangers des assauts qui lui seraient livrés si elle était reconnue ; mais sans doute ce sont là des nuances que la peinture reproduit plus aisément que la sculpture. Quels que soient d'ailleurs les mérites et les défauts de cette statue, j'en suis bien vite détourné par une pensée qui se présente à mon esprit et qui est assez intéressante pour que je ne l'abandonne pas.

Est-il vrai, comme on le dit, que la fortune fait toujours payer ses faveurs, ou n'est-ce pas nous plutôt qui par nos imprudences, nos écarts de jugement, nos violences, nous obligeons à la payer d'un prix qu'elle n'exigeait pas ? La carrière de l'homme dont voici l'image semble vraiment faite pour démentir la première de ces opinions et donner raison à la seconde. Un constant bonheur accompagna de son premier à son dernier jour celui qu'on pourrait justement appeler Suchet à l'étoile propice. Il a marché vers le commandement suprême d'un pas sûr, sans précipitation ni lenteur, il l'a exercé sans orages ni haineuses rivalités, il a triomphé sans revers. La gloire militaire qu'il s'est acquise est une des plus pures de la France, et cette gloire, il ne l'a payée, comme c'est l'habitude, d'aucun mécompte, d'aucune défaveur, d'aucune injurieuse calomnie. La gloire soulève toujours la jalousie et l'envie, la sienne par exception n'a rencontré que des apologistes et des approbateurs. Quelle guerre que cette guerre d'Espagne dont il nous trace, pour ce qui le concerne, le sombre tableau! Que de dangers sans cesse renaissants! quelles haines implacables et persistantes! Le plus fort y succomberait, et en effet les plus forts y succombent ou y échouent ; un seul résiste et reste debout, et celui-là, c'est Suchet. Là où le grand Masséna, l'obstiné Soult, et Marmont, à l'esprit agile, n'ont que des revers, il n'a, lui, que des triomphes. Chacun de ses jours est un succès, toute bataille qu'il livre est gagnée, toute ville qu'il assiége est enlevée. Aussi le maître souverain, qui n'épargne pas la disgrâce aux plus illustres, n'a-t-il pour lui que des paroles flatteuses. Vaincre cependant est peu de chose, si l'on n'a vaincu que les corps ; ce sont les âmes qu'il faudrait atteindre, et sur ce sanglant théâtre de l'Espagne les âmes se refusent au vainqueur avec une énergie sans exemple. Vient Suchet, il s'assied sur les débris fumants des ruines que son propre canon a faites, il convoque autour de lui des populations en deuil, composées de gens appauvris par la guerre, et pleurant qui sur un père, qui sur un frère, qui sur un fils, et il parvient à changer leur haine en estime et en respect. Ces vaincus intraitables lui obéissent, paient leurs contributions et leurs impôts en dépit de leur détresse, l'aiment presque, et le regrettent lorsque les événements l'éloignent d'eux. Enfin, quand vint l'heure suprême de l'empire, les difficultés militaires de cette guerre d'Espagne, en le retenant plus longtemps qu'il ne l'aurait voulu loin du théâtre où se jouaient les destinées de la France, lui créèrent une des chances les plus heureuses que pût avoir à ce moment un chef militaire, l'impuissance forcée. Il eut le bonheur non-seulement de ne pouvoir prendre part à ces crises suprêmes, mais encore de n'en être le témoin que de loin, de ne pas contempler de ses yeux ce qu'elles eurent de misère morale et d'héroïsme inutile. N'est-il pas vrai que, si jamais destinée fut enviable, c'est celle-là?

C'est que Suchet est un des hommes qui ont su le mieux comment il fallait payer la fortune pour ne pas en être ruiné. « Rien ne se donne, tout se paye, » disait le maître que servit Suchet ; reste à savoir en quelle monnaie et à quelle échéance il vaut mieux faire le payement. La monnaie est fort différente en effet selon que le paiement s'effectue avant ou après le succès. Si c'est avant, la fortune se contente d'être payée en sagesse, prudence, courage, humanité ; si c'est après, comme on s'est mis à sa discrétion, elle exige des prix terriblement usuraires, réactions acharnées, catastrophes soudaines, malheurs irrémédiables. Suchet trouvait qu'il était meilleur marché de payer d'avance. Il nous a retracé lui-même le tableau de ses campagnes en Aragon, en Catalogne et dans la province de Valence ; j'ai voulu faire cette lecture, et je n'ai plus eu aucune peine à m'expliquer ce constant bonheur. On y surprend au vif les procédés par lesquels le maréchal ne laissait au destin que juste ce qu'il ne pouvait lui ravir par prudence et par conseil, selon la forte expression de Cromwell. Quelle circonspection de tous les instants ! quels soins pour ne pas se laisser embarrasser et en quelque sorte engorger par les mille incidents qui surviennent à l'improviste en de telles campagnes, par exemple pour tenir toujours sa route libre de ces corps de partisans plus dangereux que les grosses armées, car ils peuvent gêner les mouvements par lesquels ces dernières peuvent être vaincues ! Quel scrupule à tenir exactement le compte des profits et pertes de chaque jour ! Quelle prudence pour ne pas payer la victoire d'aujourd'hui du prix de la victoire d'hier, chose qui arrive souvent à la guerre lorsque le général est plus ardent que sage ! Jamais Suchet ne hasarde rien ; s'il fait un pas en avant, il veut être assuré que le terrain sur lequel son pied posait tout à l'heure ne lui sera pas ravi, et qu'il sera libre à l'occasion de s'y replacer. Et quelle modération au sein de la victoire ! En lisant les mémoires de Suchet, on surprend deux sentiments admirables qui, s'ajoutant à sa prudence, ont fait son succès : il estime le vaincu, et il aime le soldat. Il estime le vaincu, et il le montre en n'abusant pas de lui, et il le dit en honorant chaque mot et chaque action héroïque qui partent du camp ennemi ; le vaincu le lui rend en modération et en respect. Il aime le soldat, et il le montre en lui évitant toutes les souffrances qui peuvent lui être épargnées par sages mesures, en l'entourant de tous les soins dont il peut être entouré par bonne administration ; le soldat le lui rend en bonne tenue, en discipline, esprit de corps, et confiance.

Il y a bien des années de cela, la dernière fois que Paris ait célébré la fête du roi Louis-Philippe, me trouvant mêlé à la foule, je liai conversation avec un vieil invalide, que j'interrogeai sur les événements auxquels il avait pris part, et surtout sur les chefs militaires qu'il avait servis. « Pour moi, me répondit-il avec la naïveté du langage populaire, celui qui entendait le mieux son affaire était encore le duc d'Albuféra. Ses soldats n'avaient jamais faim et ils étaient toujours chaussés, aussi l'aimaient-ils beaucoup. » La moitié au moins des succès du duc d'Albuféra trouve son explication dans cette reconnaissance prolongée du vieux soldat.

Ce qui assure le succès en ce monde, ce ne sont pas les dons extraordinaires, c'est le bon emploi que nous faisons de ceux que nous avons reçus, quels qu'ils soient. C'est par ce mot que je veux conclure ce que j'avais à dire de la carrière et de la fortune de Suchet.

III

LES ÉGLISES DE LYON. — L'ASCENSION DU PÉRUGIN ET LE BUSTE DE Mme RÉCAMIER DE CANOVA. — UN PEINTRE LYONNAIS, CLAUDE BONNEFOND.

Je parlerai peu des églises de Lyon, et cela non-seulement parce qu'elles ont été plusieurs fois décrites, mais parce qu'en dehors de leur architecture elles n'offrent qu'un assez faible intérêt. Chose curieuse, il semblerait au premier abord que les édifices religieux d'une ville qui est le siége primatial des Gaules dussent être abondants en monuments et en souvenirs, c'est tout le contraire qui est vrai. Les monuments ont été brisés soit pendant les guerres religieuses, soit pendant la révolution ; mais, même avant toute destruction, il ne semble pas qu'ils aient jamais été ni bien nombreux ni bien précieux. Le mobilier de ces églises est entièrement neuf, les œuvres d'art qu'elles contiennent sont d'hier et de ce matin, cette statue de la Vierge est de M. Bonnassieux, cet autel est de M. Fabisch, en sorte qu'en nous expliquant sur ces artistes nous avons épuisé d'avance ce qu'elles peuvent offrir d'attrait. Quant aux souvenirs, ils sont pour la plupart plus nobles que réellement illustres, et lorsqu'elles en con-

Lyon. — Saint-Nizier.

sacrent de sérieusement grands, ils se perdent tellement dans la nuit des temps que les édifices n'ont plus avec eux aucun rapport, ni prochain ni éloigné. Voici Saint-Nizier, par exemple ; selon la tradition, cette église a été bâtie primitivement sur la place où saint Pothin éleva le premier autel chrétien qui ait été construit en Gaule. Certes, voilà un vénérable souvenir ; maintenant entrons dans Saint-Nizier. C'est une très-belle église de la seconde époque du gothique, ouverte par un admirable porche de la renaissance, œuvre d'un illustre Lyonnais, Philibert Delorme, qui, n'ayant pour le style gothique qu'un amour modéré, s'est peu préoccupé de mettre ledit porche en harmonie avec le reste de l'édifice. Église gothique, porche de la renaissance ! en quoi cela s'associe-t-il d'une manière quelconque avec le souvenir du pauvre autel de bois et de pierre construit par Pothin au pied de la colline du premier Lyon? Voyons si nous serons plus heureux avec une autre église; voici celle d'Ainay. Celle-là au moins a conservé intacte à travers toutes les reconstructions dont elle a été l'objet sa charmante architecture byzantine des xe et xie siècles ; en a-t-elle mieux gardé ses souvenirs? Hélas ! non, car elle a perdu son site, et ses souvenirs ne conservaient de vie que par son site. Comme le lecteur comprendrait difficilement qu'une église puisse perdre sa position, expliquons comment cette aventure est arrivée à Ainay.

C'est là qu'était autrefois le point de confluent du Rhône et de la Saône, et c'est là qu'il était encore il n'y a pas plus d'un siècle. L'emplacement d'Ainay formait la pointe extrême de l'espèce de péninsule comprise entre les deux fleuves, et cette pointe sous la domination romaine était considérée comme marquant la dernière limite de la partie de la Gaule désignée sous le nom de Celtique. Aussi le lieu était-il en grande vénération, et, comme c'était un usage gaulois d'élever des autels au confluent des fleuves, il parut digne de servir d'emplacement à un autel en l'honneur d'Auguste : il y fut élevé aux frais de soixante nations de la Gaule ; les colonnes de marbre qui entourent le chœur de l'église actuelle en sont un reste. La célébrité de ce lieu ne fit que s'accroître lorsque Caligula, aux spirituelles énormités, y eut établi des concours d'éloquence dont une des règles principales obligeait le candidat malhabile ou malheureux à effacer son discours avec sa langue, et des jeux que les premiers chrétiens se chargèrent bientôt d'alimenter de victimes à présenter aux gladiateurs et de chair vivante à offrir aux bêtes. Les persécutions s'apaisèrent, l'autel d'Auguste, subissant le sort de toutes les choses de ce monde, fut détruit et oublié ; ces lieux si bruyants devinrent déserts, et alors un de ces solitaires qui abondent dans nos premières annales religieuses, entre le IIIe et le Ve siècle, et dont les cabanes et les grottes ont été l'origine de tant de sanctuaires fameux, — Hilaire de Poitiers, Amadour du Quercy, etc., — vint s'y établir. La réputation de Badulphe, — c'était son nom, — attira autour de lui de fervents imitateurs ; ce fut le noyau d'un monastère. Le monastère grandit, devint abbaye ; il en reste l'église actuelle, construite entre la fin du Xe et la fin du XIe siècle. Tant qu'elle a conservé sa situation au confluent des deux fleuves, ces vieux souvenirs pouvaient assez aisément s'associer à son existence, car le paysage qui l'environnait était exactement le même qui avait vu l'autel d'Auguste, le martyre de sainte Blandine et la cabane de Badulphe ; mais au dernier siècle l'ingénieur Perrache ayant eu l'idée de reporter plus loin le confluent des fleuves et de conquérir ainsi à Lyon tout le quartier qui porte son nom, Ainay se trouva, sans bouger de place, transportée en terre ferme et étouffée entre deux haies de très-hautes maisons. Elle aurait une force peu commune l'imagination qui serait capable aujourd'hui d'évoquer, rue de Bourbon, les visions de l'autel d'Auguste, de sainte Blandine ou du solitaire Badulphe.

De tous les vestiges du long passé qui l'avait précédée et dont elle avait hérité, il ne reste plus à Ainay que les colonnes qui forment le chœur, et quant à ses souvenirs personnels à elle, le seul vraiment important est celui de sa consécration par le pape Paschal II au commencement du XII° siècle, lorsque, fuyant de Rome à l'approche de l'empereur Henri V, il vint chercher un refuge en France; nous l'avons déjà rencontré en Nivernais consacrant à la même époque l'église de La Charité, nous pourrons le rencontrer ailleurs encore, car c'était le temps où, selon l'expression si heureusement pittoresque de Raoul Glaber, le monde se revêtait de la blanche robe des églises, et très-nombreux sont les édifices religieux qui furent alors consacrés par le pape fugitif. Au pied du maître-autel, une pierre représentant le pontife serrant l'édifice entre ses bras garde encore témoignage de cette consécration. Parmi les souvenirs d'Ainay figure une anecdote qui se rapporte non pas à l'église même, mais à l'abbaye disparue dont elle dépendait. C'est ici que le chevalier Bayard fit le premier de ses bons tours. Il était alors un tout jeune garçonnet au service du duc de Savoie, riche d'espoir, mais court d'argent, ce qui est souvent grande gêne pour atteindre à ce renom qu'il grillait d'acquérir, et justement il s'en présentait une occasion admirable. Des joutes allaient avoir lieu à Lyon, où son maître était venu pour s'aboucher avec le roi Charles VIII, et Bayard n'avait pas une obole pour s'acheter une monture et un équipement. Un camarade avisé, nommé Bellabre, le fit alors penser à un de ses oncles, qui était justement abbé d'Ainay;... mais à quoi bon vous raconter par le menu cette aventure? donnez-vous le plaisir de la chercher et de la lire dans ce joli livre, à moitié chronique, à moitié roman de chevalerie, comme il fut de mode d'en écrire sous le règne de François Ier, intitulé *Le bon Chevalier sans peur et sans reproche*; vous y verrez comment l'oncle céda chichement aux instances de son neveu, et comment celui-ci sut par adresse doubler le crédit qui lui avait été donné. En dépit de la rareté de ses souvenirs, en dépit du lourd et massif voisinage de maisons qui lui a été imposé par la création du quartier de Perrache, elle est pourtant encore bien jolie cette église d'Ainay, avec la décoration romane de losanges rouges et noirs de sa façade, avec son élégant baptistère, sa charmante nef, son chœur à coupole extérieurement supporté d'un petit clocher carré à la mode byzantine; c'est dommage qu'elle soit si obscure. La partie antérieure de l'église reçoit seule quelque lumière; la coupole du chœur et la demi-coupole de l'abside sont recouvertes de peintures de Flandrin que nous aurions bien voulu voir: mais nous avons trouvé ce chevet de l'église, à quelque heure du jour que nous nous y soyons présenté, enveloppé d'une telle obscurité que notre désir n'a pu être satisfait.

Si Ainay a perdu son site, il n'en est pas ainsi de la cathédrale de Saint-Jean, ravissant édifice gothique qui occupe une des positions les plus heureuses qu'ait jamais pu occuper une église. Elle est assise sur la rive gauche de la Saône, en face de Fourvières, dans une situation telle qu'elle est libre de tous côtés; derrière elle le large fleuve et ses vastes quais, devant elle tout l'espace qui la sépare de la colline, en sorte que, de quelque point qu'on la regarde, elle détache sa masse entière avec un relief admirable. Cette absence de toute enclave crée même une illusion dont elle profite encore,

Lyon. — La cathédrale.

c'est qu'elle en apparaît beaucoup plus petite qu'elle ne l'est en réalité, et qu'elle y gagne en grâce sinon en majesté, échange qui est toujours avantageux, aussi bien pour les édifices que pour les êtres vivants. Par exemple, lorsqu'on la contemple de la rive droite de la Saône, elle se dessine avec une si mignonne netteté qu'il semble qu'un Gargantua passant par là pourrait aisément la mettre sous son bras, et que pour un moment on trouve toute naturelle l'action de ces personnages des vieilles fresques et des vieilles sculptures qui sont représentés portant des cathédrales sur la main. De cette situation était née en partie au moyen âge une cérémonie religieuse fort originale, aujourd'hui tombée en désuétude. Le collége des chanoines de Fourvières dépendait du chapitre de la cathédrale de Saint-Jean, et, pour exprimer ces rapports de suzeraineté, tous les ans au jour de Pâques, les clergés des deux églises s'avançaient, l'un sur la place Saint-Jean, l'autre sur la crête de la colline, et entonnaient simultanément l'*alleluia*. Tous ceux qui connaissent la situation conviendront que la cérémonie devait être fort belle et jugeront comme nous qu'on a eu tort d'y renoncer, d'autant mieux qu'elle n'était aucunement en désaccord avec l'état actuel des mœurs religieuses. La cathédrale n'a pas que le charme qui résulte de sa situation ; elle en trouve un autre dans la couleur noire dont le temps l'a délicieusement revêtue. On dirait le teint d'ébène d'une belle Nubienne dans tout l'éclat de sa jeunesse. Les théologiens prétendent que la fiancée du *Cantique des cantiques* doit être regardée comme la figure de l'église, épouse de Jésus-Christ. S'il en est ainsi, il ne s'en peut trouver de portrait plus ressemblant que cette cathédrale, car elle peut dire en toute vérité comme la voluptueuse Sulamite : *Nigra sum sed formosa*. Toute belle qu'elle soit, cette couleur noire ne laisse pas que d'être gênante, car elle empêche de distinguer les ornements et les petits bas-reliefs de la façade qu'elle recouvre entièrement. Tout Saint-Jean est pour nous dans ce charme extérieur ; à l'intérieur, une seule chose nous en a réellement intéressé, la belle chapelle construite par Charles, cardinal de Bourbon, et par son frère, le duc Pierre de Beaujeu. Joli spécimen du style fleuri de la dernière heure du gothique, elle conserve encore intacts presque tous ses ornements, parmi lesquels les blasons particuliers de Charles de Bourbon et de Pierre de Beaujeu, fort différents de ceux que l'on rencontre en Bourbonnais, en Forez et aussi en Lyonnais. Voici par exemple un glaive à lame en forme de flamme ondoyante, la pointe dirigée en haut ; autour s'enroule une banderole où la modeste et confiante devise de Louis II, *Espérance*, a été remplacée par cette autre plus hautaine et plus assurée, *Ni espoir ni peur*, qui traduit assez fortement l'état d'âme où les princes de Bourbon durent être à cette époque, au sortir des guerres du bien public et sous la régence d'Anne de Beaujeu, si grands et cependant soumis à un maître, si près du trône et cependant exclus de toute prétention royale. *Ni espoir ni peur*, c'est bien la devise à laquelle le connétable va donner tout à l'heure un corps par son audacieuse entreprise. Un autre emblème plus connu se rencontre aussi dans cette chapelle, le chardon ; dans celui-là, calembour figuré, il faut lire que Pierre de Beaujeu, en recevant du roi Louis XI sa fille Anne, a reçu un *cher don*. Reste à savoir comment il faut interpréter le calembour. En l'adoptant, Pierre de Beaujeu a-t-il voulu dire qu'il avait reçu un don chéri, ou un don payé bien cher ? Cette dernière hypothèse est la plus probable, car, époux de la régente, il lui avait fallu soutenir les intérêts du jeune roi dont sa femme représentait le pouvoir, au lieu de profiter des circonstances

Lyon. — Intérieur du Musée.

pour travailler à ses intérêts propres à l'imitation de son frère Jean II, et pour se ranger sous la bannière de ce duc d'Orléans qu'Anne fut contrainte de combattre. Peut-être l'emblème a-t-il à la fois les deux sens.

Les restes historiques et les curiosités d'art sont en grand nombre à Lyon, surtout pour ce qui concerne l'antiquité gallo-romaine; la plupart sont fort célèbres, et nous n'avons pas à nous en occuper. Voici par exemple les fameuses tables de bronze de l'empereur Claude; le texte en est partout. Voici des bijoux romains, œuvres d'un travail exquis, si modernes par la forme qu'on les croirait sortis des ateliers de quelqu'un de nos orfèvres en renom; ils sont fort connus, et l'on a écrit à leur sujet d'agréables brochures. Voici les quatre grandes mosaïques découvertes, tant à Lyon que dans les localités environnantes, à diverses époques de notre siècle; elles ont été décrites plusieurs fois. Toutefois ces dernières œuvres sont si belles que je ne puis résister au désir d'en dire quelques mots. Elles ont d'ailleurs leur philosophie, et parlent éloquemment dans leur langage emblématique des transformations que subissait l'âme humaine à cette époque de transition entre le paganisme expirant et le christianisme grandissant. En voici deux où se reconnaît le même esprit mystico-sensuel qui règne dans le célèbre roman d'Apulée. Elles représentent la lutte de l'Amour et du dieu Pan, sujet païen certainement, mais d'un paganisme bien atteint de tendresse platonicienne, car que signifie ce sujet, s'il n'établit pas une séparation entre l'amour et la sensualité, et s'il n'oppose pas un certain idéal spirituel à la vieille réalité charnelle? La troisième représente Orphée jouant de la lyre, entouré d'animaux et d'oiseaux, sujet à la mode dans toutes les écoles et populaire dans toutes les doctrines entre le IIe et le IVe siècle, car on le rencontre partout, et dans les peintures des catacombes, et dans les décorations païennes, plus tard même dans les ivoires sculptés de Byzance. Chrétiens et païens, également préoccupés d'un nouvel idéal, se servirent également de ce mythe rajeuni pour exprimer la supériorité de l'âme sur la matière, et la suprématie de l'amour sur toutes les autres forces du monde. L'âme est amour, l'amour est harmonie, et par l'harmonie triomphe de la matière, qui est anarchie et désaccord. Ce sont donc les plus hautes préoccupations des âmes à l'époque où leurs couleurs furent assemblées que ces mosaïques nous font apparaître ; ce ne sont pas seulement œuvres d'art décoratif et témoignages de l'habileté des artistes anciens, ce sont pièces d'un dossier historique et fragments de philosophie. C'est non plus de la vie intérieure des âmes, mais de la vie extérieure des mœurs, que nous entretient la dernière et la plus belle de ces mosaïques. Celle-là nous représente dans tous leurs détails les spectacles du cirque ; l'espace qu'il s'agit de parcourir est tracé par un long ovale ouvert à l'une de ses extrémités, où s'élève une tribune occupée par les juges des jeux comme dans les joutes du moyen âge. Autour courent les partis rivaux, divers par leurs couleurs comme les jockeys de nos courses. Les chars volent, tournent l'extrémité arrondie de l'arène, dévient de leur route ; en voici un, le plus près de l'estrade, qui n'a pas su éviter la borne et qui se brise en arrivant au but ; *metaque fervidis non evitata rotis*. A leur tour, les chevaux accouplés s'élancent, conduits par un guide qui s'accroche à leur mors, absolument comme nous voyons représentées dans des gravures célèbres les courses des chevaux libres dans le Corso. Joutes du moyen âge, jockeys anglais et français, courses du Corso, nous retrouvons tout cela dans cette mosaïque, qui nous dit ainsi que rien n'est nouveau, en même temps qu'elle nous dit mieux encore par ses vives couleurs et sa conservation si parfaite que rien n'est ancien. L'Italie n'a rien retrouvé ni rien gardé de plus précieux et de plus beau.

C'est encore de cette transformation des âmes pendant ces siècles de transition de l'époque gallo-romaine que nous ont parlé avec une sorte de suavité mélancolique les sarcophages et surtout les innombrables cippes funéraires qui composent en grande partie le musée lapidaire de Lyon. On sait quelle est la forme ordinaire de ces monuments : un petit cube élégamment taillé, plus haut que large, quelquefois creusé d'une niche cintrée présentant la figure du mort, et presque invariablement marqué à son sommet de deux signes, un oiseau, symbole du quelque chose d'ailé qui s'est enfui hors du mort, et une *ascia*, autrement dit la houe qui a servi à creuser les fondements sur lesquels le cippe a reposé. Les inscriptions ne varient guère davantage : *Dis manibus et æternæ memoriæ*, etc. ; mais celles de Lyon présentent pour la très-grande majorité une différence sensible d'avec toutes celles qu'il a été donné à notre curiosité de lire ailleurs, et cette différence porte sur le choix particulier des épithètes qui accompagnent la mention du mort. Ces épithètes emportent toutes avec elles une nuance religieuse ou un sentiment de douceur morale ; à la place des époux incomparables et des très-chères épouses des inscriptions habituelles, ce ne sont que pieux époux, épouses saintes, filles très-pieuses, etc. Tous ces mots, que nous réservons aujourd'hui pour nommer les vertus les plus délicates et les plus rares des âmes religieuses, que nous croirions profaner en les prodiguant, se trouvent ici à profusion. Chaque époque se crée son vocabulaire pour exprimer la nuance de vertu qu'elle préfère particulièrement ; or la nuance de vertu préférée par les âmes entre le IIe et le IVe siècle, ce fut visiblement une vertu faite de paix et de douceur mystique; aussi pour louer ceux qu'on aimait usait-on naturellement des épithètes qui nommaient cette forme morale estimée précieuse par excellence, et l'on disait *saint* et *pieux*, comme on disait *honnête* au xvii° siècle, ou *bienfaisant* au xviii°. On le sent en lisant ces inscriptions, le monde avait alors une tendance générale à la tendresse. L'âme en quête d'un nouvel idéal cherche une vertu qu'elle puisse non plus seulement respecter et craindre, mais encore, mais surtout aimer, et elle emploie pour la peindre, la louer ou l'appeler, le langage caressant de l'amant à sa maîtresse et de la mère à son nouveau-né. Une qualité particulière de style nait alors, l'onction : l'église garde dans les formes traditionnelles de son langage la marque ineffaçable de ce courant de tendresse où il prit son origine. « Avec ce que les saints ont dit de tendre à Dieu, disait un jour devant moi un homme d'esprit, on ferait le bonheur d'une infinie quantité de femmes, » et cette parole, sous sa légèreté inoffensivement irrévérencieuse, touche avec vérité au fait moral que nous venons d'indiquer, la sainteté n'ayant été que l'expression souveraine et la traduction parfaite de cette disposition à poursuivre le bien avec tendresse. Tout saint en effet fut un amant, car il ne se contenta pas de chercher le principe des choses, — cela est l'affaire du sage, — mais reporta à ce premier principe les sentiments et les émotions réservés jusqu'alors aux créatures.

Un autre témoignage de ce même état des âmes, c'est la quantité considérable de monuments qui ont été élevés par des affranchis à leurs maîtres et à leurs maîtresses. Ah certes! il est permis de croire que tous ces affranchis ne furent pas gens vertueux dans le sens sévère du mot, et que la vertu ne fut pas toujours non plus le mobile de leur affranchissement. Animaux favoris, complaisants de vices, instruments de plaisir, voilà ce que furent la plupart d'entre eux, plus probablement qu'intendants fidèles ou serviteurs austères, et la reconnaissance de la sensualité satisfaite ou du vice servi fut plus probablement encore la cause de leur affranchissement. Il est facile en outre d'apercevoir que beaucoup n'eurent pas un grand mérite à cet acte de piété, car ils ont pris soin de nous apprendre qu'ils étaient héritiers du maître dont ils honoraient les mânes; cependant, même à prendre ainsi les choses au pis, le double fait de la bonté des maîtres et de la reconnaissance des serviteurs n'en subsiste pas moins, et il n'en témoigne pas moins, tant il se présente avec fréquence, de cette inclination générale du monde d'alors vers les sentiments plus particulièrement tendres de notre nature.

Lyon possède un musée de peinture qui est parmi les plus riches de nos provinces; ce n'est pas que les toiles y soient en fort grande quantité; mais toutes sont des originaux ou des ouvrages authentiques, rien de douteux et rien de faible. Quelques-unes de ces toiles sont fort belles et honoreraient le musée le plus royal, par exemple un tableau d'Albert Dürer représentant un vœu de l'empereur Maximilien à la Vierge, œuvre à la fois naïve et savante, d'un coloris quelque peu sec cependant, en somme plus instructive à étudier qu'agréable à regarder, — un tableau de Philippe de Champaigne représentant la découverte des reliques de saint Gervais et de saint Protais, vaste composition à la fois compliquée et savamment ordonnée, — deux Rubens, dont un, — *la Vierge et les saints apaisant la colère du Christ*, — peut soutenir la comparaison avec les plus belles œuvres de ce grand peintre, non pour la profondeur de la pensée ou le pathétique du sentiment, mais pour l'adresse du pinceau et l'habileté de la mise en scène. Citons aussi quelques beaux vénitiens, parmi lesquels deux tableaux de Carletto, le fils de Paul Véronèse, ont attiré très-spécialement notre curiosité, car ce sont les seuls que nous ayons vus jusqu'à ce jour de cet artiste, mort si jeune et porteur d'un si grand nom. Vénitien né doublement, et par sa patrie et par la tradition paternelle, il ne faut pas demander s'il est coloriste, mais, fait assez particulier, sa couleur nous a rappelé moins celle de son père que celle de Tintoret, et nous a offert aussi un rapport étrange avec le coloris qui se rencontre dans quelques œuvres d'un artiste de date bien postérieure, Pierre de Cortone, surtout dans un remarquable *Sacrifice d'Iphigénie* qui se voit au Capitole. Cependant toutes ces œuvres, quelque belles qu'elles soient, parviennent avec peine à obtenir du visiteur l'attention qu'elles méritent, car elles souffrent d'un terrible voisinage, celui de l'*Ascension* du Pérugin, une des plus belles œuvres certainement que la peinture ait produites. Quelles que soient les sollicitations qui leur sont adressées, les yeux restent cloués obstinément sur cette œuvre, et lorsqu'enfin ils s'en détournent rassasiés d'admiration, ils se refusent à voir rien d'autre.

Quelques Parisiens se rappellent sans doute encore ce tableau, car nous l'avons autrefois possédé au Louvre, où il figurait parmi les dépouilles triomphales rapportées d'Italie ; puis l'empereur en fit cadeau à Lyon, où les alliés le trouvèrent en 1815 et d'où ils l'enlevèrent pour le rendre au Vatican. Heureusement Pie VII avait conservé bon souvenir de l'accueil que Lyon lui avait fait naguère, et, en témoignage de gratitude, il rendit l'*Ascension* à cette ville. Peu de grandes œuvres nous ont plu davantage, et aucune ne nous a procuré un plaisir plus austère. Cette œuvre si digne d'être admirée a cependant rencontré un juge sévère, et ce contradicteur n'est pas le premier venu, car il n'est autre que Mérimée, ce qui prouve combien le goût le plus sûr est encore sujet à erreur ou à défaillance. Comme réfuter son jugement est pour nous un moyen de faire ressortir quelques-unes des beautés de ce tableau, nous voulons le citer entièrement ; il est d'ailleurs aussi court que net. « Le caractère des figures et les poses sont admirables de naïveté et de noblesse ; mais le dessin est sec et dur comme celui des premiers peintres grecs. La Vierge, qui occupe le milieu du tableau, n'est pas une femme. Il me semble qu'à cette époque on ne savait ce que c'était que la composition, ou bien qu'on ne faisait aucun cas de cet art. Les figures sont placées au hasard à côté les unes des autres, et pourraient être déplacées sans que le tableau en souffrît. » Voilà qui est franc ; seulement c'est tout le contraire de la vérité. « Le dessin est sec et dur comme celui des premiers peintres grecs ; » il est sec et dur à peu près comme celui des premières œuvres de son élève Raphaël, et même on peut dire qu'il l'est beaucoup moins. Il n'y a de trace de roideur et d'archaïsme byzantin que dans une seule figure, celle du Christ, qui s'enlève mal et qui s'encadre gauchement dans son O lumineux qu'on dirait formé par la réunion de deux arcs-en-ciel. « La Vierge n'est pas une femme. » Elle ne l'est pas davantage, en effet, que ne le sont les Vierges de Raphaël, qu'elle égale par la beauté, et celles de fra Angelico, qu'elle égale par le sentiment mystique. « A cette époque, on ne savait ce que c'était que la composition ; » ne croirait-on pas qu'il s'agit d'une lointaine époque barbare? or le tableau est de 1495, et nous sommes en pleine renaissance. « Les figures sont placées au hasard à côté les unes des autres et pourraient être déplacées sans que le tableau en souffrît. » Les figures sont si peu placées au hasard et pourraient si peu être déplacées que c'est précisément dans leur ordonnance, comme nous allons le montrer, que consiste la grandeur théologique de l'œuvre du Pérugin. Quant à cette simplicité d'ordonnance, en quoi faut-il l'attribuer à l'ignorance de la composition? les artistes italiens ont donné cent exemples semblables à toutes les époques. Titien était, j'imagine, un peintre sachant composer; eh bien! qui ayant vu Rome ne se rappelle son tableau du Vatican, *la Vierge entourée de saints?* c'est une disposition analogue, et plus simple encore, s'il est possible. Il y a mieux, Raphaël savait ce qu'était la composition encore plus certainement que Titien ; eh bien! qu'est-ce que l'ordonnance de sa fresque célèbre connue sous le nom de *la Dispute du Saint-Sacrement*, sinon *l'Ascension* du Pérugin, c'est-à-dire des personnages rangés en demi-cercle avec des expressions et des attitudes variées? Il n'y a de différence que dans la grandeur de la scène et le nombre des personnages, mais au fond le procédé de composition est identique, et Raphaël, en composant ce chef-d'œuvre de la peinture à fresque, peut même s'être rappelé le tableau de son maître.

Le Christ vient de s'envoler ; on l'aperçoit déjà rapetissé par la distance et comme noyé dans la lumière colorée des deux arcs qui l'entourent, arches d'alliance et symbole de la paix conclue entre la terre et le ciel. En bas, rangés en demi-cercle, les apôtres suivent du regard la fuite de celui qui leur laisse à faire fructifier un si riche et si lourd héritage; au centre la Vierge, à ses côtés saint Pierre et saint Paul. Comme le Pérugin n'ignorait pas que saint Paul n'assistait pas à la scène de l'ascension, puisqu'il n'adhéra au christianisme que longtemps après Jésus, sa présence aux côtés de la Vierge suffît à prouver, contre l'assertion de Mérimée, que la place occupée par les personnages n'est nullement arbitraire, et qu'il faut chercher dans ce tableau non une représentation dramatique de l'ascension, mais une conception théologique. Cette réunion d'hommes formant demi-cercle, ce sont les éléments constitutifs du christianisme, rangés selon leur degré d'importance et séparés en deux courants distincts, dont l'un part de saint Pierre, l'autre de saint Paul. Voilà ce qui justifie la présence, sans cela inexplicable, de ce dernier à la scène de l'ascension. La ligne qui part de saint Paul est fermée par saint Jean ; la loi de grâce à l'une des extrémités, la loi d'amour à l'autre, ordonnance fort logique qui permet de supposer que les apôtres intermédiaires ont été choisis parmi ceux qui ont eu une tendance plus ou moins marquée à interpréter le christianisme en esprit. J'ai eu le regret de ne pouvoir déterminer d'une manière certaine quel est l'apôtre qui ferme la ligne partant de saint Pierre, car la pensée que nous essayons de faire apercevoir aurait apparu avec une évidence irréfutable ; mais quoi qu'il en soit, les personnages de cette seconde ligne ne peuvent avoir été pris que parmi les apôtres qui ont suivi plus nettement le christianisme d'autorité. Ce qui est tout à fait certain, c'est que le Pérugin a réussi, par les simples expressions des personnages, à montrer les différences de leurs rôles historiques, mieux encore les différences essentielles qui vont résulter dans la doctrine chrétienne des caractères de leurs fondateurs. Les trois grands apôtres en particulier ont été compris et saisis avec une vigueur de pénétration et une finesse d'intelligence qui n'ont jamais été dépassées.

Parmi les personnages ici réunis il n'y en a qu'un seul, la Vierge exceptée, qui suive réellement le départ de Jésus, saint Pierre ; quant à tous les autres, leurs regards, partagés entre le maître et l'assistance, révèlent nettement que leurs âmes sont partagées entre la douleur de la séparation et l'anxiété de la destinée que leur fait cette séparation. Tous s'interrogent de l'œil ou de la physionomie, et leur silence même semble dire : Qu'allons-nous faire sans lui ? Mais il en est un au moins dont aucune préoccupation ne divise l'être, saint Pierre. Ah! celui-là ne fait point un retour sur lui-même, quelque humble et saint que puisse être ce retour ! Entièrement absorbé dans la contemplation de celui qui vient de le quitter après lui avoir remis son autorité, il n'a qu'une pensée, prolonger l'adieu muet aussi longtemps que ses yeux dirigés en haut pourront voir. Ce qu'il y a de dévouement et de fidélité dans ce regard ne se peut dire ; l'homme qui regarde ainsi est dans une entière dépendance, ce n'est pas en lui qu'est le principe de sa vie, mais dans le maître qui s'envole ; c'est en celui-là seulement qu'il peut espérer d'avoir le mouvement et l'être. Ce n'est pas un disciple, c'est un serviteur ; quand il agira et parlera, c'est son maître même qui parlera et agira : il n'ordonnera pas, il transmettra des ordres ; il n'enseignera pas, il transmettra authentiquement des paroles. *Le maître l'a dit*, ce sera éternellement le principe de ses actions et la conclusion de ses discours ; aussi sera-t-il d'autant plus l'autorité qu'il la puisera moins en lui-même, et imposera-t-il l'obéissance avec d'autant plus d'énergie qu'il la subira plus entièrement lui-même. Plus sublime encore que celle de Pierre est la figure de saint Jean, beau jeune homme dont toute la personne respire une véhémence passionnée extraordinaire. Une lutte douloureuse entre un regret désespéré et une ambition déçue se lit dans le jeu de sa physionomie. Un de ses yeux est dirigé sur Jésus, l'autre regarde Pierre, un frémissement convulsif agite le coin des lèvres, et le corps se porte en avant presque avec menace. Physionomie, geste, mouvement, tout dit à la fois à Pierre : « Est-ce bien à toi que revenait cette autorité qui t'a été confiée? est-ce que tu as su, est-ce que tu aurais su l'aimer comme moi? est-ce que son véritable héritier n'était pas celui qui l'aima le plus et qui en fut le plus aimé? Mais, il l'a dit lui-même, ce n'est que pour un temps que cette autorité t'a été prêtée, et mon tour viendra bientôt. » En contemplant cette admirable figure, la scène suprême de la vie de Jésus ressuscité revient au souvenir. Par trois fois, il appela Pierre, et lui dit : « Pierre, m'aimes-tu ? » et par trois fois Pierre répondit : « Seigneur, vous savez que je vous aime. — Pais mes brebis, dit alors Jésus, mais un jour viendra où un autre ceindra le glaive et te mènera où tu ne voulais pas aller. » Incertains du sens de ces paroles prophétiques, les disciples crurent qu'elles s'adressaient à Jean, et qu'elles annonçaient que cet apôtre échapperait à la mort; mais saint Paul, qui a pris place au côté de la Vierge, semble mieux connaître celui que ces paroles désignaient. Ses yeux se portent sur Jean, dont ils ont surpris l'ambitieuse et ardente émotion, ils surveillent ses mouvements, ils pénètrent jusqu'à son âme, et disent avec une autorité sévère qui veut faire tomber une dernière illusion : « Ce survenant inconnu dont parlait le maître, il est devant toi et te regarde ; c'est de moi qu'il s'agissait et non de toi, jeune homme aux ardeurs effrénées dont l'infini seul est le domaine, éternel héros d'un combat où tu ne vaincras pas. » Tel est le conflit sublime que Pérugin a su rendre visible aux yeux de l'esprit ; nulle scène d'aucun drame humain ne saurait égaler le pathétique de celle-là pour ceux qui ont l'intelligence et l'amour des choses religieuses.

Une des salles du musée de peinture a été consacrée tout spécialement aux peintres lyonnais ; malheureusement les véritables maîtres de l'école lyonnaise n'y sont que faiblement représentés, et nous avons à Paris de tout autres éléments pour juger des talents de Flandrin et de Victor Orsel que ceux que Lyon peut nous offrir. Toutes les toiles qui se trouvent là, à l'exception de quelques-unes signées du vieux Jacques Stella, et peu intéressantes elles-mêmes, sont les œuvres d'artistes inconnus ou restés obscurs, portant la marque, celles-ci de l'empire, celles-là de la restauration, ces autres des folies romantiques; tous ces peintres ont suivi docilement le mouvement de leur époque, même quand ils ont essayé de l'excentricité, moyen qui n'a réussi qu'à rendre plus sensible l'absence d'originalité et le délit d'imitation. Tel est le cas de je ne sais quel *Rêve* saugrenu peint à la seconde période de l'effervescence romantique, c'est-à-dire entre 1830 et 1840, par un jeune artiste qui a fait son possible pour être bien fou, et qui n'a réussi qu'à produire une œuvre qui nous donne une impression analogue à ces estampes placées naguère par l'éditeur Renduel en tête de ses publications. Cependant parmi ces peintres, il en est un dont nous avons fait la connaissance avec plaisir, et qui méritait mieux que la célébrité exclusivement lyonnaise dont ses œuvres sont entourées, Claude Bonnefond, mort directeur de l'École des Beaux-Arts de Lyon il y a quelques années.

Ce n'est pas que le talent de peintre proprement dit soit bien fort chez lui; aussi les visiteurs pressés ou qui ont l'habitude de voir rapidement pourront-ils aisément passer à côté de ses œuvres sans les remarquer ou les confondre sans plus de souci avec leurs voisines; mais ceux qui aiment à s'instruire moins à la hâte remarqueront en lui une réelle faculté d'observation, une sensibilité toujours vraie, une finesse d'expression souvent exquise. A ces qualités, vous reconnaissez celles qui doivent plus particulièrement appartenir au peintre de genre; c'est en effet à cette catégorie d'artistes que se rattache Claude Bonnefond. Il a pris d'ordinaire ses sujets dans les scènes familières de l'Italie, comme il était de mode parmi les artistes de son temps, mais ces scènes il les a vues par ses propres yeux et senties par son propre cœur. Aussi, bien que le coloris de ses toiles ait déjà pâli, que le ton général s'en soit refroidi, le charme en reste vrai et l'intérêt en survit. Quelle délicatesse de nuances dans le tableau où il a représenté certaine cérémonie de l'eau sainte dans l'église des catholiques grecs à Rome! C'est d'une unité de sentiment et d'une variété d'expressions tout à fait remarquables. La même foi fervente anime tous ces personnages ; mais cette foi a été nuancée selon l'âge, le sexe ou les rapports divers des personnages entre eux avec une rare subtilité. Un vieux paysan atteint de cécité, soutenu par ses enfants, s'avance vers le prêtre pour se faire toucher par l'eau sainte ; un sourire de confiance illumine son visage, une émotion de bonheur anime tout son être, l'impulsion d'une joie pieuse pousse en avant son corps paralytique. La foi de ce vieillard est aveugle comme ses yeux, et empressée comme l'égoïsme de l'âge, celle de ses enfants est respectueuse et attendrie, elle désire, elle attend, elle espère. Près d'eux un jeune pâtre, que la cérémonie touche moins directement, debout, regarde cette scène avec un recueillement sérieux et une attention méditative ; sa foi souhaite que celle du vieillard soit exaucée comme elle-même voudrait être exaucée à l'occasion. Avec quelle ferveur dévotieuse enfin prie cette vieille femme à genoux, et quelle ardeur à prendre sa part de la cérémonie, qui est faite pour une autre, à entrer par la prière dans une action où elle ne figure pas ! En face, sur un banc de pierre, un jeune acolyte revêtu de la robe ecclésiastique orientale soulève un instant ses yeux du livre où il lisait avec l'attention d'un jeune Grec avide de s'instruire, et promène sur cette scène le regard de sa studieuse indifférence.

Parmi ces scènes italiennes de Claude Bonnefond, il en en est une qui n'aurait pas été indigne d'un Théocrite et qui mériterait d'être traduite par un grand poëte idyllique, s'il en existait encore. Un paysan romain ou sicilien et son jeune fils se sont courbés vers leur chèvre, étendue sur le sol et en voie de rendre son âme à la nature. Le vieux paysan, les yeux brillants de larmes, semble chercher où est le siége du mal; l'adolescent soulève la tête de l'animal avec la dextérité d'une garde-malade accomplie et porte à ses lèvres, qui s'en détournent, un peu de vin de Sicile; mais la chèvre reste affaissée sur le bras de l'enfant et dit par ce qui lui reste encore de langueur que tout remède est vain désormais. On ne saurait dire lequel des trois personnages est le plus touchant et le plus naïf. Bonnefond n'a pas peint que des scènes de genre italiennes, il s'est essayé aussi dans les scènes anecdotiques de la vie française contemporaine, et il y a porté le même esprit d'observation et la même vérité de sentiment. Un des tableaux de cette manière mérite surtout d'être signalé, *le Mauvais Propriétaire*. Un féroce possesseur d'immeuble vient de monter dans la mansarde où loge une pauvre famille d'artisans, et de signifier à ses locataires en retard qu'ils aient à décamper au plus vite et à laisser ses greniers libres pour des gens plus solvables. Le désespoir de la famille a été rendu avec une énergie poignante; il y a là surtout un geste de vieillard impotent, cloué par l'âge sur sa chaise, qui est d'une éloquence admirable. « Hélas! monsieur, ayez pitié! » voilà ce que dit ce geste, une des meilleures expressions de l'impuissance suppliante que j'aie vues. C'est le genre de pathétique et la mise en scène de Greuze quelque peu transformés par le sentiment et les procédés du réalisme contemporain.

Moins riche que la salle de peinture, la salle de sculpture se compose presque uniquement d'œuvres modernes dont quelques-unes sont d'ailleurs fort belles. Je veux citer très-particulièrement une odalisque accroupie de Pradier où le marbre est véritablement devenu chair. Il est impossible de rêver quelque chose de plus impur et d'une plus étourdissante habileté d'exécution. Le reste se composant en grande partie d'œuvres soit d'artistes de Lyon, tels que Bonnet, Fabisch et Bonnassieux, soit d'artistes du Lyonnais, tels que Foyatier, nous n'avons pas à y insister après ce que nous avons dit dans notre précédent chapitre de la sculpture lyonnaise ; mais il est une œuvre d'un artiste étranger que nous ne pouvons nous dispenser de saluer avant de quitter ce musée, le buste de Mme Récamier par Canova. Deux siècles et demi avant Mme Récamier, une autre Lyonnaise s'était acquis aussi une grande célébrité par sa beauté non moins que par ses passions et ses talents ; mais, si le cœur de Louise Labé, *la belle Cordière*, fut plus inflammable et plus chaud que celui de Mme Récamier, je doute que sa beauté ait jamais été pareille. Pour la première fois, je comprends réellement la réputation que les contemporains firent à cette femme distinguée et qu'ils nous ont transmise. L'image que nous a laissée Gérard, gracieuse, pâlotte, coquettement pudique, fraîche à la vue comme un pur glaçon est frais au goût, tranquille avec de la langueur, fine avec quelque sécheresse, fait apparaître une personne d'un charme exquis plutôt qu'une personne d'une beauté souveraine. Tout autre est le buste de Canova ; ici la beauté est certaine, indéniable, triomphante. Canova a-t-il exagéré son modèle? Séduit par la correction des traits que son ciseau s'était chargé de reproduire, a-t-il, cédant à son amour pour la pureté et l'harmonie des lignes, complété, agrandi, poussé jusqu'au type la beauté plus imparfaite qui posait devant lui? A-t-il, surprenant la pensée à laquelle la nature avait obéi en créant ce visage, eu l'ambition d'achever ce que la grande et universelle ouvrière avait seulement indiqué? Nous ne savons ; seulement, en sortant du musée de Lyon, nous avons emporté l'heureuse certitude qu'il avait existé une personne aussi belle que les femmes de Raphaël, quoique dans un ordre un peu différent. C'est moins riche et moins plein sans doute, mais c'est aussi pur, et on peut presque oser dire plus élégant. Ce n'est pas la seule ressemblance que cette beauté ait avec celle des femmes de Raphaël, elle en a encore une autre plus étroite et plus importante, s'il est possible, c'est qu'elle fait naître également l'idée de quelque chose qui est fait pour être admiré et non pour être profané. S'il est vrai, comme on le dit, que Mme Récamier sut garder son cœur exempt de faiblesse et préserver sa beauté des désirs qu'elle faisait naître en foule, elle eut raison et remplit sa véritable destinée en ce monde, car une telle beauté, quand on la possède, assure des droits et impose des devoirs particuliers, le droit d'être adorée et de ne pas adorer, d'inspirer l'amour sans le rendre, le devoir de ne pas subir les souillures et les servitudes du plaisir, toute idée de profanation étant ici choquante comme une faute de goût dans un poème ou une incorrection dans une œuvre d'art.

FIN

TABLE DES MATIÈRES

EN NIVERNAIS.

I. — Cosne. — Sancerre. — La Charité............ 1
II. — Nevers. — Le palais ducal et l'histoire du chevalier du Cygne. — Les églises................. 20

EN BOURBONNAIS.

I. — Moulins. — Souvenir de Sterne. — La Collégiale de Notre-Dame. — Les verrières........... 43
II. — Moulins. — Une sculpture funèbre de Notre-Dame. — Le tombeau du duc de Montmorency...... 59
III. — Souvigny. — Les tombeaux des ducs de Bourbon. — Un mystère archéologique. — Bourbon-l'Archambault................................ 81
IV. — Caractère particulier du Bourbonnais. — Les frontières de la Marche et de l'Auvergne. — Montluçon. — Aigueperse. — Le chateau de Randan. 108
V. — Vichy. — Souvenir de Mme de Sévigné....... 132
VI. — Le paysage de l'Allier. — Le chateau de Bourbon-Busset. — La Palisse................... 147

EN FOREZ.

I. — Roanne — Trois portraits historiques. — Feurs. — La statue du colonel Combes............ 171
II. — Saint-Étienne............................ 186

III. — Montbrison. — Le tombeau de Guy IV. — La Diana. 208
IV. — Boen et le paysage de l'Astrée. — Les d'Urfé... 223
V. — Le château de La Batie.................... 239
VI. — L'Astrée................................ 258

EN LYONNAIS.

I. — Lyon. — La colline de Fourvières. — Le paysage de Lyon. — Le tombeau du maréchal de Castellane. 273
II. — Lyon. — Le nouveau Lyon. — Les sculpteurs lyonnais. — La statue du maréchal Suchet........ 289
III. — Lyon. — Les églises de Lyon. — *L'Ascension* du Pérugin et le buste de Mme Récamier, de Canova. — Un peintre lyonnais, Claude Bonnefond..... 312

FIN DE LA TABLE DES MATIÈRES.

Coulommiers. — Typ. P. BRODARD et GALLOIS.

www.ingramcontent.com/pod-product-compliance
Lightning Source LLC
Chambersburg PA
CBHW070855170426
43202CB00012B/2076